Inhalt

FREMDSPRACHENTEXTE · ITALIENISCH

Giovanni Boccaccio

Il Decameron

Novelle scelte

Herausgegeben von
Kerstin Marfordt

Mit Holzschnitten
der Ausgabe von 1492

Philipp Reclam jun. Stuttgart

RECLAMS UNIVERSAL-BIBLIOTHEK Nr. 19792

Gesamtherstellung: Reclam, Ditzingen. Printed in Germany 2011

ISBN 978-3-15-019792-9

www.reclam.de

Leseanleitung

Das *Decameron* mag – als Text des *Trecento*, des 14. Jahrhunderts – zuweilen auch fortgeschrittene Italienischlernende von der Lektüre des Originaltextes abgehalten haben. Dies ist zu bedauern, da es sich nicht nur um eines der bedeutendsten Werke der italienischen Frührenaissance und nicht zuletzt der italienischen Literatur überhaupt handelt, sondern weil gerade auch die Sprache – so ungewohnt, schwierig und fremd sie uns auf den ersten Blick erscheinen mag – von erlesener Schönheit ist und jeden Leser in der Entwicklung seiner fremdsprachlichen Fähigkeiten unterstützen kann.

Einige Hilfestellungen sollen im vorliegenden Band die Lektüre erleichtern. Die Glossierung der Novellen ist so beschaffen, dass ein chronologisches Lesen nicht erforderlich ist. Für das *Trecento* typische, heute veraltete Schreibweisen und Besonderheiten sind nachfolgend aufgelistet; sie erscheinen daher im Glossar nicht. Wo nur leicht abweichende Wortformen des Neuitalienischen vorliegen, nennt das Glossar diese statt oder ergänzend zu einer Übersetzung. Ausgestorbene Begriffe und Wendungen werden in jeder Novelle neu erwähnt. Erklärt sind auch Wörter, die heute noch im Sprachgebrauch sind, bei Boccaccio aber in erheblich anderer Bedeutung verwendet werden.

Historisch und literarisch bedeutsame Persönlichkeiten und Orte, auf die Boccaccio anspielt, sowie die Namen der zehn Erzähler des *Decameron* werden im Namenverzeichnis im Anhang näher erläutert.

Für einen ersten Überblick wird die Lektüre des *Proemio* sowie der *Introduzione* empfohlen, nicht nur, weil sie für die Novellensammlung und deren Interpretation bedeutsam sind, sondern auch, weil der Leser so eine gründliche Einführung in die Lesetechnik erfährt.

Hier nun einige Details, auf die während des Lesens besonderes Augenmerk gerichtet werden sollte.

1. *Vokabular*

Viele Wörter unterscheiden sich in ihrer Schreibweise nur geringfügig von der des heutigen Italienisch, z. B.:

Sprache des *Trecento*	neuitalienisch
abbandoniam	*abbandoniamo*
brieve	*breve*
la cagion(e)	*la ragione*
il can	*il cane*
constretto	*costretto*
dimandare	*domandare*
domane	*domani*
l'esemplo	*l'esempio*
guatare	*guardare*
giucare	*giocare*
oppinione	*opinione*
omai, oggimai	*ormai*
piagnere	*piangere*
più tosto	*piùttosto*
puote	*può*
la quistion(e)	*la questione*
ristare	*restare*
sieno	*siano*
stea	*stia*
tralle	*tra le*
truova	*trova*
veggio, veggiamo	*vedo, vediamo*
vegnente	*veniente*

Andere wiederum weichen erheblich von der heute üblichen Orthographie ab, z. B.:

am(m)enduni	*ambedue*
l'ariento	*l'argento*

fé	*fece*
fo	*faccio*
niuno/niuna	*nessuno/nessuna*
la reina	*la regina*
saria	*sarebbe*

Die Auslassung des Mittelkonsonanten in den Verbformen des Imperfekts und des Präsenz ist charakteristisch, z. B.:

avea	*aveva*
dee, dei, deono	*deve, devi, devono*
potea	*poteva*
venieno	*venivano*

Vielfach zeigt ein zu Beginn oder am Ende eines Wortes gesetztes Apostroph die Auslassung von Buchstaben an. Dies gilt bei:

Substantiven:	*'mperio* > *imperio*,
Artikeln:	*'l* > *il*, *lo*,
Präpositionen:	*de'* > *dei*, *ne'* > *nei*, *co'* > *coi*,
Adjektiven:	*pro'* > *prode*,
Verben:	*tu se'* > *tu sei*,
	'ntendere > *intendere*.

Andererseits finden wir bei vielen Wörtern zusätzliche Vokale, z. B.:

iscusare	*scusare*
l'iscienza	*la scienza*

2. *Pronomina*

Besonders auffallend ist der von der heutigen Sprache stark divergierende Gebrauch der Pronomina. Anders als wir es heute kennen, werden sie bei Boccaccio auch an flektierte Verben angefügt, z. B.:

dolfegli	*gli dolse*
facci	*ci fai*
hacci	*c'è, ci sono*
hannol	*lo hanno*
muorsi	*si muore*
parmi	*mi pare*
pregolla	*la pregò*

Des Weiteren werden oft Artikel in der Bedeutung von Objektpronomina gebraucht, was das Verständnis erschweren kann, z. B.:

(I, *Introduzione*) *e così come il dicevano il mettevano in opera*	(neuital.) … *come lo dicevano lo mettevano in opera*
(X,3) *Natan assai cortesemente domandò chi egli fosse e qual bisogno per quindi il portasse*	(neuital.) … *gli portasse*

Ein weitere Besonderheit ist der Gebrauch von *egli* in der sächlichen Bedeutung »es«, z. B.:

(I,1) … *bene a un mese trovai ch'egli erano quatro piccioli più che esser non doveano*	(neuital. etwa) … *dopo un mese trovai che c'erano quattro piccioli di più che non dovevano esserci*

(I,10) *Egli non sono ancora molti anni passati che in Bologna fu un grandissimo medico …*

(neuital. etwa) *Non sono ancora passati molti anni che in Bologna fu un grandissimo medico …*

3. *Satzbau*

Zweifellos stellen der sich vom Neuitalienischen oftmals stark unterscheidende Satzbau und der Gebrauch der Kommata die größten Herausforderungen an den Leser. Am auffälligsten ist dabei die Position der Verben, z. B.:

(I, *Introduzione*) *E erano radi coloro i corpi de' quali fosser più che da un diece o dodici de' suoi vicini alla chiesa accompagnato*

(neuital. etwa) *E i corpi furono raramente accompagnati alla chiesa da più di dieci o dodici vicini*

(I, *Introduzione*) *Della minuta gente, e forse in gran parte della mezzana, era il raguardamento di molto maggior miseria pieno*

(neuital. etwa) *Il raguardamento della gente minuta, e forse in gran parte della mezzana, era pieno di una miseria assai più grande*

Der Leser wird sicherlich noch andere Besonderheiten feststellen, aber bei aller Ungewohntheit soll der Lesegenuss nicht durch zu viele Anweisungen auf eine rein linguistische oder etymologische Analyse reduziert werden. Für gewöhnlich gelingt es relativ rasch, sich auf den vom Neuitalienischen abweichenden Satzbau einzustellen. Man orientiere sich daher an den Worten des Autors in der *Introduzione*:

»Questo orrido cominciamento vi fia non altramento che a'camminanti una montagna aspra e erta, presso alla quale un bellissimo piano e dilettevole sia reposto, il quale tanto più viene lor piacevole quanto maggiore è stata del salire e dello smontare la gravezza.«

Boccaccio, Wandfresko aus der Villa Carducci in Legnaia von Andrea del Castagno (um 1450)

Comincia il libro chiamato decameron cognominato prencipe galeotto, nel quale si contengono cento novelle in diece dì dette da sette donne e da tre giovani uomini.

Proemio

Umana cosa è aver compassione degli afflitti: e come che a ciascuna persona stea bene, a coloro è massimamente richesto li quali già hanno di conforto avuto mestiere e hannol trovato in alcuni; fra' quali, se alcuno mai n'ebbe bisogno o gli fu caro o già ne ricevette piacere, io sono uno di quegli. Per ciò che, dalla mia prima giovanezza infino a questo tempo oltre modo essendo acceso stato d'altissimo e nobile amore, forse più assai che alla mia bassa condizione non parrebbe, narrandolo, si richiedesse, quantunque appo coloro che discreti erano e alla cui notizia pervenne io ne fossi lodato e da molto più reputato, nondimeno mi fu egli di grandissima fatica a sofferire, certo non per crudeltà della donna amata, ma per soverchio fuoco

1 **Decạmeron:** (gr.) wörtl.: Zehntagewerk. • 1 f. **cognominato prẹncipe Galeotto:** mit dem Beinamen Prinz Galeotto (Ritter in Lanzelots Tafelrunde); Anspielung auf Dantes *Inferno* (5. Gesang) und die Macht der Liebe. • 3 **il dì:** Tag. • 6 **l'afflitto / l'afflitta:** der/die Bekümmerte, Betrübte. • 8 f. **avere mestiere:** brauchen. • 13 ff. **forse più assai … si richiedesse:** vielleicht noch mehr, als es mir bei meinem niederen Stande zukommt. • 15 **appo:** (nahe) bei. • 16 **discreto/a:** hier: vernünftig, besonnnen. • 19 **soverchio/a:** übertrieben, übermäßig.

nella mente concetto da poco regolato appetito: il quale, per ciò che a niuno convenevole termine mi lasciava contento stare, più di noia che bisogno non m'era spesse volte sentir mi facea. Nella qual noia tanto rifrigerio già mi porsero i piacevoli ragionamenti d'alcuno amico e le sue laudevoli consolazioni, che io porto fermissima opinione per quelle essere avenuto che io non sia morto. Ma sì come a Colui piacque il quale, essendo Egli infinito, diede per legge incommutabile a tutte le cose mondane aver fine, il mio amore, oltre a ogn'altro fervente e il quale niuna forza di proponimento o di consiglio o di vergogna evidente, o pericolo che seguir ne potesse, aveva potuto né rompere né piegare, per se medesimo in processo di tempo si diminuì in guisa, che sol di sé nella mente m'ha al presente lasciato quel piacere che egli è usato di porgere a chi troppo non si mette ne' suoi più cupi pelaghi navigando; per che, dove faticoso esser solea, ogni affanno togliendo via, dilettevole il sento esser rimaso.

Ma quantunque cessata sia la pena, non per ciò è la memoria fuggita de' benifici già ricevuti, datimi da coloro a' quali per benivolenza da loro a me portata erano gravi le mie fatiche; né passerà mai, sì come io credo, se non per morte. E per ciò che la gratitudine, secondo che io credo, trall'altre virtù è sommamente da commendare e il contrario da biasimare, per non pa-

1 **concetto/a:** erdacht, konzipiert. • 3 **la noia:** hier: Schmerz, Pein. • 5 **il rifrigerio:** hier: Erquickung, Labung. • 6f. **io porto fermissima opinione:** ich bin der festen Überzeugung. • 8 **Colui:** Ihm (Gott). • 9 **Egli:** Er (Gott). • 15 **in guisa:** solcherart. • 17 **cupo/a:** düster; hier: tief. • **il pelago:** offenes Meer. • 26 **commendare:** loben, preisen.

rere ingrato ho meco stesso proposto di volere, in quel poco che per me si può, in cambio di ciò che io ricevetti, ora che libero dir mi posso, e se non a coloro che me atarono, alli quali per avventura per lo lor senno o per la loro buona ventura non abisogna, a quegli almeno a' quali fa luogo, alcuno alleggiamento prestare. E quantunque il mio sostentamento, o conforto che vogliam dire, possa essere e sia a' bisognosi assai poco, nondimeno parmi quello doversi più tosto porgere dove il bisogno apparisce maggiore, sì perché più utilità vi farà e sì ancora perché più vi fia caro avuto.

E chi negherà questo, quantunque egli si sia, non molto più alle vaghe donne che agli uomini convenirsi donare? Esse dentro a' dilicati petti, temendo e vergognando, tengono l'amorose fiamme nascose, le quali quanto più di forza abbian che le palesi coloro il sanno che l'hanno provate: e oltre a ciò, ristrette da' voleri, da' piaceri, da' comandamenti de' padri, delle madri, de' fratelli e de' mariti, il più del tempo nel piccolo circuito delle loro camere racchiuse dimorano e quasi oziose sedendosi, volendo e non volendo in una medesima ora, seco rivolgendo diversi pensieri, li quali non è possibile che sempre sieno allegri. E se per quegli alcuna malinconia, mossa da focoso disio, sopraviene nelle lor menti, in quelle conviene che con

2 **per me:** hier: *da me.* • 4 **atarono:** *aiutarono.* • 5 **ab(b)isognare:** nötig, erforderlich sein. • 5f. **a quegli almeno a' quali fa luogo:** denen, die bedürftig sind. • 6 **l'alleggiamento:** Erleichterung. • 11 **fia:** *sarà.* • 12 **quantunque egli si sia:** *per quanto piccolo sia.* • 13 **vago/a:** anmutig, reizvoll. • 16 **palese** (agg.): offensichtlich. • 20 **il circuito:** Raum, Umkreis. • 21 **ozioso/a:** untätig, müßig. • 21f. **in una medesima ora:** gleichzeitg. • 24 **il disio (desio):** Begierde.

grave noia si dimori, se da nuovi ragionamenti non è rimossa: senza che elle sono molto men forti che gli uomini a sostenere; il che degli innamorati uomini non avviene, sì come noi possiamo apertamente vedere. Essi, se alcuna malinconia o gravezza di pensieri gli affligge, hanno molti modi da alleggiare o da passar quello, per ciò che a loro, volendo essi, non manca l'andare a torno, udire e veder molte cose, uccellare, cacciare, pescare, cavalcare, giucare o mercatare: de' quali modi ciascuno ha forza di trarre, o in tutto o in parte, l'animo a sé e dal noioso pensiero rimuoverlo almeno per alcuno spazio di tempo, appresso il quale, con un modo o con altro, o consolazion sopraviene o diventa la noia minore.

Adunque, acciò che in parte per me s'amendi il peccato della fortuna, la quale dove meno era di forza, sì come noi nelle dilicate donne veggiamo, quivi più avara fu di sostegno, in soccorso e rifugio di quelle che amano, per ciò che all'altre è assai l'ago e 'l fuso e l'arcolaio, intendo di raccontare cento novelle, o favole o parabole o istorie che dire le vogliamo, raccontate in diece giorni da una onesta brigata di sette donne e di tre giovani nel pistelenzioso tempo della passata mortalità fatta, e alcune canzonette dalle predette donne

2 **senza che:** *senza contare che:* ungeachtet dessen, nicht eingerechnet, dass. • 3 **sostenere (la malinconịa):** aushalten, ertragen. • 6f. **passar quello:** überbrücken, sich (vom Leid) ablenken. • 8 **uccellare:** auf Vogeljagd gehen. • 15 **in parte per me:** *per opera mia.* • **am(m)endare:** verbessern, korrigieren. • 15f. **il peccato della fortuna:** das Vergehen des Schicksals (an den Frauen). • 19 **è assai:** hier: genügt, reicht aus. • **il fuso:** Spindel. • 19f. **l'arcolaio:** Haspel (Teil des Spinnrads). • 24 **fatta:** bezieht sich hier nicht auf *mortalità*, sondern auf *brigata*.

cantate al lor diletto. Nelle quali novelle piacevoli e aspri casi d'amore e altri fortunati avvenimenti si vederanno così ne' moderni tempi avvenuti come negli antichi; delle quali le già dette donne, che queste leggeranno, parimente diletto delle sollazzevoli cose in quelle mostrate e utile consiglio potranno pigliare, in quanto potranno cognoscere quello che sia da fuggire e che sia similmente da seguitare: le quali cose senza passamento di noia non credo che possano intervenire. Il che se avviene, che voglia Idio che così sia, a Amore ne rendano grazie, il quale liberandomi da' suoi legami m'ha conceduto il potere attendere a' lor piaceri.

2 **fortunato/a:** hier: überraschend, schicksalhaft. • 5 **sollazzẹvole** (agg.): heiter, ergötzlich. • 6 **pigliare:** ergreifen, entnehmen. • 8f. **senza passamento di noia:** ohne Vertreibung der Traurigkeit, des Schmerzes. • 10 **Idịo:** Gott.

Comincia la prima giornata del decameron, nella quale, dopo la dimostrazione fatta dall'autore per che cagione avvenisse di doversi quelle persone, che appresso si mostrano, ragunare a ragionare insieme, sotto il reggimento di pampinea si ragiona di quello che più aggrada a ciascheduno.

Giornata I, Introduzione

Quantunque volte, graziosissime donne, meco pensando riguardo quanto voi naturalmente tutte siete pietose, tante conosco che la presente opera al vostro iudicio avrà grave e noioso principio, sì come è la dolorosa ricordazione della pestifera mortalità trapassata, universalmente a ciascuno che quella vide o altramenti conobbe dannosa, la quale essa porta nella sua fronte. Ma non voglio per ciò che questo di più avanti leggere vi spaventi, quasi sempre tra' sospiri e tralle lagrime leggendo dobbiate trapassare. Questo orrido cominciamento vi fia non altramenti che a' camminanti una montagna aspra e erta, presso alla quale un bellissimo piano e dilettevole sia reposto, il quale tanto più viene lor piacevole quanto maggiore è stata del salire e dello smontare la gravezza. E sì come la estre-

2 f. **per che cagione:** aus welchem Grund, warum. • 4 **ragunar(si):** *radunar(si):* (sich) versammeln. • **ragionare:** hier: sprechen, erläutern. • 8 **meco:** *con me*; hier: bei mir. • 11 **l'iudicio:** *il giudizio*. • **noioso/a:** hier: verdrießlich, schmerzlich (*la noia:* Schmerz, Pein). • **il principio:** hier: Anfang. • 12 **pestifero/a:** Pest… • 12 f. **trapassare:** durchschreiten, -laufen, erleben. • 18 **fia:** *sarà*. • 19 **erto/a:** steil.

mità della allegrezza il dolore occupa, così le miserie da sopravegnente letizia sono terminate. A questa brieve noia (dico brieve in quanto in poche lettere si contiene) seguita prestamente la dolcezza e il piacere il quale io v'ho davanti promesso e che forse non sarebbe da così fatto inizio, se non si dicesse, aspettato. E nel vero, se io potuto avessi onestamente per altra parte menarvi a quello che io desidero che per così aspro sentiero come fia questo, io l'avrei volentier fatto: ma per ciò che, qual fosse la cagione per che le cose che appresso si leggeranno avvenissero, non si poteva senza questa ramemorazion dimostrare, quasi da necessità constretto a scriverle mi conduco.

Dico adunque che già erano gli anni della fruttifera incarnazione del Figliuolo di Dio al numero pervenuti di milletrecentoquarantotto, quando nella egregia città di Fiorenza, oltre a ogn'altra italica bellissima, pervenne la mortifera pestilenza: la quale, per operazion de' corpi superiori o per le nostre inique opere da giusta ira di Dio a nostra correzione mandata sopra i mortali, alquanti anni davanti nelle parti orientali incominciata, quelle d'inumerabile quantità de' viventi avendo private, senza ristare d'un luogo in uno altro continuandosi, verso l'Occidente miserabilmente s'era ampliata. E in quella non valendo alcuno senno né

2 **sopravegnente:** darauffolgend. • 8 **menare:** führen, leiten. • **che:** hier: *anziché*. • 12 **la ramemorazion(e):** Erwähnung, Erinnerung. • 15 **il Figliuolo di Dio:** der Sohn Gottes. • 17 **Fiorenza:** alter Name von Florenz (Firenze). • 18 **mortifero/a:** todbringend, tödlich. • 19 **i corpi superiori:** Himmelskörper, Sterne. • **iniquo/a:** hier: sündhaft. • 23 **privare qu:** jdn. berauben. • 24f. **ampliarsi:** sich verbreiten. • 25 **il senno:** Vernunft, Verstand.

umano provedimento, per lo quale fu da molte immondizie purgata la città da oficiali sopra ciò ordinati e vietato l'entrarvi dentro a ciascuno infermo e molti consigli dati a conservazion della sanità, né ancora umili supplicazioni non una volta ma molte e in processioni ordinate, in altre guise a Dio fatte dalle divote persone, quasi nel principio della primavera dell'anno predetto orribilmente cominciò i suoi dolorosi effetti, e in miracolosa maniera, a dimostrare. E non come in Oriente aveva fatto, dove a chiunque usciva il sangue del naso era manifesto segno di inevitabile morte: ma nascevano nel cominciamento d'essa a' maschi e alle femine parimente o nella anguinaia o sotto le ditella certe enfiature, delle quali alcune crescevano come una comunal mela, altre come uno uovo, e alcune più e alcun'altre meno, le quali i volgari nominavan gavoccioli. E dalle due parti del corpo predette infra brieve spazio cominciò il già detto gavocciolo mortifero indifferentemente in ogni parte di quello a nascere e a venire: e da questo appresso s'incominciò la qualità della predetta infermità a permutare in macchie nere o livide, le quali nelle braccia e per le cosce e in ciascuna altra parte del corpo apparivano a molti, a cui

2 **purgare qc:** etwas reinigen, von Unrat befreien. • **l'oficiale:** *l'ufficiale:* Stadtverwalter, Beamter. • 3 **l'infermo/a:** Kranke(r). • 5 **la supplicazione:** demütiges Gebet. • 6 **la guisa:** Weise, Art, Form. • 6f. **divoto/a:** *devoto/a:* fromm, gottesfürchtig. • 13 **l'anguinaia:** *l'inguine* m.: (Körperteil) Leiste. • 14 **le ditella** f. pl.: Achselhöhlen. • **l'enfiatura:** Geschwulst, Auftreibung. • 15 **comunale** (agg.): hier: natürlich, gewöhnlich. • 16 **i vọlgari:** das Volk. • 17 **infra:** *fra.* • 18 **il gavọcciolo:** Pestbeule, Beule, Ausbuchtung. • 20 **appresso:** hier: *dopo di questo.* • 21 **predetto/a:** zuvor erwähnt. • 22 **lịvido/a:** fahl; hier: bläulich.

grandi e rade e a cui minute e spesse. E come il gavocciolo primieramente era stato e ancora era certissimo indizio di futura morte, così erano queste a ciascuno a cui venieno.

A cura delle quali infermità né consiglio di medico né virtù di medicina alcuna pareva che valesse o facesse profitto: anzi, o che natura del malore nol patisse o che la ignoranza de' medicanti (de' quali, oltre al numero degli scienziati, così di femine come d'uomini senza avere alcuna dottrina di medicina avuta giammai, era il numero divenuto grandissimo) non conoscesse da che si movesse e per consequente debito argomento non vi prendesse, non solamente pochi ne guarivano, anzi quasi tutti infra 'l terzo giorno dalla apparizione de' sopra detti segni, chi più tosto e chi meno e i più senza alcuna febbre o altro accidente, morivano. E fu questa pestilenza di maggior forza per ciò che essa dagli infermi di quella per lo comunicare insieme s'avventava a' sani, non altramenti che faccia il fuoco alle cose secche o unte quando molto gli sono avvicinate. E più avanti ancora ebbe di male: ché non solamente il parlare e l'usare cogli infermi dava a' sani infermità o cagione di comune morte, ma ancora il toccare i panni o qualunque altra cosa da quegli infermi stata tocca o adoperata pareva seco quella cotale

1 **rado/a:** hier: gering, selten. • **a cui:** hier: *a chi.* • 6 **la virtù:** Tugend; hier: Kraft, Wirksamkeit. • 7 **il malore:** hier: Seuche, Übel. • 8 **il medicante:** Heilkundiger, Heiler. • 9 **lo scienziato:** hier: wissenschaftlich gebildeter, ›studierter‹ Arzt. • 12f. **il dẹbito argomento:** hier: wirksames Heilmittel. • 16 **l'accidente** m.: hier: Vorfall, Zeichen. • 18f. **lo comunicare insieme:** Kontakt. • 19 **il sano / la sana:** Gesunde(r). • 20 **unto/a:** hier: brennbar. • 22 **l'usare** m.: hier: Umgang.

infermità nel toccator transportare. Maravigliosa cosa è a udire quello che io debbo dire: il che, se dagli occhi di molti e da' miei non fosse stato veduto, appena che io ardissi di crederlo, non che di scriverlo, quantunque da fededegna udito l'avessi. Dico che di tanta efficacia fu la qualità della pestilenzia narrata nello appiccarsi da uno a altro, che non solamente l'uomo all'uomo, ma questo, che è molto più, assai volte visibilmente fece, cioè che la cosa dell'uomo infermo stato, o morto di tale infermità, tocca da un altro animale fuori della spezie dell'uomo, non solamente della infermità il contaminasse ma quello infra brevissimo spazio uccidesse. Di che gli occhi miei, sì come poco davanti è detto, presero tra l'altre volte un dì così fatta esperienza: che, essendo gli stracci d'un povero uomo da tale infermità morto gittati nella via publica e avvenendosi a essi due porci, e quegli secondo il lor costume prima molto col grifo e poi co' denti presigli e scossiglisi alle guance, in piccola ora appresso, dopo alcuno avvolgimento, come se veleno avesser preso, amenduni sopra li mal tirati stracci morti caddero in terra.

Dalle quali cose e da assai altre a queste simiglianti o maggiori nacquero diverse paure e imaginazioni in quegli che rimanevano vivi, e tutti quasi a un fine tiravano assai crudele, ciò era di schifare e di fuggire

4 **ardire qc:** etwas wagen. • 5 **la fededegna:** glaubwürdige Person, Vertrauensperson. • 12 **infra brevịssimo spazio:** in sehr kurzer Zeit. • 14 **il dì:** Tag. • 16 f. **avvennirsi a qc:** hier: sich auf etwas stürzen. • 18 **il grifo:** Rüssel. • **prẹsigli:** hier: *se li sono presi.* • 20 **l'avvolgimento:** hier: Zuckung. • 23 **simigliante:** *assomigliante.* • 25 f. **tirare a un fine:** auf einen Zweck abzielen. • 26 **schifare:** hier: meiden, fliehen.

gl'infermi e le lor cose; e così faccendo, si credeva ciascuno a se medesimo salute acquistare. E erano alcuni, li quali avvisavano che il viver moderatamente e il guardarsi da ogni superfluità avesse molto a così fatto accidente resistere: e fatta lor brigata, da ogni altro separati viveano, e in quelle case ricogliendosi e racchiudendosi, dove niuno infermo fosse e da viver meglio, dilicatissimi cibi e ottimi vini temperatissimamente usando e ogni lussuria fuggendo, senza lasciarsi parlare a alcuno o volere di fuori, di morte o d'infermi, alcuna novella sentire, con suoni e con quegli piaceri che aver poteano si dimoravano. Altri, in contraria opinion tratti, affermavano il bere assai e il godere e l'andar cantando a torno e sollazzando e il sodisfare d'ogni cosa all'appetito che si potesse e di ciò che avveniva ridersi e beffarsi esser medicina certissima a tanto male: e così come il dicevano il mettevano in opera a lor potere, il giorno e la notte ora a quella taverna ora a quella altra andando, bevendo senza modo e senza misura, e molto più ciò per l'altrui case faccendo, solamente che cose vi sentissero che lor venissero a grado o in piacere. E ciò potevan far di leggiere, per ciò che ciascun, quasi non più viver dovesse, aveva, sì come sé, le sue cose messe in abandono: di che le più delle case erano divenute comuni, e così l'usava

2 **se medẹsimo:** sich selbst. • **acquistare:** hier: retten. • 3 **avvisare:** der Meinung sein, glauben. • 4 **la superfluità:** hier: Üppigkeit. • 5 **la brigata:** kleiner Kreis, Runde. • 8 f. **temperato/a:** hier: mäßig. • 9 **la lussuria:** Ausschweifung. • 10 **a alcuno:** *da alcuno.* • 11 **la novella:** hier: Neuigkeit. • 12 **dimorarsi:** hier: sich ergötzen. • 14 **l'andar cantando … e sollazzando:** singend und scherzend umhergehen. • 20 **per l'altrụi case:** in den Häusern anderer Menschen. • 24 **di che:** daher.

lo straniere, pure che a esse s'avvenisse, come l'avrebbe il propio signore usate; e con tutto questo proponimento bestiale sempre gl'infermi fuggivano a lor potere. E in tanta afflizione e miseria della nostra città era la reverenda auttorità delle leggi, così divine come umane, quasi caduta e dissoluta tutta per li ministri e essecutori di quelle, li quali, sì come gli altri uomini, erano tutti o morti o infermi o sì di famiglie rimasi stremi, che uficio alcuno non potean fare; per la qual cosa era a ciascun licito quanto a grado gli era d'adoperare. Molti altri servavano, tra questi due di sopra detti, una mezzana via, non strignendosi nelle vivande quanto i primi né nel bere e nell'altre dissoluzioni allargandosi quanto i secondi, ma a sofficienza secondo gli appetiti le cose usavano e senza rinchiudersi andavano a torno, portando nelle mani chi fiori, chi erbe odorifere e chi diverse maniere di spezierie, quelle al naso ponendosi spesso, estimando essere ottima cosa il cerebro con cotali odori confortare, con ciò fosse cosa che l'aere tutto paresse dal puzzo de' morti corpi e delle infermità e delle medicine compreso e puzzolente. Alcuni erano di più crudel sentimento, come che per avventura più fosse sicuro, dicendo niuna altra medicina essere contro alle pistilenze migliore né così buona come il fuggir loro davanti: e da questo argomento mossi, non curando d'alcuna cosa se non di sé,

2f. **il proponimento:** Absicht, Vorsatz. • 6 **dissoluto/a:** zerstört, vernichtet. • 8f. **rimanere stremo/a:** beraubt sein, bar sein. • 10f. **adoperare:** *fare*. • 12 **la mezzana via:** Mittelweg. • **la vivanda:** Speise. • 13 **la dissoluzione:** hier: Ausschweifung. • 19 **il cẹrebro:** *il cervello*. • **confortare:** erquicken. • 19f. **con ciò fosse cosa:** da es der Fall war. • 21 **compreso/a:** hier: schwül, beklemmend. • 22 **come che:** *benché*.

assai e uomini e donne abbandonarono la propia città, le proprie case, i lor luoghi e i lor parenti e le lor cose, e cercarono l'altrui o almeno il lor contado, quasi l'ira di Dio a punire le iniquità degli uomini con quella pistolenza non dove fossero procedesse, ma solamente a coloro opprimere li quali dentro alle mura della lor città si trovassero, commossa intendesse, o quasi avvisando niuna persona in quella dover rimanere e la sua ultima ora esser venuta.

E come che questi così variamente oppinanti non morissero tutti, non per ciò tutti campavano: anzi, infermandone di ciascuna molti e in ogni luogo, avendo essi stessi, quando sani erano, essemplo dato a coloro che sani rimanevano, quasi abbandonati per tutto languieno. E lasciamo stare che l'uno cittadino l'altro schifasse e quasi niuno vicino avesse dell'altro cura e i parenti insieme rade volte o non mai si visitassero e di lontano: era con sì fatto spavento questa tribulazione entrata ne' petti degli uomini e delle donne, che l'un fratello l'altro abbandonava e il zio il nepote e la sorella il fratello e spesse volte la donna il suo marito; e, che maggior cosa è e quasi non credibile, li padri e le madri i figliuoli, quasi loro non fossero, di visitare e di servire schifavano. Per la qual cosa a coloro, de' quali era la moltitudine inestimabile, e maschi e femine, che infermavano, niuno altro subsidio rimase che o la carità degli amici (e di questi fur pochi) o l'avarizia

3 **il contado:** Landbesitz. • **quasi:** hier: *come se.* • 14f. **languịeno:** *languịvano* (*languire:* verschmachten, dahinscheiden). • 18 **con sì fatto spavento:** mit solcherlei Schrecken. • **la tribulazione:** Not, Misere. • 26 **il subsidio:** Hilfe, Dienstleistung. • 27 **l'avarizia:** Habgier.

de' serventi, li quali da grossi salari e sconvenevoli tratti servieno, quantunque per tutto ciò molti non fossero divenuti: e quegli cotanti erano uomini o femine di grosso ingegno, e i più di tali servigi non usati, li quali quasi di niuna altra cosa servieno che di porgere alcune cose dagl'infermi adomandate o di riguardare quando morieno; e servendo in tal servigio sé molte volte col guadagno perdeano. E da questo essere abbandonati gl'infermi da' vicini, da' parenti e dagli amici e avere scarsità di serventi, discorse uno uso quasi davanti mai non udito: che niuna, quantunque leggiadra o bella o gentil donna fosse, infermando non curava d'avere a' suoi servigi uomo, qual che egli si fosse o giovane o altro, e a lui senza alcuna vergogna ogni parte del corpo aprire non altramenti che a una femina avrebbe fatto, solo che la necessità della sua infermità il richiedesse; il che in quelle che ne guerirono fu forse di minore onestà, nel tempo che succedette, cagione. E oltre a questo ne seguio la morte di molti che per avventura, se stati fossero atati, campati sarieno; di che, tra per lo difetto degli oportuni servigi, li quali gl'infermi aver non poteano, e per la forza della pistolenza, era tanta nella città la moltitudine di quegli che di dì e di notte morieno, che uno stupore era a udir dire, non che a riguardarlo. Per che, quasi di necessità, cose contrarie a' primi co-

1 **sconvenẹvole** (agg.): unverhältnismäßig, unangemessen. • 2 **il tratto:** hier: Lohn. • 4 **il servigio:** Gefälligkeit, Dienst.• 4f. **usato/a:** hier: gewöhnt, vertraut sein. • 10 **discorse:** *discorrere:* hier: verbreiten. • 15 **aprire:** hier: zeigen, sehen lassen. • 20f. **atato/a:** *aiutato.* • 21 **sarịeno:** *sarẹbbero.* • 23 **la pistolenza:** Pestilenz. • 25 **lo stupore:** hier: Schrecken.

stumi de' cittadini nacquero tra coloro li quali rimanean vivi.

Era usanza, sì come ancora oggi veggiamo usare, che le donne parenti e vicine nella casa del morto si ragunavano e quivi con quelle che più gli appartenevano piagnevano; e d'altra parte dinanzi la casa del morto co' suoi prossimi si ragunavano i suoi vicini e altri cittadini assai, e secondo la qualità del morto vi veniva il chericato; e egli sopra gli omeri de' suoi pari, con funeral pompa di cera e di canti, alla chiesa da lui prima eletta anzi la morte n'era portato. Le quali cose, poi che a montar cominciò la ferocità della pistolenza, o in tutto o in maggior parte quasi cessarono e altre nuove in lor luogo ne sopravennero. Per ciò che, non solamente senza aver molte donne da torno morivan le genti, ma assai n'eran di quegli che di questa vita senza testimonio trapassavano: e pochissimi erano coloro a' quali i pietosi pianti e l'amare lagrime de' suoi congiunti fossero concedute, anzi in luogo di quelle s'usavano per li più risa e motti e festeggiar compagnevole; la quale usanza le donne, in gran parte postposta la donnesca pietà, per salute di loro avevano ottimamente appresa. E erano radi coloro i corpi

5 **quivi:** dort. • 8 **la qualità:** hier: gesellschaftlicher Rang. • 9 **il chericato:** Geistlichkeit. • **l'ọmero:** Schulter. • 10f. **alla chiesa da lui prima eletta:** Zu Zeiten Boccaccios wurden höherrangige Verstorbene häufig direkt in den Kirchen beerdigt. • 12 **montare:** sich verstärken, schlimmer werden. • 15 **donne da torno:** umgeben von Frauen (hier die Klageweiber, die in den Häusern Sterbender häufig zu finden waren). • 17 **trapassare:** hier (fig.): versterben, hinscheiden. • 19 **i congiunti:** die Angehörigen. • 20 **le risa:** Gelächter. • **il motto:** hier: Gespött. • 21 **compagnẹvole** (agg.): gesellig. • 22 **postporre:** ablegen.

de' quali fosser più che da un diece o dodici de' suoi vicini alla chiesa acompagnato; de' quali non gli orrevoli e cari cittadini ma una maniera di beccamorti sopravenuti di minuta gente (che chiamar si facevan becchini, la quale questi servigi prezzolata faceva) sotto entravano alla bara; e quella con frettolosi passi, non a quella chiesa che esso aveva anzi la morte disposto ma alla più vicina le più volte il portavano, dietro a quatro o a sei cherici con poco lume e tal fiata senza alcuno; li quali con l'aiuto de' detti becchini, senza faticarsi in troppo lungo oficio o solenne, in qualunque sepoltura disoccupata trovavano più tosto il mettevano.

Della minuta gente, e forse in gran parte della mezzana, era il raguardamento di molto maggior miseria pieno: per ciò che essi, il più o da speranza o da povertà ritenuti nelle lor case, nelle lor vicinanze standosi, a migliaia per giorno infermavano, e non essendo né serviti né atati d'alcuna cosa, quasi senza alcuna redenzione, tutti morivano. E assai n'erano che nella strada publica o di dì o di notte finivano, e molti, ancora che nelle case finissero, prima col puzzo de' lor corpi corrotti che altramenti facevano a' vicini sentire sé esser morti: e di questi e degli altri che per tutto morivano, tutto pieno. Era il più da' vicini una medesima maniera servata, mossi non meno da tema che la cor-

2 f. **orrẹvole** (agg.): *onorẹvole:* angesehen. • 3 **il beccamorto:** Totengräber. • 4 **minuto/a:** hier: gering, von niederem Stand. • 5 **prezzolare:** dingen, anheuern. • 9 **tal fiata:** *talvolta*. • 14 f. **la mezzana:** bürgerliche Mittelschicht. • 15 **il raguardamento:** Situation, Lage. • 19 f. **la redenzione:** Rettung, Erlösung. • 23 **corrotto/a:** hier: verwest, faulend. • 25 **era il più:** *per lo più*. • 26 **la tema:** Angst, Furcht.

ruzione de' morti non gli offendesse, che da carità la quale avessero a' trapassati. Essi, e per se medesimi e con l'aiuto d'alcuni portatori, quando aver ne potevano, traevano delle lor case li corpi de' già passati, e quegli davanti alli loro usci ponevano, dove, la mattina spezialmente, n'avrebbe potuti veder senza numero chi fosse attorno andato: e quindi fatte venir bare, e tali furono che per difetto di quelle sopra alcuna tavola, ne ponieno. Né fu una bara sola quella che due o tre ne portò insiememente, né avvenne pure una volta, ma se ne sarieno assai potute annoverare di quelle che la moglie e 'l marito, di due o tre fratelli, o il padre e il figliuolo, o così fattamente ne contenieno. E infinite volte avvenne che, andando due preti con una croce per alcuno, si misero tre o quatro bare, da' portatori portate, di dietro a quella: e, dove un morto credevano avere i preti a sepellire, n'avevano sei o otto e tal fiata più. Né erano per ciò questi da alcuna lagrima o lume o compagnia onorati, anzi era la cosa pervenuta a tanto, che non altramenti si curava degli uomini che morivano, che ora si curerebbe di capre: per che assai manifestamente apparve che quello che il naturale corso delle cose non avea potuto con piccoli e radi danni a' savi mostrare doversi con pazienza passare, la grandezza de' mali eziandio i semplici far di ciò scorti e non curanti. Alla gran moltitudine de' corpi mostrata, che

1 **offẹndere qu:** hier: jdm. schaden. • 5 **l'uscio:** Ausgang, Tür. • 8 **per difetto di qc:** aus Mangel an etwas. • 10 **pure:** hier: nur. • 11 **annoverare:** aufzählen. • 13 **o così fattamente:** oder andere solche (Gruppen). • 17 **tal fiata:** *talvolta.* • 24 **il sav(i)o:** Weiser, Wissender. • 25 **eziandio:** noch, also, in der Tat. • **scorto/a:** hier: aufmerksam, wissend.

a ogni chiesa ogni dì e quasi ogn'ora concorreva portata, non bastando la terra sacra alle sepolture, e massimamente volendo dare a ciascun luogo proprio secondo l'antico costume, si facevano per gli cimiterii delle chiese, poi che ogni parte era piena, fosse grandissime nelle quali a centinaia si mettevano i sopravegnenti: e in quelle stivati, come si mettono le mercatantie nelle navi a suolo a suolo, con poca terra si ricoprieno infino a tanto che della fossa al sommo si pervenia.

E acciò che dietro a ogni particularità le nostre passate miserie per la città avvenute più ricercando non vada, dico che così inimico tempo correndo per quella, non per ciò meno d'alcuna cosa risparmiò il circustante contado. Nel quale, lasciando star le castella, che simili erano nella loro piccolezza alla città, per le sparte ville e per li campi i lavoratori miseri e poveri e le loro famiglie, senza alcuna fatica di medico o aiuto di servidore, per le vie e per li loro colti e per le case, di dì e di notte indifferentemente, non come uomini ma quasi come bestie morieno; per la qual cosa essi, così nelli loro costumi come i cittadini divenuti lascivi, di niuna lor cosa o faccenda curavano: anzi tutti, quasi quel giorno nel quale si vedevano esser venuti la mor-

4 **l'antico costume:** alte Sitte. • 5 **la fossa:** Graben, Grube. • 6 **il sopravegnente:** Neuankömmling. • 7 **stivare:** zwängen, häufen. • **le mercatantie:** Waren, Güter. • 8 **a suolo a suolo:** Schicht für Schicht. • 10 **acciò che:** *affinché*. • 12 **inimico/a:** feindlich. • **il tempo:** hier: Geschick, Los. • 13 **non per ciò meno d'alcuna cosa:** *per nulla*. • 16 **sparto/a (spạrgere):** zerstreut, umliegend. • **la villa:** hier: kleines Gut, Weiler. • 17 **la fatica:** hier: Beistand, Bemühung. • 18 **il colto:** bestelltes Feld. • 21 **lascivo/a:** hier: ausschweifend, verantwortungslos. • 23 **nel quale si vedẹvano esser venuti:** den Tag, den sie anbrechen sahen.

te aspettassero, non d'aiutare i futuri frutti delle bestie e delle terre e delle loro passate fatiche ma di consumare quegli che si trovavano presenti si sforzavano con ogni ingegno. Per che adivenne i buoi, gli asini, le pecore, le capre, i porci, i polli e i cani medesimi fedelissimi agli uomini, fuori delle proprie case cacciati, per li campi, dove ancora le biade abbandonate erano, senza essere non che raccolte ma pur segate, come meglio piaceva loro se n'andavano; e molti, quasi come razionali, poi che pasciuti erano bene il giorno, la notte alle lor case senza alcuno correggimento di pastore si tornavano satolli.

Che più si può dire, lasciando stare il contado e alla città ritornando, se non che tanta e tal fu la crudeltà del cielo, e forse in parte quella degli uomini, che infra 'l marzo e il prossimo luglio vegnente, tra per la forza della pestifera infermità e per l'esser molti infermi mal serviti o abbandonati ne' lor bisogni per la paura ch' aveono i sani, oltre a centomilia creature umane si crede per certo dentro alle mura della città di Firenze essere stati di vita tolti, che forse, anzi l'accidente mortifero, non si saria estimato tanti avervene dentro avuti? O quanti gran palagi, quante belle case, quanti nobili abituri per adietro di famiglie pieni, di signori e di donne, infino al menomo fante rimaser voti! O quante memorabili schiatte, quante ampissime eredi-

7 **la biada:** Hafer, Futtergetreide. • 8 **segare:** hier: schneiden, sensen. • 9f. **come razionali:** *come se fossero dotati di ragione.* • 12 **satollo/a:** satt. • 21 **anzi:** hier: (be)vor. • 22 **saria:** *sarebbe.* • 23 **il palagio:** *il palazzo.* • 24 **l'abituro:** Behausung, Wohnung. • 25 **menomo/a:** geringste(r), kleinste(r). • **il/la fante:** hier: Diener(in), Knecht, Magd. • 26 **la schiatta:** Geschlecht, Familie.

tà, quante famose ricchezze si videro senza successor debito rimanere! Quanti valorosi uomini, quante belle donne, quanti leggiadri giovani, li quali non che altri, ma Galieno, Ipocrate o Esculapio avrieno giudicati sanissimi, la mattina desinarono co' lor parenti, compagni e amici, che poi la sera vegnente appresso nell'altro mondo cenaron con li lor passati!

A me medesimo incresce andarmi tanto tra tante miserie ravolgendo: per che, volendo omai lasciare star quella parte di quelle che io acconciamente posso schifare, dico che, stando in questi termini la nostra città, d'abitatori quasi vota, addivenne, sì come io poi da persona degna di fede sentii, che nella venerabile chiesa di Santa Maria Novella, un martedì mattina, non essendovi quasi alcuna altra persona, uditi li divini ufici in abito lugubre quale a sì fatta stagione si richiedea, si ritrovarono sette giovani donne tutte l'una all'altra o per amistà o per vicinanza o per parentado congiunte, delle quali niuna il venti e ottesimo anno passato avea né era minor di diciotto, savia ciascuna e di sangue nobile e bella di forma e ornata di costumi e di leggiadra onestà. Li nomi delle quali io in propria forma racconterei, se giusta cagione da dirlo non mi

3 **leggiadro/a:** liebreizend, anmutig. • **non che altri:** kein Geringerer als. • 4 **Galieno:** Galen (s. Namenverzeichnis). • **Ipọcrate:** Hippokrates (s. Namenverzeichnis). • **Esculapio:** Äskulap (s. Namenverzeichnis). • **avrịeno:** *avrebbero*. • 8 **a me incresce:** es schmerzt mich. • 10 **acconciamente:** mit gutem Recht. • 11 **schifare:** hier: übergehen. • 14 **Santa Maria Novella:** s. Namenverzeichnis. • 16 **l'ạbito lụgubre:** Trauerkleidung. • **a sì fatta stagione:** Umstände. • 18 **l'amistà:** *l'amicizia*. • **il parentado:** Verwandtschaft. • 19 **il venti e ottẹsimo:** *ventottẹsimo*. • 20 **savio/a:** verständig, weise.

togliesse, la quale è questa: che io non voglio che per le raccontate cose da loro, che seguono, e per l'ascoltate nel tempo avvenire alcuna di loro possa prender vergogna, essendo oggi alquanto ristrette le leggi al piacere che allora, per le cagioni di sopra mostrate, erano non che alla loro età ma a troppo più matura larghissime; né ancorà dar materia agl'invidiosi, presti a mordere ogni laudevole vita, di diminuire in niuno atto l'onestà delle valorose donne con isconci parlari. E però, acciò che quello che ciascuna dicesse senza confusione si possa comprendere appresso, per nomi alle qualità di ciascuna convenienti o in tutto o in parte intendo di nominarle: delle quali la prima, e quella che di più età era, Pampinea chiameremo e la seconda Fiammetta, Filomena la terza e la quarta Emilia, e appresso Lauretta diremo alla quinta e alla sesta Neifile, e l'ultima Elissa non senza cagion nomeremo.

Le quali, non già da alcuno proponimento tirate ma per caso in una delle parti della chiesa adunatesi, quasi in cerchio a seder postesi, dopo più sospiri lasciato stare il dir de' paternostri, seco della qualità del tempo molte e varie cose cominciarono a ragionare.

E dopo alcuno spazio, tacendo l'altre, così Pampinea cominciò a parlare: – Donne mie care, voi potete, così come io, molte volte avere udito che a niuna persona fa ingiuria chi onestamente usa la sua ragione. Natural ragione è, di ciascuno che ci nasce, la sua vita

4f. **essendo oggi … al piacere:** da die Gesetze sittenstrenger geworden sind. • 8 **mọrdere:** hier: kritisieren. • 9 **isconcio/a:** undankbar, ehrlos. • 10 **acciò che:** *affinché*. • 19 **adunarsi:** sich versammeln. • 20 **il cerchio:** Kreis. • 21 **seco:** *con se*; hier: unter-, miteinander. • 26 **l'ingiuria:** Schande, Beleidigung. • 27 **la ragione:** hier: Recht, Anspruch.

quanto può aiutare e conservare e difendere: e concedesi questo tanto, che alcuna volta è già addivenuto che, per guardar quella, senza colpa alcuna si sono uccisi degli uomini. E se questo concedono le leggi, nelle sollecitudini delle quali è il ben vivere d'ogni mortale, quanto maggiormente, senza offesa d'alcuno, è a noi e a qualunque altro onesto alla conservazione della nostra vita prendere quegli rimedii che noi possiamo? Ognora che io vengo ben raguardando alli nostri modi di questa mattina e ancora a quegli di più altre passate e pensando chenti e quali li nostri ragionamenti sieno, io comprendo, e voi similemente il potete comprendere, ciascuna di noi di se medesima dubitare: né di ciò mi maraviglio niente, ma maravigliomi forte, avvedendomi ciascuna di noi aver sentimento di donna, non prendersi per voi a quello di che ciascuna di voi meritamente teme alcun compenso. Noi dimoriamo qui, al parer mio, non altramente che se essere volessimo o dovessimo testimonie di quanti corpi morti ci sieno alla sepoltura recati o d'ascoltare se i frati di qua entro, de' quali il numero è quasi venuto al niente, alle debite ore cantino i loro ufici, o a dimostrare a qualunque ci apparisce, ne' nostri abiti, la qualità e la quantità delle nostre miserie. E se di quinci usciamo, o veggiamo corpi morti o infermi trasportarsi da torno, o veggiamo coloro li quali per li loro difetti l'auto-

3 **guardar(e):** hier: verteidigen, beanspruchen. • 5 **la sollecitụdine:** Beflissenheit, Eifer. • 7 **onesto/a:** hier: recht und billig. • 11 **chenti e quali:** von welcher Art, welcher Natur. • 13 **dubitare:** hier: fürchten. • 16 **per voi:** hier: bei euch. • 17 **dimorare:** verweilen. • 20 f. **qua entro:** *dentro*. • 22 **dẹbito/a:** geschuldet, gehörig. • **l'uficio:** hier: Horengebet. • 26 **il difetto:** hier: Schuld, Verbrechen.

rità delle publiche leggi già condannò a essilio, quasi quelle schernendo per ciò che sentono gli essecutori di quelle o morti o malati, con dispiacevoli impeti per la terra discorrere, o la feccia della nostra città, del nostro sangue riscaldata, chiamarsi becchini e in istrazio di noi andar cavalcando e discorrendo per tutto, con disoneste canzoni rimproverandoci i nostri danni; né altra cosa alcuna ci udiamo, se non 'I cotali son morti' e 'Gli altretali sono per morire'; e se ci fosse chi fargli, per tutto dolorosi pianti udiremmo. E se alle nostre case torniamo, non so se a voi così come a me adiviene: io, di molta famiglia, niuna altra persona in quella se non la mia fante trovando, impaurisco e quasi tutti i capelli adosso mi sento arricciare, e parmi, dovunque io vado o dimoro per quella, l'ombre di coloro che sono trapassati vedere, e non con quegli visi che io soleva, ma con una vista orribile non so donde in loro nuovamente venuta spaventarmi. Per le quali cose, e qui e fuori di qui e in casa mi sembra star male, e tanto più ancora quanto egli mi pare che niuna persona, la quale abbia alcun polso e dove possa andare, come noi abbiamo, ci sia rimasa altri che noi. E ho sentito e veduto più volte, se pure alcuni ce ne sono, quegli co-

2 **schernire qu:** verspotten, hohnlachen. • 3 **l'ịmpeto:** Eifer, Wut. • 4 **discọrrere:** umherstreifen. • **la feccia:** Abschaum. • 5 **riscaldato/a:** hier: erhitzt, erregt. • **l'istrazio:** Unglück, Leidwesen. • 8 **il/la cotale:** der, die Soundso. • 9 **l'altretale:** der, die, jene(r). • 11 f. **adivenire:** sich ereignen. • 14 **arricciare:** kräuseln; hier: (Haare) zu Berge stehen. • 17 **la vista:** hier: Aussehen, Erscheinungsbild. • **donde** (avv.): woher; hier: warum. • 21 **il polso:** hier: finanzielle Möglichkeit. • 23 f. **cotali:** hier: diejenigen (von denen Pampinea sagte, dass sie die finanziellen Mittel hätten, die Stadt zu verlassen).

tali, senza fare distinzione alcuna dalle cose oneste a quelle che oneste non sono, solo che l'appetito le cheggia, e soli e accompagnati, di dì e di notte, quelle fare che più di diletto lor porgono; e non che le solute persone, ma ancora le racchiuse ne' monisteri, faccendosi a credere che quello a lor si convenga e non si disdica che all'altre, rotte della obedienza le leggi, datesi a' diletti carnali, in tal guisa avvisando scampare, son divenute lascive e dissolute. E se così è, che essere manifestamente si vede, che faccian noi qui, che attendiamo, che sognamo? perché più pigre e lente alla nostra salute che tutto il rimanente de' cittadini siamo? reputianci noi men care che tutte l'altre? o crediamo la nostra vita con più forti catene esser legata al nostro corpo che quella degli altri sia, e così di niuna cosa curar dobbiamo la quale abbia forza d'offenderla? Noi erriamo, noi siamo ingannate: che bestialità è la nostra se così crediamo? quante volte noi ci vorrem ricordare chenti e quali sieno stati i giovani e le donne vinte da questa crudel pestilenzia, noi ne vedremo apertissimo argomento. E per ciò, acciò che noi per ischifaltà o per traccutaggine non cadessimo in quello di che noi per avventura per alcuna maniera volendo potremmo scampare, non so se a voi quello se ne parrà che a me ne parrebbe: io giudicherei ottimamente

1 **la cosa:** hier (pegg.): Frau. • 3 **cheggia:** *chieda* (cong.). • 4 **il diletto:** Lust. • **soluto/a:** frei; hier: frei von religiösen Gelübden. • 7 **rotto/a:** zerbrochen. • 8 **scampare:** entrinnen, erleben. • 12 **rimanente:** verbleibend. • 13 **reputarsi:** sich für etwas halten, sich einschätzen. • **caro/a:** wertvoll. • 17 **ingannare:** täuschen, betrügen. • **la bestialità:** hier: Dummheit, Torheit. • 22 **l'ischifaltà:** Trägheit, Widerwillen. • **la traccutaggine:** Sorglosigkeit, Nachlässigkeit.

fatto che noi, sì come noi siamo, sì come molti innanzi a noi hanno fatto e fanno, di questa terra uscissimo, e fuggendo come la morte i disonesti essempli degli altri onestamente a' nostri luoghi in contado, de' quali a ciascuna di noi è gran copia, ce ne andassimo a stare, e quivi quella festa, quella allegrezza, quello piacere che noi potessimo, senza trapassare in alcuno atto il segno della ragione, prendessimo. Quivi s'odono gli uccelletti cantare, veggionvisi verdeggiare i colli e le pianure, e i campi pieni di biade non altramenti ondeggiare che il mare, e d'alberi ben mille maniere, e il cielo più apertamente, il quale, ancora che crucciato ne sia, non per ciò le sue bellezze eterne ne nega, le quali molto più belle sono a riguardare che le mura vote della nostra città; e èvvi, oltre a questo, l'aere assai più fresco, e di quelle cose che alla vita bisognano in questi tempi v'è la copia maggiore e minore il numero delle noie. Per ciò che, quantunque quivi così muoiano i lavoratori come qui fanno i cittadini, v'è tanto minore il dispiacere quanto vi sono più che nella città rade le case e gli abitanti. E qui d'altra parte, se io ben veggio, noi non abbandoniam persona, anzi ne possiamo con verità dire molto più tosto abbandonate: per ciò che i nostri, o morendo o da morte fuggendo, quasi non fossimo loro, sole in tanta afflizione n'hanno lasciate. Niuna riprensione adunque può cadere in cotal consiglio

2 **di questa terra:** aus dieser Stadt. • 4 f. **dei quali ... è gran copia:** die wir in großer Menge haben. • 9 **vẹggionvisi:** *vi si vedono.* • **verdeggiare:** grünen. • 10 **ondeggiare:** wogen. • 12 **crucciato/a:** erzürnt. • 17 **la noia:** hier: Unannehmlichkeit. • 18 **quivi:** dort (auf das Land bezogen). • 19 **qui:** hier (auf die Stadt bezogen). • 25 **l'afflizione** f.: Elend, Kummer. • 26 **la riprensione:** Tadel, Vorwurf.

seguire: dolore e noia e forse morte, non seguendolo, potrebbe avvenire. E per ciò, quando vi paia, prendendo le nostre fanti e con le cose oportune faccendoci seguitare, oggi in questo luogo e domane in quello quella allegrezza e festa prendendo che questo tempo può porgere, credo che sia ben fatto a dover fare; e tanto dimorare in tal guisa, che noi veggiamo, se prima da morte non siam sopragiunte, che fine il cielo riserbi a queste cose. E ricordivi che egli non si disdice più a noi l'onestamente andare, che faccia a gran parte dell'altre lo star disonestamente. –

L'altre donne, udita Pampinea, non solamente il suo consiglio lodarono, ma disiderose di seguitarlo avevan già più particularmente tra sé cominciato a trattar del modo, quasi, quindi levandosi da sedere, a mano a mano dovessero entrare in cammino.

Ma Filomena, la quale discretissima era, disse: – Donne, quantunque ciò che ragiona Pampinea sia ottimamente detto, non è per ciò così da correre a farlo, come mostra che voi vogliate fare. Ricordivi che noi siamo tutte femine, e non ce n'ha niuna sì fanciulla, che non possa ben conoscere come le femine sien ragionate insieme e senza la provedenza d'alcuno uomo si sappiano regolare. Noi siamo mobili, riottose, sospettose, pusillanime e paurose: per le quali cose io dubito forte, se noi alcuna altra guida non prendiamo

8f. **riserbare:** vorsehen. • 15f. **a mano a mano:** unverzüglich, gleich. • 17 **discretịssimo/a:** vorausschauend, sehr vorsichtig, bedacht. • 21 **non ce n'ha niuna sì fanciulla:** keine ist so kindisch. • 24 **regolare:** hier: sich zurechtfinden. • **mọbile** (agg.): hier: unbeständig, wechselhaft. • **riottoso/a:** streitsüchtig, eigensinnig. • 25 **pusillạnimo/a:** kleinmütig.

che la nostra, che questa compagnia non si dissolva troppo più tosto e con meno onor di noi che non ci bisognerebbe: e per ciò è buono a provederci avanti che cominciamo. –

Disse allora Elissa: – Veramente gli uomini sono delle femine capo e senza l'ordine loro rade volte riesce alcuna nostra opera a laudevole fine: ma come possiam noi aver questi uomini? Ciascuna di noi sa che de' suoi son la maggior parte morti, e gli altri che vivi rimasi sono chi qua e chi là in diverse brigate, senza saper noi dove, vanno fuggendo quello che noi cerchiamo di fuggire: e il prender gli strani non saria convenevole; per che, se alla nostra salute vogliamo andar dietro, trovare si convien modo di sì fattamente ordinarci, che, dove per diletto e per riposo andiamo, noia e scandalo non ne segua. –

Mentre tralle donne erano così fatti ragionamenti, e ecco entrar nella chiesa tre giovani, non per ciò tanto che meno di venticinque anni fosse l'età di colui che più giovane era di loro. Ne' quali né perversità di tempo né perdita d'amici o di parenti né paura di se medesimi avea potuto amor non che spegnere ma raffreddare. De' quali l'uno era chiamato Panfilo e Filostrato il secondo e l'ultimo Dioneo, assai piacevole e costumato ciascuno: e andavan cercando per loro somma consolazione, in tanta turbazione di cose, di

2 **tosto** (avv.): gleich, bald. • 3 **provederci avanti:** für etwas sorgen. • 12 **lo strano / la strana:** Fremde(r); hier: nicht verwandter, außenstehender Mensch. • 15 **dove:** hier: während. • 16 **lo scandalo:** hier: Zwietracht, Uneinigkeit. • 18 **non per ciò:** *però*. • 26 **sommo/a:** erhaben, hochstehend.

vedere le lor donne, le quali per ventura tutte e tre erano tralle predette sette, come che dell'altre alcune ne fossero congiunte parenti d'alcuni di loro.

Né prima esse agli occhi corsero di costoro, che costoro furono da esse veduti; per che Pampinea allor cominciò sorridendo: – Ecco che la fortuna a' nostri cominciamenti è favorevole, e hacci davanti posti discreti giovani e valorosi, li quali volentieri e guida e servidor ne saranno, se di prendergli a questo oficio non schiferemo. –

Neifile allora, tutta nel viso divenuta per vergogna vermiglia per ciò che l'una era di quelle che dall'un de' giovani era amata, disse: – Pampinea, per Dio, guarda ciò che tu dichi. Io conosco assai apertamente niuna altra cosa che tutta buona dir potersi di qualunque s'è l'uno di costoro, e credogli a troppo maggior cosa che questa non è sofficienti; e similmente avviso loro buona compagnia e onesta dover tenere non che a noi ma a molto più belle e più care che noi non siamo. Ma, per ciò che assai manifesta cosa è loro essere d'alcune che qui ne sono innamorati, temo che infamia e riprensione, senza nostra colpa o di loro, non ce ne segua se gli meniamo. –

Disse allora Filomena: – Questo non monta niente; là dove io onestamente viva né mi rimorda d'alcuna cosa la coscienza, parli chi vuole in contrario: Idio e la

1 **per ventura:** zufällig. • 7 **il cominciamento:** Bestreben, Beginn. • 12 **vermiglio/a:** hochrot. • 14 **dichi:** *dica* (*guarda quello che dica*). • 16 **s'è l'uno di costoro:** ein jeder von ihnen. • 17 **sofficiente** (agg.): *sufficiente*; hier: geschickt, würdig. • 22 **la riprensione:** hier: Schande, Unehre. • 24 **non monta niente:** *non importa niente*. • 26 **Idio:** Gott.

verità l'arme per me prenderanno. Ora, fossero essi pur già disposti a venire, ché veramente, come Pampinea disse, potremmo dire la fortuna essere alla nostra andata favoreggiante. –

L'altre, udendo costei così fattamente parlare, non solamente si tacquero ma con consentimento concorde tutte dissero che essi fosser chiamati e loro si dicesse la loro intenzione e pregassersi che dovesse lor piacere in così fatta andata lor tener compagnia. Per che senza più parole Pampinea, levatasi in piè, la quale a alcun di loro per consanguinità era congiunta, verso loro che fermi stavano a riguardarle si fece e, con lieto viso salutatigli, loro la lor disposizione fé manifesta e pregogli per parte di tutte che con puro e fratellevole animo a tener lor compagnia si dovessero disporre. I giovani si credettero primieramente essere beffati, ma poi che videro che da dovero parlava la donna, rispuosero lietamente sé essere apparecchiati; e senza dare alcuno indugio all'opera, anzi che quindi si partissono, diedono ordine a ciò che a fare avessono in sul partire. E ordinatamente fatta ogni cosa oportuna apparecchiare e prima mandato là dove intendevan d'andare, la seguente mattina, cioè il mercoledì, in su lo schiarir del giorno, le donne con alquante delle lor fanti e i tre giovani con tre lor famigliari, usciti della città, si mise-

10 **in piè:** *in piedi.* • 11 **la consanguinità:** Blutsverwandtschaft. • 13 **fé:** hier: *fare manifesta:* ankündigen, in Kenntnis setzen. • 14 **fratellẹvole** (agg.): brüderlich. • 16 **beffare:** jdn. verspotten, zum Besten halten. • 17 **da dovero:** ernsthaft, im Ernst. • 18 **apparecchiato/a:** hier: bereit. • 19 **l'indugio:** Verzögerung. • 23 f. **su lo schiarịr del giorno:** beim Morgengrauen. • 24 **alquanto/a:** manche(r), (pl.) einige. • 25 **il famigliare:** hier: Diener, Vertrauter.

ro in via: né oltre a due piccole miglia si dilungarono da essa, che essi pervennero al luogo da loro primieramente ordinato.

Era il detto luogo sopra una piccola montagnetta, da ogni parte lontano alquanto alle nostre strade, di varii albuscelli e piante tutte di verdi fronde ripiene piacevoli a riguardare; in sul colmo della quale era un palagio con bello e gran cortile nel mezzo, e con logge e con sale e con camere, tutte ciascuna verso di sé bellissima e di liete dipinture raguardevole e ornata, con pratelli da torno e con giardini maravigliosi e con pozzi d'acque freschissime e con volte di preziosi vini: cose più atte a curiosi bevitori che a sobrie e oneste donne. Il quale tutto spazzato, e nelle camere i letti fatti, e ogni cosa di fiori quali nella stagione si potevano avere piena e di giunchi giuncata la vegnente brigata trovò con suo non poco piacere.

E postisi nella prima giunta a sedere, disse Dioneo, il quale oltre a ogni altro era piacevole giovane e pieno di motti: – Donne, il vostro senno più che il nostro avvedimento ci ha qui guidati; io non so quello che de' vostri pensieri voi v'intendete di fare: li miei lasciai io

1 **il miglio** (pl. *le miglia*): (toskanische) Meile (ca. 1650 m). • 4 **il detto luogo:** besagter Ort (wahrscheinlich Poggio Gherardi, eine Villa in der Nähe des Ortes Fiesole bei Florenz; dort besaß Boccaccio selbst ein Landhaus). • 6 **l'albuscello:** Baum. • **la fronda:** Zweig, Belaubung. • 9 **verso di sé:** für sich betrachtet. • 10 **la dipintura:** Malerei. • **raguardevole** (agg): ansehnlich. • 11 **il pratello:** Wiese. • 12 **la volta:** hier: Gewölbe, Weinkeller. • 13 **atto/a:** *adatto*. • **curioso/a:** hier: anspruchsvoll. • **sobrio/a:** mäßig, maßvoll. • 14 **spazzare:** kehren, fegen. • 16 **il giunco:** Binsengras (*giuncato/a:* mit Binsen bedeckt). • 18 **nella prima giunta:** kaum angekommen. • 20 **il motto:** treffende, geistreiche Bemerkung. • 21 **l'avvedimento:** Einsicht.

dentro dalla porta della città allora che io con voi poco fa me ne usci' fuori: e per ciò o voi a sollazzare e a ridere e a cantare con meco insieme vi disponete (tanto, dico, quanto alla vostra dignità s'appartiene), o voi mi licenziate che io per li miei pensier mi ritorni e steami nella città tribolata. –

A cui Pampinea, non d'altra maniera che se similmente tutti i suoi avesse da sé cacciati, lieta rispose: – Dioneo, ottimamente parli: festevolmente viver si vuole, né altra cagione dalle tristizie ci ha fatte fuggire. Ma per ciò che le cose che sono senza modo non possono lungamente durare, io, che cominciatrice fui de' ragionamenti da' quali questa così bella compagnia è stata fatta, pensando al continuar della nostra letizia, estimo che di necessità sia convenire esser tra noi alcuno principale, il quale noi e onoriamo e ubidiamo come maggiore, nel quale ogni pensiero stea di doverci a lietamente vivere disporre. E acciò che ciascun pruovi il peso della sollecitudine insieme col piacere della maggioranza e, per conseguente da una parte e d'altra tratti, non possa chi nol pruova invidia avere alcuna, dico che a ciascuno per un giorno s'attribuisca e il peso e l'onore; e chi il primo di noi esser debba nella elezion di noi tutti sia: di quegliche seguiranno, come l'ora del vespro s'avicinerà, quegli o quella che a colui o a colei piacerà che quel giorno

2 **sollazzare:** ergötzen, belustigen. • 4 **quanto alla vostra dignità s'appartiene:** so viel, wie eure Würde es euch erlaubt. • 10 **la tristizia:** Traurigkeit, Gram. • 11 **senza modo:** ohne Ordnung, chaotisch. • 16 **il principale:** hier: Chef, Oberhaupt. • **e … e:** sowohl als auch. • 20 **la maggioranza:** hier: hoher Rang, Status. • 21 **pruova:** *provare:* hier: erfahren, erleben. • 25 **l'ora del vespro:** Abendstunde.

avrà avuta la signoria; e questo cotale, secondo il suo arbitrio, del tempo che la sua signoria dee bastare, del luogo e del modo nel quale a vivere abbiamo ordini e disponga. –

Queste parole sommamente piacquero, e a una voce lei prima del primo giorno elessero; e Filomena, corsa prestamente a uno alloro (per ciò che assai volte aveva udito ragionare di quanto onore le frondi di quello eran degne e quanto degno d'onore facevano chi n'era meritamente incoronato), di quello alcuni rami colti, ne le fece una ghirlanda onorevole e apparente; la quale, messale sopra la testa, fu poi mentre durò la lor compagnia manifesto segno a ciascuno altro della real signoria e maggioranza.

Pampinea, fatta reina, comandò che ogn'uom tacesse, avendo già fatti i famigliari de' tre giovani e le loro fanti, ch'eran quatro, davanti chiamarsi; e tacendo ciascun, disse: – Acciò che io prima essemplo dea a tutti voi, per lo quale di bene in meglio procedendo la nostra compagnia con ordine e con piacere e senza alcuna vergogna viva e duri quanto a grado ne fia, io primieramente constituisco Parmeno, famigliare di Dioneo, mio siniscalco, e a lui la cura e la sollecitudine di tutta la nostra famiglia commetto e ciò che al servigio della sala appartiene. Sirisco, famigliar di Panfilo, voglio che di noi sia spenditore e tesoriere e di Parmeno

1 **la signoria:** Herrschaft. • 2 **bastare:** hier: dauern. • 7 **l'alloro:** Lorbeer, Lorbeerkranz (als Zeichen von Würde und Macht, bei Boccaccio auch als Ehrung für literarisches Genie erwähnt). • 15 **ogn'uom:** *ognuno*. • 21 **quanto a grado ne fia:** solange es beliebt. • 23 **il siniscalco:** Hausdiener. • 25 **la sala:** hier: Speiseraum.

seguiti i comandamenti. Tindaro al servigio di Filostrato e degli altri due attenda nelle camere loro, qualora gli altri, intorno alli loro ufici impediti, attender non vi potessero. Misia, mia fante, e Licisca, di Filomena, nella cucina saranno continue e quelle vivande diligentemente apparecchieranno che per Parmeno loro saranno imposte. Chimera, di Lauretta, e Stratilia, di Fiammetta, al governo delle camere delle donne intente vogliamo che stieno e alla nettezza de' luoghi dove staremo. E ciascun generalmente, per quanto egli avrà cara la nostra grazia, vogliamo e comandiamo che si guardi, dove che egli vada, onde che egli torni, che che egli oda o vegga, niuna novella altra che lieta ci rechi di fuori. –

E questi ordini sommariamente dati, li quali da tutti commendati furono, lieta drizzata in piè disse: – Qui sono giardini, qui sono pratelli, qui altri luoghi dilettevoli assai, per li quali ciascuno a suo piacer sollazzando si vada; e come terza suona, ciascun qui sia, acciò che per lo fresco si mangi. –

Licenziata adunque dalla nuova reina la lieta brigata, li giovani insieme con le belle donne, ragionando dilettevoli cose, con lento passo si misero per un giardino, belle ghirlande di varie frondi faccendosi e amo-

3 **intorno** (prep.): hier: aufgrund, wegen. • **alli loro:** *ai loro.* • 5 **contịnue:** *di contịnuo.* • 9 **la nettezza:** Sauberkeit, Reinlichkeit. • 16 **drizzare:** aufrichten, sich erheben. • 19 **come terza suona:** wenn die dritte Stunde schlägt (zu Zeiten Boccaccios wurde der Tag in 12 Stunden unterteilt, die in vier Gruppen von jeweils drei Stunden angeordnet waren [*terza, sesta, nona e vespro*], je nach Jahreszeit und Tageslänge variierend). • 20 **per lo fresco:** hier: in der Kühle des Morgens. • 24 **la ghirlanda:** Kranz.

rosamente cantando. E poi che in quello tanto fur dimorati quanto di spazio dalla reina avuto aveano, a casa tornati trovarono Parmeno studiosamente aver dato principio al suo uficio, per ciò che, entrati in una sala terrena, quivi le tavole messe videro con tovaglie bianchissime e con bicchieri che d'ariento parevano, e ogni cosa di fiori di ginestra coperta; per che, data l'acqua alle mani, come piacque alla reina, secondo il giudicio di Parmeno tutti andarono a sedere. Le vivande dilicatamente fatte vennero e finissimi vini fur presti: e senza più, chetamente li tre famigliari servirono le tavole. Dalle quali cose, per ciò che belle e ordinate erano, rallegrato ciascuno, con piacevoli motti e con festa mangiarono. E levate le tavole, con ciò fosse cosa che tutte le donne carolar sapessero e similmente i giovani e parte di loro ottimamente e sonare e cantare, comandò la reina che gli strumenti venissero; e per comandamento di lei, Dioneo preso un liuto e la Fiammetta una viuola, cominciarono soavemente una danza a sonare; per che la reina con l'altre donne insieme co' due giovani presa una carola, con lento passo, mandati i famigliari a mangiare, a carolar cominciarono; e quella finita, canzoni vaghette e liete cominciarono a cantare. E in questa maniera stettero tanto che tempo parve alla reina d'andare a dormire: per che, data a tutti la licenzia, li tre giovani alle lor

2 **lo spazio:** hier: Zeitspanne. • 3 **studiosamente:** gewissenhaft. • 7 **la ginestra:** Ginster. • 10 **fur:** *furono.* • 11 **chetamente:** still und gesittet. • 15 **carolar(e):** Reigen tanzen. • 18 **il liuto:** Laute. • 19 **la viuola:** Geige (Laute und Geige waren höfische Musikinstrumente; ihr Gebrauch zur Begleitung des Reigens soll die Erlesenheit der Gesellschaft unterstreichen).

camere, da quelle delle donne separate, se n'andarono, le quali co' letti ben fatti e così di fiori piene come la sala trovarono, e simigliantemente le donne le loro: per che, spogliatesi, s'andarono a riposare.

Non era di molto spazio sonata nona, che la reina levatasi tutte l'altre fece levare e similmente i giovani, affermando esser nocivo il troppo dormire il giorno: e così se ne andarono in un pratello nel quale l'erba era verde e grande né vi poteva d'alcuna parte il sole; e quivi, sentendo un soave venticello venire, sì come volle la lor reina, tutti sopra la verde erba si puosero in cerchio a sedere, a' quali ella disse così: – Come voi vedete, il sole è alto e il caldo è grande, né altro s'ode che le cicale su per gli ulivi, per che l'andare al presente in alcun luogo sarebbe senza dubbio sciocchezza. Qui è bello e fresco stare, e hacci, come voi vedete, e tavolieri e scacchieri, e puote ciascuno, secondo che all'animo gli è più di piacere, diletto pigliare. Ma se in questo il mio parer si seguisse, non giucando, nel quale l'animo dell'una delle parti convien che si turbi senza troppo piacere dell'altra o di chi sta a vedere, ma novellando (il che può porgere, dicendo uno, a tutta la compagnia che ascolta diletto) questa calda parte del giorno trapasseremo. Voi non avrete compiuta ciascuno di dire una sua novelletta, che il sole fia declinato e il caldo mancato, e potremo dove più a grado vi fia andare prendendo diletto: e per ciò, quando questo

9 **né vi poteva d'alcuna parte il sole:** hier: (Platz) in den die Sonne nicht eindringen konnte. • 14 **la cicala:** Zikade, Grashüpfer. • 17 **il tavoliere / il scacchiere:** Tisch für Brett- und Schachspiele. • 22 **novellare:** Geschichten erzählen. • 26 **dove più a grado vi fia:** *dove più vi piacerà.*

che io dico vi piaccia, ché disposta sono in ciò di seguire il piacer vostro, faccianlo; e dove non vi piacesse, ciascuno infino all'ora del vespro quello faccia che più gli piace. –

Le donne parimente e gli uomini tutti lodarono il novellare.

– Adunque, – disse la reina – se questo vi piace, per questa prima giornata voglio che libero sia a ciascuno di quella materia ragionare che più gli sarà a grado. –

E rivolta a Panfilo, il quale alla sua destra sedea, piacevolmente gli disse che con una delle sue novelle all'altre desse principio; laonde Panfilo, udito il comandamento, prestamente, essendo da tutti ascoltato, cominciò così.

12 **laonde:** worauf.

Giornata I, Novella 1

Ser Cepparello con una falsa confessione inganna un santo frate e muorsi; e, essendo stato un pessimo uomo in vita, è morto reputato per santo e chiamato san Ciappelletto.

– Convenevole cosa è, carissime donne, che ciascheduna cosa la quale l'uomo fa, dallo ammirabile e santo nome di Colui, il quale di tutte fu facitore, le dea principio. Per che, dovendo io al vostro novellare, sì come primo, dare cominciamento, intendo da una delle sue maravigliose cose incominciare, acciò che, quella udita, la nostra speranza in Lui, sì come in cosa impermutabile, si fermi e sempre sia da noi il suo nome lodato. Manifesta cosa è che, sì come le cose temporali tutte sono transitorie e mortali, così in sé e fuor di sé esser piene di noia, d'angoscia e di fatica e a infiniti pericoli sogiacere; alle quali senza niuno fallo né potremmo noi, che viviamo mescolati in esse e che siamo parte d'esse, durare né ripararci, se spezial grazia di Dio forza e avvedimento non ci prestasse. La quale a noi e in noi non è da credere che per alcun nostro merito di-

2 **ser (messẹr):** (vgl. fr. *monsieur*) (mein) Herr. • **ingannare:** täuschen, betrügen. • 6f. **ciascheduno/a:** *ciascuno/a.* • 8 **Colui:** *lui* (hier: Gott). • **il facitore:** Schöpfer. • 8f. **dare principio:** anfangen. • 9 **novellare:** Geschichten erzählen (hier substantivisch gebraucht). • 12f. **impermutạbile** (agg.): unveränderlich, ewig. • 15 **transitorio/a:** vergänglich, sterblich. • 16 **la noia:** Leiden, Pein. • 17 **sogiacere:** unterliegen. • **il fallo:** Mangel, Fehltritt, Verstoß. • 19 **riparare:** hier: widerstehen, vermeiden.

scenda, ma dalla sua propria benignità mossa e da' prieghi di coloro impetrata che, sì come noi siamo, furon mortali, e bene i suoi piaceri mentre furono in vita seguendo ora con Lui eterni son divenuti e beati; alli quali noi medesimi, sì come a procuratori informati per esperienza della nostra fragilità, forse non audaci di porgere i prieghi nostri nel cospetto di tanto giudice, delle cose le quali a noi reputiamo oportune gli porgiamo. E ancor più in Lui, verso noi di pietosa liberalità pieno, discerniamo, che, non potendo l'acume dell'occhio mortale nel segreto della divina mente trapassare in alcun modo, avvien forse tal volta che, da oppinione ingannati, tale dinanzi alla sua maestà facciamo procuratore che da quella con eterno essilio è iscacciato: e nondimeno Esso, al quale niuna cosa è occulta, più alla purità del pregator riguardando che alla sua ignoranza o allo essilio del pregato, così come se quegli fosse nel suo cospetto beato, essaudisce coloro che 'l priegano. Il che manifestamente potrà apparire nella novella la quale di raccontare intendo: manifestamente, dico, non il giudicio di Dio ma quel degli uomini seguitando.

Ragionasi adunque che essendo Musciatto Franzesi di ricchissimo e gran mercatante in Francia cavalier

3 **i piaceri:** hier: Willen. • 5 **il procuratore:** hier: Vermittler, Fürsprecher. • 7 **nel (al) cospetto di qu:** im Angesicht von jdm. • 10 **discernere:** erkennen, deutlich sehen. • **l'acume** m.: Schärfe, Scharfsinn. • 11 f. **trapassare:** hier: eindringen. • 14 **l'essilio:** Verbannung. • 15 **iscacciare:** verjagen, verbannen. • 17 **il pregato:** der Gebetene (bezieht sich hier auf den fälschlicherweise angebeteten Vermittler, der nicht vermitteln kann, weil er selbst in ewiger Verdammnis lebt). • 23 **Musciatto Franzesi:** s. Namenverzeichnis.

divenuto e dovendone in Toscana venire con messer Carlo Senzaterra, fratello del re di Francia, da papa Bonifazio addomandato e al venir promosso, sentendo egli li fatti suoi, sì come le più volte son quegli de' mercatanti, molto intralciati in qua e in là e non potersi di leggiere né subitamente stralciare, pensò quegli commettere a più persone e a tutti trovò modo: fuor solamente in dubbio gli rimase cui lasciar potesse sofficiente a riscuoter suoi crediti fatti a più borgognoni. E la cagione del dubbio era il sentire li borgognoni uomini riottosi e di mala condizione e misleali; e a lui non andava per la memoria chi tanto malvagio uom fosse, in cui egli potesse alcuna fidanza avere, che opporre alla loro malvagità si potesse. E sopra questa essaminazione pensando lungamente stato, gli venne a memoria un ser Cepparello da Prato, il quale molto alla sua casa in Parigi si riparava; il quale, per ciò che piccolo di persona era e molto assettatuzzo, non sappiendo li franceschi che si volesse dir Cepparello, credendo che ‹cappello›, cioè ‹ghirlanda› secondo il lor volgare a dir venisse, per ciò che piccolo era come dicemmo, non Ciappello ma Ciappelletto il chiamava-

2 **Carlo Senzaterra:** s. Namenverzeichnis. 3 **addomandare:** herbeirufen. • 5 **intralciato/a:** undurchsichtig, verzweigt. • 6 **di leggiere** (avv.): leicht, einfach. • **stralciare:** lösen. • 7 **commẹttere qc a qu:** hier: jdm. etwas anvertrauen. • 8f. **sofficiente a fare qc:** hier: zu etwas fähig, geeignet sein. • 9 **riscuọtere:** eintreiben. • **il borgognone:** Burgunder (hier: italienischer Kaufmann in Burgund). • 11 **di mala condizione:** charakterlich minderwertig. • **misleale** (agg.): illoyal, wortbrüchig. • 13 **la fidanza:** *la fiducia.* • 16 **Cepparello da Prato:** s. Namenverzeichnis. • 17 **ripararsi:** hier: sich aufhalten, logieren. • 18 **assettatuzzo/a:** geschniegelt. • 19 **li franceschi:** *i francesi.* • 20f. **il lor vọlgare:** ihre Sprache (hier: französisch).

no: e per Ciappelletto era conosciuto per tutto, là dove pochi per ser Cepperello il conoscieno.

Era questo Ciappelletto di questa vita: egli, essendo notaio, avea grandissima vergogna quando uno de' suoi strumenti, come che pochi ne facesse, fosse altro che falso trovato; de' quali tanti avrebbe fatti di quanti fosse stato richesto, e quegli più volentieri in dono che alcuno altro grandemente salariato. Testimonianze false con sommo diletto diceva, richesto e non richesto; e dandosi a quei tempi in Francia a' saramenti grandissima fede, non curandosi fargli falsi, tante quistioni malvagiamente vincea a quante a giurare di dire il vero sopra la sua fede era chiamato. Aveva oltre modo piacere, e forte vi studiava, in commettere tra amici e parenti e qualunque altra persona mali e inimicizie e scandali, de' quali quanto maggiori mali vedeva seguire tanto più d'allegrezza prendea. Invitato a uno omicidio o a qualunque altra rea cosa, senza negarlo mai, volonterosamente v'andava, e più volte a fedire e a uccidere uomini con le proprie mani si ritrovò volentieri. Bestemmiatore di Dio e de' Santi era grandissimo, e per ogni piccola cosa, sì come colui che più che alcuno altro era iracundo. A chiesa non usava giammai, e i sacramenti di quella tutti come vil cosa con abominevoli parole scherniva; e così in contrario

4 **il notaio:** Notar. • 5 **lo strumento:** hier: Urkunde, Beglaubigung. • 7 **in dono:** gratis, ohne Bezahlung. • 8 **salariare:** entlohnen, honorieren. • 10 **il saramento:** *il giuramento*. • 11 f. **la quistione:** hier: Prozess, Verhandlung. • 14 **vi studiava:** hier: er bemühte sich darum. • **commettere:** hier: anzetteln. • 15 f. **l'inimicizia:** Feindschaft, Zwietracht. • 20 **fedire:** *ferire*. • 23 **iracundo/a:** *iracondo/a:* jähzornig. • **non usava:** hier: er ging nicht (hin). • 25 **schernire:** verspotten, verlachen.

le taverne e gli altri disonesti luoghi visitava volentieri e usavagli. Delle femine era così vago come sono i cani de' bastoni; del contrario più che alcuno altro tristo uomo si dilettava. Imbolato avrebbe e rubato con quella coscienza che un santo uomo offerrebbe. Golosissimo e bevitor grande, tanto che alcuna volta sconciamente gli facea noia. Giucatore e mettitore di malvagi dadi era solenne. Perché mi distendo io in tante parole? egli era il piggiore uomo forse che mai nascesse. La cui malizia lungo tempo sostenne la potenzia e lo stato di messer Musciatto, per cui molte volte e dalle private persone, alle quali assai sovente faceva iniuria, e dalla corte, a cui tuttavia la facea, fu riguardato.

Venuto adunque questo ser Cepparello nell'animo a messer Musciatto, il quale ottimamente la sua vita conosceva, si pensò il detto messer Musciatto costui dovere esser tale quale la malvagità de' borgognoni il richiedea; e perciò, fattolsi chiamare, gli disse così: «Ser Ciapelletto, come tu sai, io sono per ritrarmi del tutto di qui: e avendo tra gli altri a fare co' borgognoni, uomini pieni d'inganni, non so cui io mi possa lasciare a riscuotere il mio da loro più convenevole di

2 **vago/a:** hier: begierig. • 4 **imbolare:** stehlen, klauen (ohne dass der Bestohlene es bemerkt). • **rubare:** rauben, mit Gewalt nehmen. • 5 **offerrebbe:** *offrirebbe* (*offrire:* hier: spenden, Almosen geben). • 5f. **guloso/a:** *goloso/a:* hier: gefräßig. • 7f. **i malvagi dadi:** falsche Würfel, Spielbetrug. • 9 **piggiore** (agg.): *peggiore*. • 10 **la potenzia:** Macht, Einfluss. • 11 **lo stato:** hier: gesellschaftlicher Stand, Rang. • 13 **la corte:** hier: Gerichtshof. • **tuttavia:** hier: fortwährend. • 13f. **riguardare:** hier: verschonen, unbehelligt bleiben. • 15 **venire nell'ạnimo:** in den Sinn kommen. • 19 **fạttolsi chiamare:** *dopo avẹrselo fatto chiamare.*

te. E perciò, con ciò sia cosa che tu niente facci al presente, ove a questo vogli intendere, io intendo di farti avere il favore della corte e di donarti quella parte di ciò che tu riscoterai che convenevole sia.»

Ser Ciappelletto, che scioperato si vedea e male agiato delle cose del mondo e lui ne vedeva andare che suo sostegno e ritegno era lungamente stato, senza niuno indugio e quasi da necessità costretto si diliberò, e disse che volea volentieri. Per che, convenutisi insieme, ricevuta ser Ciappelletto la procura e le lettere favorevoli del re, partitosi messer Musciatto, n'andò in Borgogna dove quasi niuno il conoscea: e quivi fuori di sua natura benignamente e mansuetamente cominciò a voler riscuotere e fare quello per che andato v'era, quasi si riserbasse l'adirarsi al da sezzo.

E così faccendo, riparandosi in casa di due fratelli fiorentini, li quali quivi a usura prestavano e lui per amor di messer Musciatto onoravano molto, avvenne che egli infermò. Al quale i due fratelli fecero prestamente venir medici e fanti che il servissero e ogni cosa oportuna alla sua santà racquistare. Ma ogni aiuto era nullo, per ciò che il buono uomo, il quale già era vecchio e disordinatamente vivuto, secondo che i medici dicevano, andava di giorno in giorno di male in peggio

1 **con ciò sia cosa:** da es sich so verhält. • 2 **ove:** *dove*; hier: falls. • **vogli:** *vuoi*. • **intẹndere:** hier: dafür sorgen, dass. • 5 **scioperare:** hier: müßiggehen, faulenzen. • 6 **agiato/a:** versorgt. • 7 **il sostegno e ritegno:** Stecken und Stab, Halt. • 8 **l'indugio:** Zögern. • 10 **la procura:** hier: Vollmacht. • 11 **partịtosi:** *dopo che era partito*. • 15 **adirarsi:** sich erzürnen. • 15 f. **da sezzo:** als letztes, zuletzt. • 18 **l'usura:** Wucher. • 22 **la santà:** *la sanità*. • 24 **vivuto:** *vissuto*.

come colui che aveva il male della morte; di che li due fratelli si dolevan forte.

E un giorno, assai vicini della camera nella quale ser Ciappelletto giaceva infermo, seco medesimo cominciarono a ragionare. «Che farem noi» diceva l'uno all'altro «di costui? Noi abbiamo de' fatti suoi pessimo partito alle mani: per ciò che il mandarlo fuori di casa nostra così infermo ne sarebbe gran biasimo e segno manifesto di poco senno, veggendo la gente che noi l'avessimo ricevuto prima e poi fatto servire e medicare così sollecitamente, e ora, senza potere egli aver fatta cosa alcuna che dispiacer ci debbia, così subitamente di casa nostra e infermo a morte vederlo mandar fuori. D'altra parte, egli è stato sì malvagio uomo, che egli non si vorrà confessare né prendere alcuno sagramento della Chiesa; e, morendo senza confessione, niuna chiesa vorrà il suo corpo ricevere, anzi sarà gittato a' fossi a guisa d'un cane. E, se egli si pur confessa, i peccati suoi son tanti e sì orribili, che il simigliante n'averrà, per ciò che frate né prete ci sarà che 'l voglia né possa assolvere: per che, non assoluto, anche sarà gittato a' fossi. E se questo avviene, il popolo di questa terra, il quale sì per lo mestier nostro, il

2 **dolersi:** sich bekümmern, betrüben. • 4 **giacere:** lagern, ruhen. • 6f. **avere pẹssimo partito alle mani:** sehr schlechte Karten haben, (fig.) sich in aussichtsloser Lage befinden. • 8 **il biạsimo:** hier: Nachteil. • 9 **il senno:** Verstand. • 18 **gittato:** *gettato*. • **il fosso:** Graben (hier die Stadtgräben, in welche man gewöhnlich die Leichen aller unehrenhaft Verstorbenen, wie Selbstmörder, Ketzer, Exkommunizierte etc., warf, da sie keinen Anspruch auf eine ordentliche kirchliche Bestattung besaßen). • **a guisa d'un cane:** wie ein Hund. • 19f. **il simigliante n'averrà:** etwas Ähnliches wird passieren, es wird sich nicht viel ändern.

quale loro pare iniquissimo e tutto il giorno ne dicon male, e sì per la volontà che hanno di rubarci, veggendo ciò si leverà a romore e griderà: Questi lombardi cani, li quali a chiesa non sono voluti ricevere, non ci si voglion più sostenere; e correrannoci alle case e per avventura non solamente l'avere ci ruberanno ma forse ci torranno oltre a ciò le persone: di che noi in ogni guisa stiam male se costui muore.»

1 **iniquo/a:** unrecht. • 3 **levarsi a romore:** sich erheben, einen Aufstand bzw. Tumult anzetteln. • **il lombardo:** Lombarde (in Frankreich abfällige Bezeichnung für alle Norditaliener, die Toskaner eingeschlossen; Italiener waren in Frankreich häufig als Wucherer oder Pfandleiher tätig und hatten daher einen schlechten Ruf). • 6 **l'avere:** hier: Besitz, Habe. • 7 **togliere la persona a qu:** jdm. das Leben nehmen.

Ser Ciappelletto, il quale, come dicemmo, presso giacea là dove costoro così ragionavano, avendo l'udire sottile, sì come le più volte veggiamo aver gl'infermi, udì ciò che costoro di lui dicevano; li quali egli si fece chiamare e disse loro: «Io non voglio che voi d'alcuna cosa di me dubitiate né abbiate paura di ricevere per me alcun danno. Io ho inteso ciò che di me ragionato avete e son certissimo che così n'averrebbe come voi dite, dove così andasse la bisogna come avvisate: ma ella andrà altramenti. Io ho, vivendo, tante ingiurie fatte a Domenedio, che, per farnegli io una ora in su la mia morte, né più né meno ne farà; e per ciò procacciate di farmi venire un santo e valente frate, il più che aver potete, se alcun ce n'è; e lasciate fare a me, ché fermamente io acconcerò i fatti vostri e' miei in maniera che starà bene e che dovrete esser contenti.»

I due fratelli, come che molta speranza non prendessono di questo, nondimeno se n'andarono a una religione di frati e domandarono alcuno santo e savio uomo che udisse la confessione d'un lombardo che in casa loro era infermo; e fu lor dato un frate antico di santa e di buona vita e gran maestro in Iscrittura e molto venerabile uomo, nel quale tutti i cittadini grandissima e speziale divozione aveano, e lui menarono. Il quale, giunto nella camera dove ser Ciappelletto

3 **l'udire sottile:** feines Gehör. • 9 **la bisogna:** hier: die Angelegenheit. • 11 **Domenedịo:** Herrgott, Schöpfer. • 12 **né più né meno ne farà:** darauf kommt es nun auch nicht mehr an, mein Schicksal ist sowieso besiegelt. • 13 **procacciare:** herbeischaffen. • 20 **la religione:** hier: Konvent. • **savio/a:** weise. • 22 **antico/a:** hier: altehrwürdig. • 23 **l'Iscrittura:** Heilige Schrift.

giacea e allato postoglisi a sedere, prima benignamente il cominciò a confortare, e appresso il domandò quanto tempo era che egli altra volta confessato si fosse.

Al quale ser Ciappelletto, che mai confessato non s'era, rispose: «Padre mio, la mia usanza suole essere di confessarsi ogni settimana almeno una volta, senza che assai sono di quelle che io mi confesso più; è il vero che poi che io infermai, che son passati da otto dì, io non mi confessai tanta è stata la noia che la infermità m'ha data.»

Disse allora il frate: «Figliuol mio, bene hai fatto, e così si vuol fare per innanzi; e veggio che, poi sì spesso ti confessi, poca fatica avrò d'udire o di dimandare.»

Disse ser Ciappelletto: «Messer lo frate, non dite così: io non mi confessai mai tante volte né sì spesso, che io sempre non mi volessi confessare generalmente di tutti i miei peccati che io mi ricordassi dal dì che io nacqui infino a quello che confessato mi sono; e per ciò vi priego, padre mio buono, che così puntalmente d'ogni cosa mi domandiate come se mai confessato non mi fossi; e non mi riguardate perché io infermo sia, ché io amo molto meglio di dispiacere a queste mie carni che, faccendo agio loro, io facessi cosa che potesse essere perdizione dell'anima mia, la quale il mio Salvatore ricomperò col suo prezioso sangue.»

6 **solere:** etwas zu tun pflegen. • 13 **per innanzi:** hier: ab jetzt. • **poi:** hier: *poiché.* • 15 **messẹr lo frate:** mein Herr Pater. • 20 **puntualmente:** hier: genau, sorgfältig, systematisch. • 24 **fare agio:** Rücksicht nehmen, auf etwas achten, nachgeben. • 26 **ricomperare:** loskaufen, erlösen.

Queste parole piacquero molto al santo uomo e parvongli argomento di bene disposta mente: e poi che a ser Ciappelletto ebbe molto commendato questa sua usanza, il cominciò a domandare se egli mai in lussuria con alcuna femina peccato avesse.

Al quale ser Ciappelletto sospirando rispose: «Padre mio, di questa parte mi vergogno io di dirvene il vero temendo di non peccare in vanagloria.»

Al quale il santo frate disse: «Dì sicuramente, ché il vero dicendo né in confessione né in altro atto si peccò giammai.»

Disse allora ser Ciappelletto: «Poiché voi di questo mi fate sicuro, e io il vi dirò: io son così vergine come io usci' del corpo della mamma mia.»

«Oh, benedetto sie tu da Dio!» disse il frate «come bene hai fatto! e, faccendolo, hai tanto più meritato, quanto, volendo, avevi più d'albitrio di fare il contrario che non abbiam noi e qualunque altri son quegli che sotto alcuna regola son constretti.»

E appresso questo il domandò se nel peccato della gola aveva a Dio dispiaciuto. Al quale, sospirando forte, ser Ciappelletto rispose di sì e molte volte; per ciò che, con ciò fosse cosa che egli, oltre alli digiuni delle quaresime che nell'anno si fanno dalle divote persone, ogni settimana almeno tre dì fosse uso di digiunare in pane e in acqua, con quello diletto e con quello appetito l'acqua bevuta aveva, e spezialmente quando

2 **pạrvongli:** *gli parvero.* • 3 **commendare:** loben. • 5 **la lussuria:** Wollust. • 8 **la vanagloria:** Eitelkeit, Eigenlob. • 13 **e io il vi dirò:** *e ve lo dirò.* • 17 **d'albitrio:** *d'arbitrio:* absichtlich, willentlich. • 19 **la rẹgola:** hier: Ordensregel. • 24 **la quarẹsima:** Fastenzeit.

avesse alcuna fatica durata o adorando o andando in pellegrinaggio, che fanno i gran bevitori il vino; e molte volte aveva disiderato d'avere cotali insalatuzze d'erbucce, come le donne fanno quando vanno in villa, e alcuna volta gli era paruto migliore il mangiare che non pareva a lui che dovesse parere a chi digiuna per divozione, come digiunava egli.

Al quale il frate disse: «Figliuol mio, questi peccati sono naturali e sono assai leggieri, e per ciò io non voglio che tu ne gravi più la coscienza tua che bisogni. A ogni uomo avviene, quantunque santissimo sia, il parergli dopo lungo digiuno buono il manicare e dopo la fatica il bere.»

«Oh!» disse ser Ciappelletto «padre mio, non mi dite questo per confortarmi: ben sapete che io so che le cose che al servigio di Dio si fanno, si deono fare tutte nettamente e senza alcuna ruggine d'animo: e chiunque altramenti fa, pecca.»

Il frate contentissimo disse: «E io son contento che così ti cappia nell'animo e piacemi forte la tua pura e buona conscienza in ciò. Ma dimmi: in avarizia hai tu peccato disiderando più che il convenevole o tenendo quello che tu tener non dovesti?»

Al quale ser Ciappelletto disse: «Padre mio, io non vorrei che voi guardasti perché io sia in casa di questi

1 **adorare:** anbeten (im religiösen Sinn). • 2 **il pellegrinaggio:** Pilgerreise, Wallfahrt. • 3 f. **l'insalatuzza d'erbuccia:** Kräutersalat. • 4 f. **in villa:** auf dem, das Land. • 5 **paruto:** veraltetes Partizip von *parere*. • 12 **il manicare:** *il mangiare* (Essen). • 17 **la ruggine:** Fleck, Befleckung. • 19 f. **son contento che così ti cappia nell'animo:** ich freue mich, dass du so denkst. • 25 **guardasti (guardare):** hier: beurteilen, Rückschlüsse ziehen.

usurieri: io non ci ho a far nulla, anzi ci era venuto per dovergli ammonire e gastigare e torgli da questo abominevole guadagno; e credo mi sarebbe venuto fatto, se Idio non m'avesse così visitato. Ma voi dovete sapere che mio padre mi lasciò ricco uomo, del cui avere, come egli fu morto, diedi la maggior parte per Dio; e poi, per sostentar la vita mia e per potere aiutare i poveri di Cristo, ho fatte mie piccole mercatantie e in quelle ho disiderato di guadagnare. E sempre co' poveri di Dio, quello che guadagnato ho, ho partito per mezzo, la mia metà convertendo ne' miei bisogni, l'altra metà dando loro: e di ciò m'ha sì bene il mio Creatore aiutato, che io ho sempre di bene in meglio fatti i fatti miei.»

«Bene hai fatto:» disse il frate «ma come ti se' tu spesso adirato?»

«Oh!» disse ser Ciappelletto «cotesto vi dico io bene che io ho molto spesso fatto; e chi se ne potrebbe tenere, veggendo tutto il dì gli uomini fare le sconce cose, non servare i comandamenti di Dio, non temere i suoi giudicii? Egli sono state assai volte il dì che io vorrei più tosto essere stato morto che vivo, veggendo i giovani andar dietro alle vanità e udendogli giurare e spergiurare, andare alle taverne, non visitar le chiese e seguir più tosto le vie del mondo che quella di Dio.»

1 **l'usuriere** m.: Wucherer. • **ci era venuto:** *ci ero venuto.* • 2 **ammonire e gastigare:** ermahnen und tadeln. • **torre:** *tọgliere:* hier: abbringen. • 4 **visitare:** hier: heimsuchen. • 6 **per Dio:** hier: als Spende oder Almosen. • 8 **la mercatantia:** Geschäft, Handel. • 10 **partire per mezzo:** teilen, die Hälfte abgeben. • 14f. **adirarsi:** sich erzürnen, wütend werden. • 16 **cotesto:** *questo.* • 17f. **tenersi:** sich zurückhalten, im Zaum halten. • 18 **sconcio/a:** unanständig, abscheulich. • 22 **giurare:** hier: fluchen. • 23 **spergiurare:** Meineid(e) schwören.

Disse allora il frate: «Figliuol mio, cotesta è buona ira, né io per me te ne saprei penitenza imporre; ma per alcun caso avrebbeti l'ira potuto inducere a fare alcuno omicidio o a dire villania a persona o a fare alcuna altra ingiuria?»

A cui ser Ciappelletto rispose: «Oimè, messere, o voi mi parete uomo di Dio: come dite voi coteste parole? o s'io avessi avuto pure un pensieruzzo di fare qualunque s'è l'una delle cose che voi dite, credete voi che io creda che Idio m'avesse tanto sostenuto? Coteste son cose da farle gli scherani e i rei uomini, de' quali qualunque ora io n'ho mai veduto alcuno, sempre ho detto: ‹Va, che Idio ti converta›.»

Allora disse il frate: «Or mi dì, figliuol mio, che benedetto sie tu da Dio: hai tu mai testimonianza niuna falsa detta contra alcuno o detto male d'altrui o tolte dell'altrui cose senza piacere di colui di cui sono?»

«Mai messer sì,» rispose ser Ciappelletto «che io ho detto male d'altrui; per ciò che io ebbi già un mio vicino che, al maggior torto del mondo, non faceva altro che batter la moglie, sì che io dissi una volta male di lui alli parenti della moglie, sì gran pietà mi venne di quella cattivella, la quale egli, ogni volta che bevuto avea troppo, conciava come Dio vel dica.»

3 **indụcere:** *indurre:* sich anstiften, verleiten lassen. • 4 **la villanịa:** Grobheit, Ungezogenheit. • 5 **l'ingiuria:** Schmähung, Beleidigung. • 6 **oimè:** oh je, meine Güte! • 8 **il pensieruzzo:** hier: der entfernteste Gedanke. • 10 **sostenere:** hier: unterstützen. • 11 **lo scherano:** Mörder. • **reo/a:** schuldig. • 12 **qualunque ora:** wann immer. • 18 **mai … sì:** ohne Zweifel, aber sicher. • 23 **la cattivella:** die Arme, Bedauernswerte. • 24 **conciare:** zurichten. • **come Dio vel (ve lo) dica:** wie nur Gott es weiß.

Disse allora il frate: «Or bene, tu mi di' che se' stato mercatante: ingannasti tu mai persona così come fanno i mercatanti?»

«Gnaffé,» disse ser Ciappelletto «messer sì, ma io non so chi egli si fu: se non che, uno avendomi recati denari che egli mi doveva dare di panno che io gli avea venduto e io messigli in una mia cassa senza annoverare, ivi bene a un mese trovai ch'egli erano quatro piccioli più che esser non doveano; per che, non rivedendo colui e avendogli serbati bene uno anno per rendergliele, io gli diedi per l'amor di Dio.»

Disse il frate: «Cotesta fu piccola cosa, e facesti bene a farne quello che ne facesti.»

E, oltre a questo, il domandò il santo frate di molte altre cose, delle quali di tutte rispose a questo modo; e volendo egli già procedere alla absoluzione, disse ser Ciappelletto: «Messere, io ho ancora alcun peccato che io non v'ho detto.»

Il frate il domandò quale; e egli disse: «Io mi ricordo che io feci al fante mio, un sabato dopo nona, spazzare la casa e non ebbi alla santa domenica quella reverenza che io dovea.»

«Oh!» disse il frate «figliuol mio, cotesta è leggier cosa.»

«Non,» disse ser Ciappelletto «non dite leggier cosa, ché la domenica è troppo da onorare, però che

4 **gnaffé** (tosc.): *mia fé, in fede mia:* meines Erachtens. • 5 **chi egli si fu:** wer er war. • 7 f. **annoverare:** zählen. • 8 **ivi:** dort, ebenda. • **bene a un mese:** nach gut einem Monat. • **egli:** hier: es. • 9 **il picciolo:** florentinische Münzeinheit von geringem Wert. • 10 **serbare:** aufbewahren. • 20 **dopo nona:** nach der neunten Stunde (die Feiertagsruhe begann schon am Samstagabend).

in così fatto dì risuscitò da morte a vita il nostro Signore.»

Disse allora il frate: «O, altro hai tu fatto?»

«Messer sì,» rispose ser Ciappelletto «ché io, non avvedendomene, sputai una volta nella chiesa di Dio.»

Il frate cominciò a sorridere e disse: «Figliuol mio, cotesta non è cosa da curarsene: noi, che siamo religiosi, tutto il dì vi sputiamo.»

Disse allora ser Ciappelletto: «E voi fate gran villania, per ciò che niuna cosa si convien tener netta come il santo tempio, nel quale si rende sacrificio a Dio.»

E in brieve de' così fatti ne gli disse molti; e ultimamente cominciò a sospirare e appresso a piagner forte, come colui che il sapeva troppo ben fare quando volea.

Disse il santo frate: «Figliuol mio, che hai tu?»

Rispose ser Ciappelletto: «Oimè, messere, ché un peccato m'è rimaso, del quale io non mi confessai mai, sì gran vergogna ho di doverlo dire; e ogni volta che io me ne ricordo piango come voi vedete, e parmi esser molto certo che Idio mai non avrà misericordia di me per questo peccato.»

Allora il santo frate disse: «Va via, figliuolo, che è ciò che tu di'? Se tutti i peccati che furon mai fatti da tutti gli uomini, o che si debbon fare da tutti gli uomini mentre che il mondo durerà, fosser tutti in uno uom solo, e egli ne fosse pentuto e contrito come io veggio

1 **risuscitare:** auferstehen. • 11 **il tempio:** Tempel. • 12 **de' così fatti:** Dinge dieser Art. • 17 **ché:** da, weil. • 21 **la misericordia:** Erbarmen. • 23 **va via:** schäme dich! • 26 **mentre che:** *finché.* • 27 **contrito/a:** zerknirscht.

te, si è tanta la benignità e la misericordia di Dio, che, confessandogli egli, gliele perdonerebbe liberamente: e per ciò dillo sicuramente.»

Disse allora ser Ciappelletto sempre piagnendo forte: «Oimè, padre mio, il mio è troppo gran peccato, e appena posso credere, se i vostri prieghi non ci si adoperano, che egli mi debba mai da Dio esser perdonato.»

A cui il frate disse: «Dillo sicuramente, ché io ti prometto di pregare Idio per te.»

Ser Ciappelletto pur piagnea e nol dicea, e il frate pure il confortava a dire; ma poi che ser Ciappelletto piagnendo ebbe un grandissimo pezzo tenuto il frate così sospeso, e egli gittò un gran sospiro e disse: «Padre mio, poscia che voi mi promettete di pregare Idio per me, e io il vi dirò: sappiate che, quando io era piccolino, io bestemmiai una volta la mamma mia.» E così detto rincominciò a piagner forte.

Disse il frate: «O figliuol mio, or parti questo così gran peccato? o gli uomini bestemmiano tutto il giorno Idio, e sì perdona Egli volentieri a chi si pente d'averlo bestemmiato; e tu non credi che Egli perdoni a te questo? Non piagner, confortati, ché fermamente, se tu fossi stato un di quegli che il posero in croce, avendo la contrizione che io ti veggio, sì ti perdonerebbe Egli.»

Disse allora ser Ciappelletto: «Oimè, padre mio, che dite voi? la mamma mia dolce, che mi portò in

1 **la benignità:** Wohlwollen, Güte. • 13 **un grandissimo pezzo:** hier: eine lange Weile. • 14 **gittò:** *gettò*. • 15 **poscia che:** *dopo che*. • 17 **bestemmiare:** fluchen. • 19 **parti:** *ti pare*. • 21 **sì:** hier: und doch.

corpo nove mesi il dì e la notte e portommi in collo più di cento volte! troppo feci male a bestemmiarla e troppo è gran peccato; e se voi non pregate Idio per me, egli non mi serà perdonato.»

Veggendo il frate non essere altro restato a dire a ser Ciappelletto, gli fece l'absoluzione e diedegli la sua benedizione, avendolo per santissimo uomo, sì come colui che pienamente credeva esser vero ciò che ser Ciappelletto avea detto: e chi sarebbe colui che nol credesse, veggendo uno uomo in caso di morte dir così?

E poi, dopo tutto questo, gli disse: «Ser Ciappelletto, con l'aiuto di Dio voi sarete tosto sano; ma se pure avvenisse che Idio la vostra benedetta e ben disposta anima chiamasse a sé, piacevi egli che 'l vostro corpo sia sepellito al nostro luogo?»

Al quale ser Ciappelletto rispose: «Messer sì, anzi non vorrei io essere altrove, poscia che voi m'avete promesso di pregare Idio per me: senza che io ho avuta sempre spezial divozione al vostro Ordine. E per ciò vi priego che, come voi al vostro luogo sarete, facciate che a me vegna quel veracissimo corpo di Cristo il quale voi la mattina sopra l'altare consecrate; per ciò che, come che io degno non ne sia, io intendo con la vostra licenzia di prenderlo, e appresso la santa e

1 **in collo:** am Hals. • 7 **avẹndolo per santissimo uomo:** da er ihn für einen sehr frommen Menschen hielt. • 10 **in caso di morte:** an der Schwelle des Todes. • 13 **tosto** (avv.): bald. • 15 **pịacevi egli:** *vi piace:* würdet Ihr es billigen. • 19 **senza che:** ohne zu sagen (Verb fehlt). • 22 **vegna:** *venga.* • **veracịssimo/a:** wahrhaftig. • 25 **la licenzia:** Erlaubnis, Billigung.

ultima unzione, acciò che io, se vivuto son come peccatore, almeno muoia come cristiano.»

Il santo uomo disse che molto gli piacea e che egli diceva bene, e farebbe che di presente gli sarebbe apportato; e così fu.

Li due fratelli, li quali dubitavan forte non ser Ciappelletto gl'ingannasse, s'eran posti appresso a un tavolato, il quale la camera dove ser Ciappelletto giaceva dividea da un'altra, e ascoltando leggiermente udivano e intendevano ciò che ser Ciappelletto al frate diceva; e aveano alcuna volta sì gran voglia di ridere, udendo le cose le quali egli confessava d'aver fatte, che quasi scoppiavano: e fra sé talora dicevano: «Che uomo è costui, il quale né vecchiezza né infermità né paura di morte, alla qual si vede vicino, né ancora di Dio, dinanzi al giudicio del quale di qui a picciola ora s'aspetta di dovere essere, dalla sua malvagità l'hanno potuto rimuovere, né far che egli così non voglia morire come egli è vivuto?». Ma pur vedendo che sì aveva detto che egli sarebbe a sepoltura ricevuto in chiesa, niente del rimaso si curarono.

Ser Ciappelletto poco appresso si comunicò: e peggiorando senza modo ebbe l'ultima unzione e poco passato vespro, quel dì stesso che la buona confessione fatta avea, si morì. Per la qual cosa li due fratelli, ordinato di quello di lui medesimo come egli fosse onorevolemente sepellito e mandatolo a dire al luogo

1 **l'ultima unzione:** letzte Ölung. • 9 **leggiermente:** *facilmente*. • 14 **costui:** der da, dieser. • 16 **di qui a picciola ora:** in wenigen Stunden. • 22 **comunicarsi:** hier: das Abendmahl erhalten. • 26 **ordinato di quello di lui medesimo:** auf seinen (Ciappellettos) Nachlass zurückgreifend.

de' frati, e che essi vi venissero la sera a far la vigilia secondo l'usanza e la mattina per lo corpo, ogni cosa a ciò oportuna dispuosero.

Il santo frate che confessato l'avea, udendo che egli era trapassato, fu insieme col priore del luogo; e fatto sonare a capitolo, alli frati ragunati in quello mostrò ser Ciappelletto essere stato santo uomo, secondo che per la sua confessione conceputo avea; e sperando per lui Domenedio dovere molti miracoli dimostrare, persuadette loro che con grandissima reverenzia e divozione quello corpo si dovesse ricevere. Alla qual cosa il priore e gli altri frati creduli s'acordarono: e la sera, andati tutti là dove il corpo di ser Ciappelletto giaceva, sopr'esso fecero una grande e solenne vigilia; e la mattina, tutti vestiti co' camisci e co' pieviali, con li libri in mano e con le croci innanzi cantando andaron per questo corpo e con grandissima festa e solennità il recarono alla lor chiesa, seguendo quasi tutto il popolo della città, uomini e donne. E nella chiesa postolo, il santo frate, che confessato l'avea, salito in sul pergamo di lui cominciò e della sua vita, de' suoi digiuni, della sua virginità, della sua simplicità e innocenzia e santità maravigliose cose a predicare, tra l'altre cose narrando quello che ser Ciappelletto per lo suo maggior peccato piangendo gli avea confessato, e come es-

1 **la vigilia:** Totenwache. • 5 **trapassare:** hier (fig.): versterben. • **fare insieme:** etwas besprechen, klären. • 6 **sonare a capịtolo:** (Kloster) zur Versammlung läuten. • **ragunare:** versammeln. • 8 **conceputo (concepire):** hier: schlussfolgern. • 12 **crẹdulo/a:** gläubig; hier: leichtgläubig. • 15 **il camiscio:** *il camice:* Messhemd, Chorhemd. • **il pieviale:** *il piviale:* Pluviale, Chormantel. • 18 **recare:** hier: überführen, tragen. • 20f. **il pẹrgamo:** Kanzel.

so appena gli avea potuto metter nel capo che Idio gliele dovesse perdonare, da questo volgendosi a riprendere il popolo che ascoltava, dicendo: «E voi, maladetti da Dio, per ogni fuscello di paglia che vi si volge tra' piedi bestemmiate Idio e la Madre e tutta la corte di Paradiso.»

E oltre a queste, molte altre cose disse della sua lealtà e della sua purità: e in brieve con le sue parole, alle quali era dalla gente della contrada data intera fede, sì il mise nel capo e nella divozion di tutti coloro che v'erano, che, poi che fornito fu l'uficio, con la maggior calca del mondo da tutti fu andato a basciargli i piedi e le mani, e tutti i panni gli furono indosso stracciati, tenendosi beato chi pure un poco di quegli potesse avere: e convenne che tutto il giorno così fosse tenuto, acciò che da tutti potesse essere veduto e visitato. Poi, la vegnente notte, in una arca di marmo sepellito fu onorevolemente in una cappella: e a mano a mano il dì seguente vi cominciarono le genti a andare e a accender lumi e a adorarlo, e per conseguente a botarsi e a appicarvi le imagini della cera secondo la promession fatta. E in tanto crebbe la fama della sua santità e divozione a lui, che quasi niuno era che in alcuna avversità fosse, che a altro santo che a lui si botasse, e chiamaronlo e chiamano san Ciappelletto; e

1 **mẹttere nel capo qc a qu:** jdn. überzeugen. • 2 f. **vọlgere a riprẹndere:** die Gelegenheit nutzen. • 4 **il fuscello di paglia:** Strohhalm. • 7 f. **la lealtà:** Treue, Aufrichtigkeit. • 9 **la contrada:** Stadtviertel; hier: Gemeinde. • 11 **fornire:** hier: beenden. • 12 **la calca:** Gedränge. • 17 **l'arca:** hier: Sarkophag. • 18 f. **a mano a mano:** nach und nach. • 21 **botarsi:** Gelübde ablegen. • **l'im(m)ạgine** (f.) **di cera:** Wachsbild (zur Verehrung von Heiligen). • 24 **l'avversità:** Ungemach, Widrigkeit.

affermano molti miracoli Idio aver mostrati per lui e mostrare tutto giorno a chi divotamente si raccomanda a lui.

Così adunque visse e morì ser Cepparello da Prato e santo divenne come avete udito. Il quale negar non voglio esser possibile lui esser beato nella presenza di Dio, per ciò che, come che la sua vita fosse scellerata e malvagia, egli poté in su lo stremo aver sì fatta contrizione, che per avventura Idio ebbe misericordia di lui e nel suo regno il ricevette: ma per ciò che questo n'è occulto, secondo quello che ne può apparire ragiono, e dico costui più tosto dovere essere nelle mani del diavolo in perdizione che in Paradiso. E se così è, grandissima si può la benignità di Dio cognoscere verso noi, la quale non al nostro errore ma alla purità della fé riguardando, così faccendo noi nostro mezzano un suo nemico, amico credendolo, ci essaudisce, come se a uno veramente santo per mezzano della sua grazia ricorressimo. E per ciò, acciò che noi per la sua grazia nelle presenti avversità e in questa compagnia così lieta siamo sani e salvi servati, lodando il suo nome nel quale cominciata l'abbiamo, Lui in reverenza avendo, ne' nostri bisogni gli ci raccomanderemo sicurissimi d'essere uditi. –

E qui si tacque.

7 **scellerato/a:** ruchlos, verwerflich. • 8 **in su lo stremo:** hier: in der Todesstunde. • 8f. **la contrizione:** Zerknirschtheit. • 10 **n'è:** *a noi è.* • 16f. **il mezzano:** Mittler. • 21 **sano e salvo:** gesund und munter.

Giornata I, Novella 3

Melchisedech giudeo con una novella di tre anella cessa un gran pericolo dal Saladino apparecchiatogli.

Poi che, commendata da tutti la novella di Neifile, ella si tacque, come alla reina piacque Filomena così cominciò a parlare:

– La novella da Neifile detta mi ritorna a memoria il dubbioso caso già avvenuto a un giudeo. Per ciò che già e di Dio e della verità della nostra fede è assai bene stato detto, il discendere oggimai agli avvenimenti e agli atti degli uomini non si dovrà disdire: a narrarvi quella verrò, la quale udita, forse più caute diverrete nelle risposte alle quistioni che fatte vi fossero. Voi dovete, amorose compagne, sapere che, sì come la sciocchezza spesse volte trae altrui di felice stato e mette in grandissima miseria, così il senno di grandissimi pericoli trae il savio e ponlo in grande e in sicuro riposo. E che vero sia che la sciocchezza di buono stato in miseria alcun conduca, per molti essempli si vede, li quali non fia al presente nostra cura di raccontare, avendo riguardo che tutto il dì mille essempli n'ap-

2 **Melchisedech:** hebräischer Name (»König der Gerechtigkeit«). • **il giudẹo / la giudẹa:** Jude, Jüdin. • **l'anello** (pl. *le anella*): Ring. • 3 **cessare:** hier: vermeiden, einem Unglück entgehen. • **Saladino:** Saladin (s. Namenverzeichnis). • **apparecchiare:** hier (fig.): bereiten. • 8 **dubbioso/a:** hier: gefährlich. • 10 **discẹndere:** herunter-, herabsteigen (hier substantivisch gebraucht). • 15 **trarre:** zerren, ziehen. • **altrui** (pl. invar.): hier: einige. • 17 **ponlo:** *lo pone*. • 20 **fia:** *sarà*. • 21 **avere riguardo:** berücksichtigen.

paiano manifesti: ma che il senno di consolazion sia cagione, come premisi, per una novelletta mostrerò brievemente.

Il Saladino, il valore del quale fu tanto, che non solamente di piccolo uomo il fé di Babillonia soldano ma ancora molte vittorie sopra li re saracini e cristiani gli fece avere, avendo in diverse guerre e in grandissime sue magnificenze speso tutto il suo tesoro e per alcuno accidente sopravẹnutogli bisognandogli una buona quantità di denari, né veggendo donde così prestamente come gli bisognavano avergli potesse, gli venne a memoria un ricco giudeo, il cui nome era Melchisedech, il quale prestava a usura in Alessandria. E pensossi costui avere da poterlo servire, quando volesse, ma sì era avaro che di sua volontà non l'avrebbe mai fatto, e forza non gli voleva fare; per che, strignendolo il bisogno, rivoltosi tutto a dover trovar modo come il giudeo il servisse, s'avisò di fargli una forza da alcuna ragion colorata.

E fattolsi chiamare e familiarmente ricevutolo, seco il fece sedere e appresso gli disse: «Valente uomo, io ho da più persone inteso che tu se' savissimo e nelle cose di Dio senti molto avanti; e per ciò io saprei vo-

2 **la cagione:** hier: Grund, Motiv. • **come premisi:** *come promisi* (*promettere*). • 5 **il fé:** *lo fece*. • **il soldano:** Sultan. • 10 **donde:** woher. • 13 **prestare a usura:** auf Wucher leihen. • 14 **pensossi:** *si pensò*. • **costui/costei:** jene(r), der, die da. • **avere da poterlo servire:** um ihn dazu zu bringen, ihm (dem Sultan) behilflich zu sein. • 18 f. **una forza da alcuna ragiọn colorata:** ein Gewaltakt, verbrämt mit dem Anschein der Rechtmäßigkeit. • 20 **fạttolsi chiamare:** *dopo averlo fatto chiamare*. • **familiarmente:** freundlich, vertraut. • 23 **sentire molto avanti:** viel von etwas verstehen, Spezialist sein.

lentieri da te quale delle tre leggi tu reputi la verace, o la giudaica o la saracina o la cristiana.»

Il giudeo, il quale veramente era savio uomo, s'avisò troppo bene che il Saladino guardava di pigliarlo nelle parole per dovergli muovere alcuna quistione, e pensò non potere alcuna di queste tre più l'una che l'altre lodare, che il Saladino non avesse la sua intenzione; per che, come colui il qual pareva d'aver bisogno di risposta per la quale preso non potesse essere, aguzzato lo 'ngegno, gli venne prestamente avanti quello che dir dovesse; e disse: «Signor mio, la quistione la qual voi mi fate è bella, e a volervene dire ciò che io ne sento mi vi convien dire una novelletta, qual voi udirete. Se io non erro, io mi ricordo aver molte volte udito dire che un grande uomo e ricco fu già, il quale, intra l'altre gioie più care che nel suo tesoro avesse, era uno anello bellissimo e prezioso; al quale per lo suo valore e per la sua bellezza volendo fare onore e in perpetuo lasciarlo ne' suoi discendenti, ordinò che colui de' suoi figliuoli appo il quale, sì come lasciatogli da lui, fosse questo anello trovato, che colui s'intendesse essere il suo erede e dovesse da tutti gli altri esser come maggiore onorato e reverito. E colui al quale da costui fu lasciato tenne simigliante ordine ne' suoi discendenti, e così fece come fatto avea il suo predecessore; e in brieve andò questo anello di mano

1 **la legge:** hier: Religion. • **verace** (agg.): wahrhaftig, wahr. • 4 f. **pigliare qu nelle parole:** jdn. durch Worte fangen; eine Falle, Fangfrage stellen. • 7 f. **l'intenzione:** Zweck, Ziel. • 10 **aguzzare lo 'ngegno (ingegno):** den Verstand schärfen. • 16 **intra:** *tra*. • 19 **in perpẹtuo:** ewig. • 20 **appo qu:** bei jdm.

in mano a molti successori, e ultimamente pervenne alle mani a uno il quale avea tre figliuoli belli e virtuosi e molto al padre loro obedienti, per la qual cosa tutti e tre parimente gli amava. E i giovani, li quali la consuetudine dello anello sapevano, sì come vaghi ciascuno d'essere il più onorato tra' suoi, ciascun per sé, come meglio sapeva, pregava il padre, il quale era già vecchio, che quando a morte venisse a lui quello anello lasciasse. Il valente uomo, che parimente tutti gli amava né sapeva esso medesimo eleggere a quale più tosto lasciar lo volesse, pensò, avendolo a ciascun

5 **la consuetụdine:** hier: Familientradition.

promesso, di volergli tutti e tre sodisfare: e segretamente a un buon maestro ne fece fare due altri, li quali sì furono simiglianti al primiero, che esso medesimo che fatti gli aveva fare appena conosceva qual si fosse il vero; e venendo a morte, segretamente diede il suo a ciascun de' figliuoli. Li quali, dopo la morte del padre, volendo ciascuno la eredità e l'onore occupare e l'uno negandola all'altro, in testimonanza di dover ciò ragionevolmente fare ciascuno produsse fuori il suo anello; e trovatisi gli anelli sì simili l'uno all'altro, che qual fosse il vero non si sapeva cognoscere, si rimase la quistione, qual fosse il vero erede del padre, in pendente: e ancor pende. E così vi dico, signor mio, delle tre leggi alli tre popoli date da Dio padre, delle quali la quistion proponeste: ciascun la sua eredità, la sua vera legge e i suoi comandamenti dirittamente si crede avere e fare, ma chi se l'abbia, come degli anelli, ancora ne pende la quistione.»

Il Saladino conobbe costui ottimamente esser saputo uscire del laccio il quale davanti a' piedi teso gli aveva, e per ciò dispose d'aprirgli il suo bisogno e vedere se servire il volesse; e così fece, aprendogli ciò che in animo avesse avuto di fare, se così discretamente, come fatto avea, non gli avesse risposto. Il giudeo liberamente d'ogni quantità che il Saladino il richiese il servì, e il Saladino poi interamente il sodisfece; e ol-

2 **il maestro:** hier: Juwelier. • 3 **primiero/a:** *primo/a*. • 7 **occupare:** hier: beanspruchen, sich zu eigen machen. • 12 f. **in pendente:** unentschieden. • 16 **dirittamente** (avv.): gerechtfertigt. • 20 **il laccio:** Schlinge. • 21 **aprire qc a qu:** sich jdm. anvertrauen, jdm. etwas entdecken. • 23 f. **discretamente** (avv.): weise. • 26 **sodisfare qu:** hier: jdm. ein Darlehen zurückerstatten.

tre a ciò gli donò grandissimi doni e sempre per suo amico l'ebbe e in grande e onorevole stato appresso di sé il mantenne. –

Giornata I, Novella 10

Maestro Alberto da Bologna onestamente fa vergognare una donna, la quale lui d'esser di lei innamorato voleva far vergognare.

Restava, tacendo già Elissa, l'ultima fatica del novellare alla reina; la quale donnescamente cominciando a parlar disse:

– Valorose giovani, come ne' lucidi sereni sono le stelle ornamento del cielo e nella primavera i fiori ne' verdi prati, così de' laudevoli costumi e de' ragionamenti piacevoli sono i leggiadri motti; li quali, per ciò che brievi sono, molto meglio alle donne stanno che agli uomini, in quanto più alle donne che agli uomini il molto parlare e lungo, quando senza esso si possa far, si disdice, come che oggi poche o niuna donna rimasa ci sia la quale o ne 'ntenda alcun leggiadro o a quello, se pur lo 'ntendesse, sappia rispondere: general vergo-

5f. **fare vergognare:** beschämen. • 8f. **novellare:** erzählen. • 9 **donnescamente** (avv.): mit weiblicher Anmut. • 11 **il sereno:** hier: Nacht. • 13 **laudẹvole** (agg.): *lodẹvole:* löblich. • **il costume:** Sitte. • 14 **leggiadro/a:** liebreizend, anmutig. • **il motto:** geistreiche Bemerkung, Wortwitz. • 18 **disdire:** hier: vermeiden.

gna è di noi e di tutte quelle che vivono. Per ciò che quella vertù che già fu nell'anime delle passate hanno le moderne rivolta in ornamenti del corpo; e colei la quale si vede indosso li panni più screziati e più vergati e con più fregi si crede dovere essere da molto più tenuta e più che l'altre onorata, non pensando che, se fosse chi adosso o indosso gliele ponesse, uno asino ne porterebbe troppo più che alcuna di loro: né per ciò più da onorar sarebbe che uno asino. Io mi vergogno di dirlo, per ciò che contro all'altre non posso dire che io contro a me non dica: queste così fregiate, così dipinte, così screziate o come statue di marmo mutole e insensibili stanno o sì rispondono, se sono addomandate, che molto sarebbe meglio l'aver taciuto; e fannosi a credere che da purità d'animo proceda il non saper tralle donne e co' valenti uomini favellare, e alla lor milensaggine hanno posto nome onestà, quasi niuna donna onesta sia se non colei che con la fante o con la lavandaia o con la sua fornaia favella: il che se la natura avesse voluto, come elle si fanno a credere, per altro modo loro avrebbe limitato il cinguettare. È il vero che, così come nell'altre cose, è in questa da ri-

3 **colui/colei:** der-, diejenige. • 4 **vedersi indosso:** (Kleidung) anhaben (*indosso:* am Körper). • **screziato/a:** hier: farbig, farbenreich. • 4 f. **vergato/a:** gestreift. • 5 **il fregio:** Verzierung, Schmuck. • 5 f. **più tenuto/a:** höher geachtet, mehr geschätzt. • 7 **adosso:** hier: auf dem Rücken. • 11 **fregiare:** schmücken, aufputzen. • 12 **mụtolo/a:** *muto/a.* • 13 f. **addomandare qu:** jdn. befragen. • 14 f. **fạnnosi a crẹdere:** sie glauben wirklich. • 15 **procẹdere:** hier: herkommen, -rühren. • 16 **valente** (agg): gesittet, anständig. • **favellare:** sprechen, erzählen. • 17 **la milensạggine:** Dummheit, Einfalt. • 18 **il/la fante:** Diener(in), Knecht, Magd. • 19 **il fornaio / la fornaia:** Bäcker(in). • 21 **il cinguettare:** Geplapper.

guardare e il tempo e il luogo e con cui si favella, per ciò che talvolta avviene che, credendo alcuna donna o uomo con alcuna paroletta leggiadra fare altrui arrossare, non avendo ben le sue forze con quelle di quel cotal misurate, quello rossore che in altrui ha creduto gittare sopra sé l'ha sentito tornare. Per che, acciò che voi vi sappiate guardare, e oltre a questo acciò che per voi non si possa quello proverbio intendere che comunemente si dice per tutto, cioè che le femine in ogni cosa sempre pigliano il peggio, questa ultima novella di quelle d'oggi, la quale a me tocca di dover dire, voglio ve ne renda ammaestrate, acciò che, come per nobiltà d'animo dall'altre divise siete, così ancora per eccellenzia di costumi separate dall'altre vi dimostriate.

Egli non sono ancora molti anni passati che in Bologna fu un grandissimo medico e di chiara fama quasi a tutto il mondo, e forse ancora vive, il cui nome fu maestro Alberto. Il quale, essendo già vecchio di presso a settanta anni, tanta fu la nobiltà del suo spirito, che, essendo già del corpo quasi ogni natural caldo partito, in sé non schifò di ricevere l'amorose fiamme: avendo veduta a una festa una bellissima donna vedova chiamata, secondo che alcuni dicono, madonna

1 **e … e:** sowohl als auch. • **con cui:** *con chi.* • 3 **la paroletta leggiadra:** Wortwitz, geistreiche Bemerkung. • **altrụi** (pl. invar.): andere. • 4f. **quel/quella cotal(e):** jene(r). • 6 **acciò che:** *affinché.* • 10 **pigliare il peggio:** den kürzeren ziehen. • 12 **ammaestrare:** unterweisen, belehren. • 16 **egli:** hier: es. • 19 **maestro Alberto:** wahrscheinlich Maestro Alberto de' Zancari, der in der ersten Hälfte des 14. Jahrhunderts als medizinischer Gelehrter an der Bologneser Universität wirkte. • 22 **schifare:** verschmähen.

Malgherida dei Ghisolieri e piaciutagli sommamente, non altrimenti che un giovinetto quelle nel maturo petto ricevette, in tanto che a lui non pareva quella notte ben riposare che il dì precedente veduto non avesse il vago e dilicato viso della bella donna; e per questo incominciò a continuare, quando a piè e quando a cavallo secondo che più in destro gli venia, la via davanti alla casa di questa donna. Per la qual cosa e ella e molte altre donne s'accorsero della cagione del

1 **Ghisolieri:** angesehene Bologneser Familie. • 2 **quelle:** hier: Liebesflammen. • 5 **vago/a:** anmutig. • 6 **continuare:** häufig besuchen. • 6f. **quando a piè e quando a cavallo:** manchmal zu Fuß und manchmal zu Pferd. • 7 **che più in destro gli venia:** wie es ihm gerade recht war.

suo passare e più volte insieme ne motteggiarono, di vedere uno umo, così antico d'anni e di senno, inamorato; quasi credessero questa passione piacevolissima d'amore solamente nelle sciocche anime de' giovani e non in altra parte capere e dimorare.

Per che, continuando il passar del maestro Alberto, avvenne un giorno di festa che, essendo questa donna con molte altre donne a sedere davanti alla sua porta e avendo di lontano veduto il maestro Alberto verso loro venire, con lei insieme tutte si proposero di riceverlo e di fargli onore, e appresso di motteggiarlo di questo suo innamoramento; e così fecero. Per ciò che levatesi tutte e lui invitato, in una fresca corte il menarono, dove di finissimi vini e confetti fecer venire; e al fine con assai belle e leggiadre parole come questo potesse essere, che egli di questa bella donna fosse innamorato, il domandarono, sentendo esso lei da molti belli, gentili e leggiadri giovani essere amata.

Il maestro, sentendosi assai cortesemente pugnere, fece lieto viso e rispose: «Madonna, che io ami, questo non dee esser maraviglia a alcun savio, e spezialmente voi, per ciò che voi il valete. E come che agli antichi uomini sieno naturalmente tolte le forze le quali agli amorosi essercizii si richeggiono, non è per ciò lor tolto la buona volontà né lo intendere quello che sia da essere amato, ma tanto più dalla natura conosciuto,

1 **motteggiare:** witzeln, spotten. • 2 **l'umo:** *l'uomo*. • **il senno:** Vernunft, Verstand. • 4 **sciocco/a:** banal, dumm. • 5 **capere:** *capire:* hier: Raum finden. • 13f. **menare qu:** jdn. führen, leiten. • 14 **il confetto:** Back-, Naschwerk. • 17 **esso:** es. • 19 **pụgnere:** aufziehen, zum Besten halten. • 24 **l'amoroso es(s)ercizio:** Liebesspiel. • **si richęggiono:** *si richiędono*. • 26 **dalla natura:** *per natura*.

quanto essi hanno più di conoscimento che i giovani. La speranza, la qual mi muove che io vecchio ami voi amata da molti giovani, è questa: io sono stato più volte già là dove io ho vedute merendarsi le donne e mangiare lupini e porri; e come che nel porro niuna cosa sia buona, pur men reo e più piacevole alla bocca è il capo di quello, il quale voi generalmente, da torto appetito tirate, il capo vi tenete in mano e manicate le frondi, le quali non solamente non sono da cosa alcuna ma son di malvagio sapore. E che so io, madonna, se nello elegger degli amanti voi vi faceste il simigliante? E se voi il faceste, io sarei colui che eletto sarei da voi, e gli altri cacciati via.»

La gentil donna, insieme con l'altre alquanto vergognandosi, disse: «Maestro, assai bene e cortesemente gastigate n'avete della nostra presuntuosa impresa; tuttavia il vostro amor m'è caro, sì come di savio e valente uomo esser dee, e per ciò, salva la mia onestà, come a vostra cosa ogni vostro piacere imponete sicuramente.»

Il maestro, levatosi co' suoi compagni, ringraziò la donna: e, ridendo e con festa da lei preso commiato, si partì. Così la donna, non guardando cui motteggiasse, credendo vincer fu vinta: di che voi, se savie sarete, ottimamente vi guarderete. –

4 **merendarsi:** Imbiss einnehmen. • 5 **il lupino:** Lupine, Wolfsbohne. • 6 **men reo/a:** weniger widerwärtig. • 7 **torto/a:** irrtümlich, fehlgeleitet. • 8 **manicare:** *mangiare*. • 9 **la fronda** (pl. *le frondi*): Blatt. • 9f. **non sono da cosa alcuna:** die nichts beinhalten, wertlos sind. • 11 ** elęgger(e):** auserwählen. • 16 **gastigare:** *castigare:* züchtigen. • **presuntuoso/a:** übermütig. • 18 **la mia onestà:** hier: mein guter Ruf. • 22 **con festa:** mit Freude. • **il commiato:** Abschied, Abschiedsgruß.

Giornata II, Novella 4

Landolfo Rufolo, impoverito, divien corsale e da' genovesi preso rompe in mare e sopra una cassetta di gioie carissime piena scampa; e in Gurfo ricevuto da una femina, ricco si torna a casa sua.

La Lauretta appresso Pampinea sedea; la qual, veggendo lei al glorioso fine della sua novella, senza altro aspettare a parlar cominciò in cotal guisa:

– Graziosissime donne, niuno atto della fortuna, secondo il mio giudicio, si può veder maggiore che vedere uno d'infima miseria a stato reale elevare, come la novella di Pampinea n'ha mostrato essere al suo Alessandro adivenuto. E per ciò che a qualunque della proposta materia da quinci innanzi novellerà converrà che infra questi termini dica, non mi vergognerò io di dire una novella, la quale, ancora che miserie maggiori in sé contenga, non per ciò abbia così splendida riuscita. Ben so che, pure a quella avendo riguardo, con minor diligenzia fia la mia udita: ma altro non potendo sarò scusata.

Credesi che la marina da Reggio a Gaeta sia quasi la più dilettevole parte d'Italia; nella quale assai pres-

2 **il corsale:** Korsar, Freibeuter (*corseggiare:* kapern, Piraterie betreiben). • 3 **rọmpere in mare:** Schiffbruch erleiden. • 4 **scampare:** entkommen, überleben (*lo scampo:* Ausweg, Rettung). • **Gurfo:** Korfu. • 11 **ịnfimo/a:** tiefste(r), unterste(r). • **reale** (agg.): königlich. • 14 **quinci:** ab jetzt, im Folgenden. • 15 **infra:** *fra.* • **dica (dire):** hier: erzählen. • 19 **la diligenzia:** hier: Sorgfalt, Aufmerksamkeit. • 21 **la marina:** hier: Meerufer, Küste.

so a Salerno è una costa sopra il mare riguardante, la quale gli abitanti chiamano la costa d'Amalfi, piena di picciole città, di giardini e di fontane e d'uomini ricchi e procaccianti in atto di mercatantia sì come alcuni altri. Tralle quali cittadette n'è una chiamata Ravello, nella quale, come che oggi v'abbia di ricchi uomini, ve n'ebbe già uno il quale fu ricchissimo, chiamato Landolfo Rufolo; al quale non bastando la sua ricchezza, disiderando di radoppiarla, venne presso che fatto di perder con tutta quella se stesso.

Costui adunque, sì come usanza suole esser de' mercatanti, fatti suoi avvisi, comperò un grandissimo legno e quello tutto, di suoi denari, caricò di varie mercatantie e andonne con esse in Cipri. Quivi, con quelle qualità medesime di mercatantie che egli aveva portate, trovò essere più altri legni venuti; per la qual cagione non solamente gli convenne far gran mercato di ciò che portato avea, ma quasi, se spacciar volle le cose sue, gliele convenne gittar via: laonde egli fu vicino al disertarsi. E portando egli di questa cosa seco

4 **procacciare:** hier: zu Wohlstand kommen. • **la mercatantia:** hier: Handel. • 4 f. **come alcuni altri:** wie niemand sonst, unvergleichlich. • 5 **la cittadetta:** Städtchen. • 8 **Rufolo:** wohlhabende, einflussreiche Familie im Ravello des 12. und 13. Jahrhunderts. • 9 f. **venne presso che fatto di perder con tutta quella se stesso:** es fehlte wenig daran, dass er mit seinem gesamten Reichtum auch noch sein Leben verloren hätte. • 11 **costui/costei:** jene(r), der, die da. • **adunque:** nämlich. • **solere:** die Gewohnheit haben, etwas zu tun pflegen. • 12 **l'avviso:** Berechnung, Plan. • 13 **il legno:** hier: großes Handelsschiff. • **di suoi denari:** auf seine Kosten. • 14 **andonne:** *ne andò*. • **Cipri:** Zypern. • **quivi:** dort, ebenda. • 17 **far gran mercato:** etwas unter Wert verkaufen, Ausverkauf machen. • 18 **spacciare:** vertreiben, verkaufen. • 19 **gittare via:** *gettare via:* hier: gratis abgeben. • **laonde:** weswegen. • 20 **disertarsi:** sich ruinieren.

gravissima noia, non sappiendo che farsi e veggendosi di ricchissimo uomo in brieve tempo quasi povero divenuto, pensò o morire o rubando ristorare i danni suoi, acciò che là onde ricco partito s'era povero non tornasse. E trovato comperatore del suo gran legno, con quegli denari e con gli altri che della sua mercatantia avuti avea comperò un legnetto sottile da corseggiare e quello d'ogni cosa oportuna a tal servigio armò e guernì ottimamente, e diessi a far sua della roba d'ogni uomo e massimamente sopra i turchi.

Al qual servigio gli fu molto più la fortuna benivola che alla mercatantia stata non era. Egli, forse infra uno anno, rubò e prese tanti legni di turchi, che egli si trovò non solamente avere racquistato il suo che in mercatantia avea perduto ma di gran lunga quello aver raddoppiato. Per la qual cosa, gastigato dal primo dolore della perdita, conoscendo che egli aveva assai, per non incappar nel secondo a se medesimo dimostrò quello che aveva, senza voler più, dovergli bastare: e per ciò si dispose di tornarsi con esso a casa sua. E pauroso della mercatantia, non s'impacciò d'investire altramenti i suoi denari, ma con quello legnetto col quale guadagnati gli avea, dato de' remi in acqua, si mise al ritornare. E già nell'Arcipelago venuto, levandosi la sera uno scilocco, il quale non solamente

1 **la noia:** Schmerz, Pein. • 9 **guernire:** *guarnire:* ausrüsten. • **diessi a far:** *si diede a fare:* sich anschicken, etwas zu tun. • 11 **benịvolo/a:** günstig. • 14 **racquistare:** wieder erwerben. • 16 **gastigare:** *castigare:* bestrafen, warnen. • 18 **per non incappạr nel secondo:** um nicht zum zweiten Mal zu scheitern. • 23 **il remo:** Ruder. • 24 **l'Arcipẹlago:** Archipel (hier die inselreiche Ägais). • 25 **lo scilocco:** *lo scirocco:* Scirocco (heißer Wind, der von der Sahara in Richtung Mittelmeer weht).

era contrario al suo cammino ma ancora faceva grossissimo il mare, il quale il suo picciolo legno non avrebbe bene potuto comportare, in uno seno di mare, il quale una piccola isoletta faceva da quello vento coperto, si raccolse, quivi proponendo d'aspettarlo migliore. Nel quale seno poco stante due gran cocche di genovesi, le quali venivano di Costantinopoli, per fuggir quello che Landolfo fuggito avea, con fatica pervennero; le genti delle quali, veduto il legnetto e chiusagli la via da potersi partire, udendo di cui egli era e già per fama conoscendol ricchissimo, sì come uomini naturalmente vaghi di pecunia e rapaci a doverlo aver si disposero. E messa in terra parte della lor gente con balestra e bene armata, in parte la fecero andare che de' legnetto neuna persona, se saettato esser non volea, poteva discendere; e essi, fattisi tirare a' paliscalmi e aiutati dal mare, s'accostarono al picciol legno di Landolfo e quello con piccola fatica in picciolo spazio, con tutta la ciurma senza perderne uomo, ebbero a man salva: e fatto venire sopra l'una delle lor cocche Landolfo e ogni cosa del legnetto tolta, quello sfondolarono lui in un povero farsettino ritenendo.

Il dì seguente, mutatosi il vento, le cocche ver Ponente vegnendo fer vela e tutto quel dì prosperamente

3 **comportare:** hier: sich halten. • **il seno:** hier: Bucht. • 6 **la cocca:** Kogge (einmastiges Handelsschiff). • 12 **vago/a di pecunia:** geldgierig. • 14 **la balestra:** Armbrust. • 15 **neuno/a:** *nessuno/a*. • **saettare:** mit Pfeilen treffen, erschießen. • 17 **il paliscalmo:** kleines Boot. • 19 **la ciurma:** Besatzung, Mannschaft. • 22 **sfondolare:** *sfondare:* versenken. • **il farsettino:** Weste, Wams. • 24 **ver:** *verso*. • 24 f. **il Ponente:** Teil der ligurischen Küste. • 25 **far vela:** Segel setzen.

vennero al lor viaggio; ma nel fare della sera si mise un vento tempestoso, il qual faccendo i mari altissimi divise le due cocche l'una dall'altra. E per forza di questo vento addivenne che quella sopra la quale era il misero e povero Landolfo con grandissimo impeto di sopra all'isola di Cifalonia percosse in una secca, e non altramenti che un vetro percosso a un muro tutta s'aperse e si stritolò: di che i miseri dolenti che sopra quella erano, essendo già il mare tutto pieno di mercatantie che notavano e di casse e di tavole, come in così fatti casi suole avvenire, quantunque obscurissima

2 **i mari:** hier: die Wellen. • 6 **Cifalọnia:** Kefalonia (griechische Insel). • **percuọtere:** hinschlagen, schleudern. • **la secca:** Sandbank. • 8 **stritolarsi:** zerbrechen, zermalmt werden. • 10 **notare:** *nuotare*.

notte fosse e il mare grossissimo e gonfiato, notando quegli che notar sapevano, s'incominciarono a appiccare a quelle cose che per ventura lor si paravan davanti.

Intra li quali il misero Landolfo, ancora che molte volte il dì davanti la morte chiamata avesse, seco eleggendo di volerla più tosto che di tornare a casa sua povero come si vedea, vedendola presta n'ebbe paura: e, come gli altri, venutagli alle mani una tavola, a quella s'apiccò, se forse Idio, indugiando egli l'affogare, gli mandasse qualche aiuto allo scampo suo; e a cavallo a quella, come meglio poteva, veggendosi sospinto dal mare e dal vento ora in qua e ora in là, si sostenne infino al chiaro giorno. Il quale veduto, guardandosi egli da torno, niuna cosa altro che nuvoli e mare vedea e una cassa la quale sopra l'onde del mare notando talvolta con grandissima paura di lui gli s'appressava, temendo non quella cassa forse il percotesse per modo che gli noiasse; e sempre che presso gli venia, quando potea con mano, come che poca forza n'avesse, la lontanava. Ma come che il fatto s'andasse, adivenne che solutosi subitamente nell'aere un groppo di vento e percosso nel mare sì grande in questa cassa diede e la cassa nella tavola sopra la quale Landolfo era, che, riversata, per forza Landolfo lasciatala andò sotto l'onde e ritornò suso notando, più da paura che da forza

2f. **appiccare:** packen, greifen. • 5 **intra:** *tra.* • 6f. **elẹggere:** hier: wünschen. • 10 **Idịo:** *Iddio* (Gott). • **indugiare:** verzögern, aufhalten. • **l'affogare** m.: hier: das Ertrinken. • 18 **la cassa:** Kiste. • 19 **noiare:** hier: Schaden zufügen. • 20f. **lontanare:** *allontanare.* • 22 **solụtosi:** *essẹndosi soluto (sciolto):* (aus)gelöst. • **il groppo di vento:** Windstoß. • 23 **sì grande:** hier: *così forte.* • 26 **suso:** *su.*

aiutato, e vide da sé molto dilungata la tavola: per che, temendo non potere a essa pervenire, s'appressò alla cassa la quale gli era assai vicina, e sopra il coperchio di quella posto il petto, come meglio poteva, con le braccia la reggeva diritta. E in questa maniera, gittato dal mare ora in qua e ora in là, senza mangiare, sì come colui che non aveva che, e bevendo più che non avrebbe voluto, senza sapere ove si fosse o vedere altro che mare, dimorò tutto quel giorno e la notte vegnente.

Il dì seguente appresso, o piacer di Dio o forza di vento che 'l facesse, costui divenuto quasi una spugna, tenendo forte con ammendune le mani gli orli della cassa a quella guisa che far veggiamo a coloro che per affogar sono quando prendono alcuna cosa, pervenne al lito dell'isola di Gurfo, dove una povera feminetta per ventura suoi stovigli con la rena e con l'acqua salsa lavava e facea belli. La quale, come vide costui avvicinarsi, non conoscendo in lui alcuna forma, dubitando e gridando si trasse indietro. Questi non potea favellare e poco vedea, e per ciò niente le disse; ma pur, mandandolo verso la terra il mare, costei conobbe la forma della cassa, e più sottilmente guardando e vedendo conobbe primieramente le braccia stese sopra la cassa, quindi appresso ravisò la faccia e quello esser che era s'immaginò. Per che, da compassion

7 **non aveva che:** *non aveva di che mangiare.* • 13 **l'orlo:** Rand. • 14 **la guisa:** Art und Weise. • 16 **il lito:** Ufer. • 17 **gli stovigli:** Geschirr. • **la rena:** Sand. • 17 f. **l'acqua salsa:** Salzwasser. • 19 f. **dubitare:** hier: erschrecken. • 20 **questi:** *questo* (auf Landolfo bezogen). • 25 **ravisare:** erkennen.

mossa, fattasi alquanto per lo mare, che già era tranquillo, e per li capelli presolo, con tutta la cassa il tirò in terra e quivi, con fatica le mani dalla cassa sviluppategli e quella posta in capo a una sua figlioletta che con lei era, lui come un piccol fanciullo ne portò nella terra: e in una stufa messolo, tanto lo stropicciò e con acqua calda lavò, che in lui ritornò lo smarrito calore e alquante delle perdute forze. E quando tempo le parve trattonelo, con alquanto di buon vino e di confetto il riconfortò, e alcun giorno come poté il meglio il tenne, tanto che esso, le forze recuperate, conobbe là dove era. Per che alla buona femina parve di dovergli la sua cassa rendere, la qual salvata gli avea, e di dirgli che omai procacciasse sua ventura; e così fece.

Costui, che di cassa non si ricordava, pur la prese, presentandogliele la buona femina, avvisando quella non potere sì poco valere, che alcun dì non gli facesse le spese; e trovandola molto leggiera assai mancò della sua speranza. Nondimeno, non essendo la buona femina in casa, la sconficcò per vedere che dentro vi fosse: e trovò in quella molte preziose pietre e legate e sciolte, delle quali egli alquanto s'intendea: le quali veggendo e di gran valor conoscendole, lodando Idio che ancora abbandonare non l'aveva voluto, tutto si

1 **fattasi alquanto per lo mare:** nachdem sie ein Stück ins Meer gewatet war. • 3f. **sviluppare:** hier: ablösen. • 6 **la terra:** hier: Dorf, Weiler. • **la stufa:** Ofen; hier: heißes Bad. • **stropicciare:** abreiben. • 9 **il confetto:** (süßes) Backwerk. • 10 **riconfortare qu:** jdn. erquicken, laben. • 14 **procacciare sua ventura:** sein Ziel weiterverfolgen, seine Sache zu Ende bringen. • 18f. **mancare della speranza:** die Hoffnung verlieren. • 20 **sconficcare:** aufbrechen. • 21 **legare:** hier: (Edelstein) einfassen.

riconfortò. Ma sì come colui che in piccol tempo fieramente era stato balestrato dalla fortuna due volte, dubitando della terza, pensò convenirgli molta cautela avere a voler quelle cose poter conducere a casa sua: per che in alcuni stracci, come meglio poté, ravoltele, disse alla buona femina che più di cassa non aveva bisogno, ma che, se le piacesse, un sacco gli donasse e avessesi quella.

La buona femina il fece volentieri; e costui, rendutele quelle grazie le quali poteva maggiori del beneficio da lei ricevuto, recatosi suo sacco in collo, da lei si partì; e montato sopra una barca passò a Brandizio, e di quindi, marina marina, si condusse infino a Trani, dove trovati de' suoi cittadini, li quali eran drappieri, quasi per l'amor di Dio fu da lor rivestito, avendo esso già loro tutti li suoi accidenti narrati fuori che della cassa; e oltre a questo prestatogli cavallo e datagli compagnia, infino a Ravello, dove del tutto diceva di voler tornare, il rimandarono.

Quivi parendogli esser sicuro, ringraziando Idio che condotto ve lo avea, sciolse il suo sacchetto: e con più diligenzia cercata ogni cosa che prima fatto non avea, trovò sé avere tante e sì fatte pietre, che, a convenevole pregio vendendole e ancor meno, egli era il doppio più ricco che quando partito s'era. E trovato modo di spacciar le sue pietre, infino a Gurfo mandò una buo-

2 **ẹssere balestrato dalla fortuna:** vom Schicksal gebeutelt sein. • 7 f. **che … avẹssesi quella:** dass sie jene (die Kiste) behalten möge. • 12 **Brandizio:** Brindisi. • 13 **marina marina:** immer an der Küste entlang. • 14 **il drappiere:** Tuchhändler. • 15 **per l'amor di Dio:** gratis, unentgeltlich. • 16 **fuori che:** außer. • 18 **del tutto:** in jedem Fall. • 24 **il pregio:** *il prezzo.* • **e ancor meno:** hier: und noch günstiger.

na quantità di denari, per merito del servigio ricevuto, alla buona femina che di mare l'avea tratto, e il simigliante fece a Trani a coloro che rivestito l'aveano; e il rimanente, senza più voler mercatare, si ritenne, e onorevolemente visse infino alla fine. –

Giornata II, Novella 5

Andreuccio da Perugia, venuto a Napoli a comperar cavalli, in una notte da tre gravi accidenti soprapreso, da tutti scampato con un rubino si torna a casa sua.

– Le pietre da Landolfo trovate – cominciò la Fiammetta, alla quale del novellare la volta toccava – m'hanno alla memoria tornata una novella non guari meno di pericoli in sé contenente che la narrata dalla Lauretta, ma in tanto differente da essa, in quanto quegli forse in più anni e questi nello spazio d'una sola notte addivennero, come udirete.

Fu, secondo che io già intesi, in Perugia un giovane il cui nome era Andreuccio di Pietro, cozzone di cavalli; il quale, avendo inteso che a Napoli era buon mercato di cavalli, messisi in borsa cinquecento fiorin

1 **per mẹrito:** als Belohnung. • 8 **soprapreso:** *sorpreso.* • 9 **scampare:** entkommen, überleben. • 11 **novellare:** erzählen. • 12 **guari:** sehr, sehr viel. • 17 **secondo che io già intesi:** so wie ich verstanden, vernommen habe. • 18 **il cozzone:** Händler, Makler. • 20 **mẹssisi:** *dopo ẹssersi messo.* • 20f. **il fiorino d'oro:** Goldflorin (florentinische Währungseinheit).

d'oro, non essendo mai più fuori di casa stato, con altri mercatanti là se n'andò: dove giunto una domenica sera in sul vespro, dall'oste suo informato la seguente mattina fu in sul Mercato, e molti ne vide e assai ne gli piacquero e di più e più mercato tenne, né di niuno potendosi accordare, per mostrare che per comperar fosse, sì come rozzo e poco cauto più volte in presenza di chi andava e di chi veniva trasse fuori questa sua borsa de' fiorini che aveva.

E in questi trattati stando, avendo esso la sua borsa mostrata, avvenne che una giovane ciciliana bellissima, ma disposta per piccol pregio a compiacere a qualunque uomo, senza vederla egli, passò appresso di lui e la sua borsa vide e subito seco disse: «Chi starebbe meglio di me se quegli denari fosser miei?» e passò oltre. Era con questa giovane una vecchia similmente ciciliana, la quale, come vide Andreuccio, lasciata oltre la giovane andare, affettuosamente corse a abbracciarlo: il che la giovane veggendo, senza dire alcuna cosa, da una delle parti la cominciò a attendere. Andreuccio, alla vecchia rivoltosi e conosciutala, le fece gran festa, e promettendogli essa di venire a lui all'albergo, senza quivi tenere troppo lungo sermone, si partì: e Andreuccio si tornò a mercatare ma niente comperò la mattina. La giovane, che prima la borsa

3 **l'oste / l'ostessa:** Gastgeber(in), Wirt(in). • 6 **accordare:** hier: sich handelseinig werden. • 7 **rozzo/a:** hier: naiv. • **cauto/a:** vorsichtig. • 10 **il trattato:** *la trattativa:* Verhandlung. • 11 **il ciciliano / la ciciliana:** *il siciliano / la siciliana.* • 12 **il pregio:** *il prezzo.* • **compiacere a qu:** hier: jdm. zu Willen sein. • 13 **senza vederla egli:** ohne dass er sie gewahrte. • 15 **fosser:** *fossero.* • 20 **attendere:** hier: beobachten. • 21 f. **fare festa a qu:** jdn. freudig begrüßen. • 23 **il sermone:** Predigt.

d'Andreuccio e poi la contezza della sua vecchia con lui aveva veduta, per tentare se modo alcuno trovar potesse a dovere aver quelli denari, o tutti o parte, cautamente incominciò a domandare chi colui fosse o donde e che quivi facesse e come il conoscesse. La quale ogni cosa così particularmente de' fatti d'Andreuccio le disse come avrebbe per poco detto egli stesso, sì come colei che lungamente in Cicilia col padre di lui e poi a Perugia dimorata era, e similmente le contò dove tornasse e perché venuto fosse.

1 **la contezza:** Vertrautheit. • 5 **donde:** woher. • 8 **colui/colei:** er, sie, der, die da. • 9 **dimorare:** wohnen, hausen. • 10 **contare:** hier: *raccontare*. • **tornare:** hier: wohnen.

La giovane, pienamente informata e del parentado di lui e de' nomi, al suo appetito fornire con una sottil malizia, sopra questo fondò la sua intenzione; e a casa tornatasi, mise la vecchia in faccenda per tutto il giorno acciò che a Andreuccio non potesse tornare; e presa una sua fanticella, la quale essa assai bene a così fatti servigi aveva ammaestrata, in sul vespro la mandò all'albergo dove Andreuccio tornava.

La qual, quivi venuta, per ventura lui medesimo e solo trovò in su la porta e di lui stesso il domandò. Alla quale dicendole egli che era desso, essa, tiratolo da parte, disse: «Messere, una gentil donna di questa terra, quando vi piacesse, vi parleria volentieri.» Il quale vedendola, tutto postosi mente e parendogli essere un bel fante della persona, s'avvisò questa donna dover di lui essere innamorata, quasi altro bel giovane che egli non si trovasse allora in Napoli, e prestamente rispose che era apparecchiato e domandolla dove e quando questa donna parlar gli volesse.

A cui la fanticella rispose: «Messere, quando di venir vi piaccia, ella v'attende in casa sua.»

Andreuccio presto, senza alcuna cosa dir nell'albergo, disse: «Or via mettiti avanti, io ti verrò appresso.»

1 **il parentado:** Verwandtschaft. • 2 **fornire:** hier: befriedigen. • 3 **la malizia:** Bosheit. • **fondare l'intenzione:** Plan, Vorgehensweise erdenken. • 5 **acciò che:** *affinché*. • 6 **il fanticello / la fanticella:** Knecht, Magd. • 7 **ammaestrare:** anlernen, ausbilden. • 9 **per ventura:** zum Glück. • 11 **desso/dessa:** er, sie selbst. • 12 **messer(e):** (vgl. fr. *monsieur*) Herr. • 13 **parleria:** *parlerebbe*. • 14 **tutto postosi mente:** dachte darüber nach. • 14f. **un bel fante della persona:** ein hübscher Bursche. • 18 **apparecchiato/a:** hier: bereit, fertig.

Laonde la fanticella a casa di costei il condusse, la quale dimorava in una contrada chiamata Malpertugio, la quale quanto sia onesta contrada il nome medesimo il dimostra. Ma esso, niente di ciò sappiendo né suspicando, credendosi in uno onestissimo luogo andare e a una cara donna, liberamente, andata la fanticella avanti, se n'entrò nella sua casa; e salendo su per le scale, avendo la fanticella già la sua donna chiamata e detto «Ecco Andreuccio», la vide in capo della scala farsi a aspettarlo.

Ella era ancora assai giovane, di persona grande e con bellissimo viso, vestita e ornata assai orrevolemente; alla quale come Andreuccio fu presso, essa incontrogli da tre gradi discese con le braccia aperte, e avvinghiatogli il collo alquanto stette senza alcuna cosa dire, quasi da soperchia tenerezza impedita; poi lagrimando gli basciò la fronte e con voce alquanto rotta disse: «O Andreuccio mio, tu sii il ben venuto!»

Esso, maravigliandosi di così tenere carezze, tutto stupefatto rispose: «Madonna, voi siate la ben trovata!»

Ella appresso, per la man presolo, suso nella sua sala

1 **laonde:** worauf. • **costui/costei:** der, die da. • 2 **la contrada:** Stadtviertel. • 2f. **Malpertugio:** »Dreckloch« (Pertugio: verrufenes neapolitanisches Stadtviertel in Hafennähe; nicht weit von dort hatte Boccaccio einen Teil seiner Jugend verbracht). • 3 **onesto/a:** hier: anständig. • 5 **suspicare:** *sospettare:* Verdacht schöpfen. • 12f. **orrẹvole** (agg.): *onorẹvole:* anständig, ehrenhaft. • 13 **presso/a:** hier: nah. • 14 **il grado:** Stufe. • 15 **avvinghiare qu:** jdn. umschlingen, umklammern. • **alquanto:** hier: einige Zeit. • 16 **impedire:** hier: übermannen. • 17 **basciò:** *baciò.* • 20 **stupefatto/a:** verwundert. • 20f. **voi siate la ben trovata:** ich freue mich, Euch kennenzulernen. • 22 **suso:** *su.*

il menò e di quella, senza alcuna altra cosa parlare, con lui nella sua camera se n'entrò, la quale di rose, di fiori d'aranci e d'altri odori tutta oliva, là dove egli un bellissimo letto incortinato e molte robe su per le stanghe, secondo il costume di là, e altri assai belli e ricchi arnesi vide; per le quali cose, sì come nuovo, fermamente credette lei dovere essere non men che gran donna.

E postisi a sedere insieme sopra una cassa che appiè del suo letto era, così gli cominciò a parlare: «Andreuccio, io sono molto certa che tu ti maravigli e delle carezze le quali io ti fo e delle mie lagrime, sì come colui che non mi conosci e per avventura mai ricordar non m'udisti. Ma tu udirai tosto cosa la quale più ti farà forse maravigliare, sì come è che io sia tua sorella; e dicoti che, poi che Idio m'ha fatta tanta grazia che io anzi la mia morte ho veduto alcuno de' miei fratelli, come che io disideri di vedervi tutti, io non morrò a quella ora che io consolata non muoia. E se tu forse questo mai più non udisti, io tel vo' dire. Pietro, mio padre e tuo, come io credo che tu abbi potuto sapere, dimorò lungamente in Palermo, e per la sua bontà e piacevolezza vi fu e è ancora da quegli che il conobbero amato assai. Ma tra gli altri che molto l'amarono, mia madre, che gentil donna fu e allora era vedova, fu quella che più l'amò, tanto che, posta giù la paura del

1 **menare:** führen. • 3 **oliva:** *olezzava:* duftete. • 4 **la stanga:** hier: Holzverstrebung, Rechen (am Bett, wo man mangels Schränken Kleidungsstücke aufhängt). • 5 f. **l'arnese** m.: Gerätschaft. • 6 **sì come nuovo:** hier: unerfahren. • 8 **appiè:** *a piedi:* am Fußende. • 13 **tosto:** bald. • 17 f. **io non morrò ... non muoia:** wenn ich sterbe, kann ich nur getröstet sterben. • 19 **io tel vo' dire:** *io te lo voglio dire.* • 25 **porre giù:** missachten, hintanstellen. • **la paura:** hier: Zorn.

padre e de' fratelli e il suo onore, in tal guisa con lui si dimesticò, che io ne nacqui e sonne qual tu mi vedi. Poi, sopravenuta cagione a Pietro di partirsi di Palermo e tornare in Perugia, me con la mia madre piccola fanciulla lasciò, né mai, per quello che io sentissi, più né di me né di lei si ricordò: di che io, se mio padre stato non fosse, forte il riprenderei avendo riguardo alla ingratitudine di lui verso mia madre mostrata (lasciamo stare allo amore che a me come a sua figliuola non nata d'una fante né di vil femina dovea portare), la quale le sue cose e sé parimente, senza sapere altrimenti chi egli si fosse, da fedelissimo amor mossa rimise nelle sue mani. Ma che è? Le cose mal fatte e di gran tempo passate sono troppo più agevoli a riprendere che a emendare: la cosa andò pur così. Egli mi lasciò piccola fanciulla in Palermo, dove, cresciuta quasi come io mi sono, mia madre, che ricca donna era, mi diede per moglie a uno da Gergenti, gentile uomo e da bene, il quale per amor di mia madre e di me tornò a stare in Palermo; e quivi, come colui che è molto guelfo, cominciò a avere alcuno trattato col nostro re Carlo. Il quale, sentito dal re Federigo prima che dare gli si potesse effetto, fu cagione di farci fuggire di Cici-

1 **in tal guisa:** auf solche Weise. • 2 **dimesticarsi con qu:** vertrauten Umgang mit jdm. haben. • **sonne:** *ne sono, sono restata.* • 3 **sopravenire a qu:** jdn. ereilen. • 8 **l'ingratitụdine:** Undankbarkeit. • 13 **ma che è?:** aber was hilft's? • 14 **agẹvole** (agg.): mühelos. • 15 **emendare:** verbessern, berichtigen. • 18 **Gergenti:** Agrigent. • 19 **tornare:** hier: kommen. • 21 **guelfo/a:** guelfisch (welfisch, also papsttreu gesinnt). • 21 f. **re Carlo:** König Karl (Karl II. von Anjou, s. Namenverzeichnis). • 22 **re Federigo:** König Friedrich (Friedrich II. von Aragon, s. Namenverzeichnis). • 22 f. **dare effetto a qc:** etwas zur Ausführung bringen.

lia quando io aspettava essere la maggior cavalleressa che mai in quella isola fosse; donde, prese quelle poche cose che prender potemmo (poche dico per rispetto alle molte le quali avavamo), lasciate le terre e li palazzi, in questa terra ne rifuggimmo, dove il re Carlo verso di noi trovammo sì grato che, ristoratici in parte li danni li quali per lui ricevuti avavamo, e possessioni e case ci ha date, e dà continuamente al mio marito, e tuo cognato che è, buona provisione, sì come tu potrai ancor vedere. E in questa maniera son qui, dove io, la buona mercé di Dio e non tua, fratel mio dolce, ti veggio.»

E così detto, da capo il rabbracciò e ancora teneramente lagrimando gli basciò la fronte.

Andreuccio, udendo questa favola così ordinatamente, così compostamente detta da costei, alla quale in niuno atto moriva la parola tra' denti né balbettava la lingua, e ricordandosi esser vero che il padre era stato in Palermo e per se medesimo de' giovani conoscendo i costumi, che volentieri amano nella giovanezza, e veggendo le tenere lagrime, gli abbracciari e gli onesti basci, ebbe ciò che ella diceva più che per vero: e poscia che ella tacque, le rispose: «Madonna, egli non vi dee parer gran cosa se io mi maraviglio: per ciò che nel vero, o che mio padre, per che che egli sel facesse, di vostra madre e di voi non ragionasse

1 **la cavalleressa:** Ehefrau eines Ritters (gesellschaftlich hoch geachtete Frau). • 6 **ristorare:** hier: ersetzen, entschädigen. • 9 **la provisione:** hier: Gehalt, Pension. • 11 **la buona mercé di Dio:** Gott sei Dank. • 16 **compostamente:** hier: listig. • 23 **poscia che:** *poi, dopo che.* • 25 **per che che:** was immer auch.

giammai, o che, se egli ne ragionò, a mia notizia venuto non sia, io per me niuna conscienza aveva di voi se non come se non foste; e emmi tanto più caro l'avervi qui mia sorella trovata, quanto io ci sono più solo e meno questo sperava. E nel vero io non conosco uomo di sì alto affare al quale voi non doveste esser cara, non che a me che un picciolo mercatante sono. Ma d'una cosa vi priego mi facciate chiaro: come sapeste voi che io qui fossi?»

Al quale ella rispose: «Questa mattina mel fé sapere una povera femina la qual molto meco si ritiene, per ciò che con nostro padre, per quello che ella mi dica, lungamente e in Palermo e in Perugia stette; e se non fosse che più onesta cosa mi parea che tu a me venissi in casa tua che io a te nell'altrui, egli ha gran pezza che io a te venuta sarei.»

Appresso queste parole ella cominciò distintamente a domandare di tutti i suoi parenti nominatamente, alla quale di tutti Andreuccio rispose, per questo ancora più credendo quello che meno di creder gli bisognava.

Essendo stati i ragionamenti lunghi e il caldo grande, ella fece venire greco e confetti e fé dar bere a Andreuccio; il quale dopo questo partir volendosi, per ciò che ora di cena era, in niuna guisa il sostenne, ma sembiante fatto di forte turbarsi abbracciandol disse:

3 **emmi:** *mi è, a me è.* • 6 **di sì alto affare:** von hohem Ansehen, Stand. • 11 **ritenersi:** hier: sich aufhalten. • 14 **onesto/a:** hier: schicklich, angemessen. • 15f. **gran pezza:** lange Zeit. • 18 **nominatamente:** namentlich. • 23 **il greco:** hier: (in Süditalien verbreitete) Weißweinart. • **il confetto:** Back-, Naschwerk. • 25 **in niuna guisa:** auf keinen Fall. • **sostenere:** hier: erlauben.

«Ahi lassa me, ché assai chiaro conosco come io ti sia poco cara! Che è a pensare che tu sii con una tua sorella mai più da te non veduta, e in casa sua, dove, qui venendo, smontato esser dovresti, e vogli di quella uscire per andare a cenare all'albergo? Di vero tu cenerai con esso meco: e perché mio marito non ci sia, di che forte mi grava, io ti saprò bene secondo donna fare un poco d'onore.»

Alla quale Andreuccio, non sappiendo altro che rispondersi, disse: «Io v'ho cara quanto sorella si dee avere, ma se io non ne vado, io sarò tutta sera aspettato a cena e farò villania.»

E ella allora disse: «Lodato sia Idio, se io non ho in casa per cui mandare a dire che tu non sii aspettato! benché tu faresti assai maggior cortesia, e tuo dovere, mandare a dire a' tuoi compagni che qui venissero a cenare, e poi, se pure andare te ne volessi, ve ne potresti tutti andar di brigata.»

Andreuccio rispose che de' suoi compagni non volea quella sera, ma, poi che pure a grado l'era, di lui facesse il piacer suo. Ella allora fé vista di mandare a dire all'albergo che egli non fosse atteso a cena; e poi, dopo molti altri ragionamenti, postisi a cena e splendidamente di più vivande serviti, astutamente quella menò per lunga infino alla notte obscura; e es-

1 **lassa me:** *lasciami.* • 2 **che è a pensare che tu sii:** *com'è possibile pensare che tu sia.* • 4 **smontare:** absteigen. • 6 **esso meco:** *con me.* • 7 **secondo donna:** mit den bescheidenen Mitteln einer Frau. • 12 **la villanịa:** Ungezogenheit, Grobheit. • 18 **di brigata:** zusammen, gemeinsam. • 21 **fare vista:** vortäuschen. • 23 **pọstisi:** *dopo ẹssersi posti.* • 24 **astutamente** (avv.): listig. • 25 **menare per lunga:** etwas in die Länge ziehen.

sendo da tavola levati e Andreuccio partir volendosi, ella disse che ciò in niuna guisa sofferrebbe, per ciò che Napoli non era terra da andarvi per entro di notte, e massimamente un forestiere; e che come che egli a cena non fosse atteso aveva mandato a dire, così aveva dello albergo fatto il somigliante. Egli, questo credendo e dilettandogli, da falsa credenza ingannato, d'esser con costei, stette. Furono adunque dopo cena i ragionamenti molti e lunghi non senza cagione tenuti; e essendo della notte una parte passata, ella, lasciato Andreuccio a dormire nella sua camera con un piccol fanciullo che gli mostrasse se egli volesse nulla, con le sue femine in un'altra camera se n'andò.

Era il caldo grande: per la qual cosa Andreuccio, veggendosi solo rimaso, subitamente si spogliò in farsetto e trassesi i panni di gamba e al capo del letto gli si pose; e richiedendo il naturale uso di dovere diporre il superfluo peso del ventre, dove ciò si facesse domandò quel fanciullo, il quale nell'uno de' canti della camera gli mostrò uno uscio e disse: «Andate là entro.» Andreuccio dentro sicuramente passato, gli venne per ventura posto il piè sopra una tavola, la quale dalla contraposta parte sconfitta dal travicello sopra il

2 **sofferrebbe (soffrire):** hier: dulden. • 4 **il forestiere:** *il forestiero / la forestiera:* Fremde(r). • 6 **il somigliante:** ein Ähnliches, dasselbe. • 13 **nulla:** hier: etwas. • 16f. **il farsetto:** Weste, Wams. • 17 **i panni di gamba:** Beinkleider (auch die Unterwäsche ist mit einbezogen). • 18 **il naturale uso:** natürliches Bedürfnis. • 20 **il canto:** hier: Ecke. • 22 **sicuramente:** hier: ohne Argwohn, vertrauensselig. • 23 **per ventura:** hier: unglücklicherweise. • **la tạvola:** hier: Brett. • 24 **sconfitto/a:** hier: *sconesso/a:* losgelöst. • **il travicello:** kleiner Balken.

quale era, per la qual cosa capolevando questa tavola con lui insieme se n'andò quindi giuso: e di tanto l'amò Idio, che niuno male si fece nella caduta, quantunque alquanto cadesse da alto, ma tutto della bruttura, della quale il luogo era pieno, s'imbrattò. Il quale luogo, acciò che meglio intendiate e quello che è detto e ciò che segue, come stesse vi mostrerò. Egli era in un chiassetto stretto, come spesso tra due case veggiamo: sopra due travicelli, tra l'una casa e l'altra posti, alcune tavole eran confitte e il luogo da seder posto, delle quali tavole quella che con lui cadde era l'una.

Ritrovandosi adunque là giù nel chiassetto Andreuccio, dolente del caso, cominciò a chiamare il fanciullo; ma il fanciullo, come sentito l'ebbe cadere, così corse a dirlo alla donna. La quale, corsa alla sua camera, prestamente cercò se i suoi panni v'erano; e trovati i panni e con essi i denari, li quali esso non fidandosi mattamente sempre portava addosso, avendo quello a che ella di Palermo, sirocchia d'un perugin faccendosi, aveva teso il lacciuolo, più di lui non curandosi prestamente andò a chiuder l'uscio del quale egli era uscito quando cadde.

Andreuccio, non rispondendogli il fanciullo, cominciò più forte a chiamare: ma ciò era niente. Per che

1 **capolevare:** *capovọlgere:* umstürzen, umkippen. • 2 **giuso:** *giù.* • 4f. **la bruttura:** Unrat, Schmutz (hier: Jauche des Abtritts, der Latrine). • 5 **imbrattarsi:** sich beschmieren. • 8 **il chiassetto:** Gässchen. • 10 **confitto/a:** befestigt. • 14 **dolente del caso:** erschrocken über den Unfall, das Unglück. • 19 **mattamente:** verrückterweise. • 20 **la sirocchia:** *la sorella.* • **il perugin:** *il perugino:* Perugianer. • 21 **il lacciuolo:** Schlinge, Falle.

egli, già sospettando e tardi dello inganno cominciandosi a accorgere, salito sopra un muretto che quello chiassolino dalla strada chiudea e nella via disceso, all'uscio della casa, il quale egli molto ben riconobbe, se n'andò, e quivi invano lungamente chiamò e molto il dimenò e percosse. Di che egli piagnendo, come colui che chiara vedea la sua disaventura, cominciò a dire: «Oimè lasso, in come piccol tempo ho io perduti cinquecento fiorini e una sorella!»

E dopo molte altre parole, da capo cominciò a battere l'uscio e a gridare; e tanto fece così, che molti de' circunstanti vicini, desti, non potendo la noia sofferire, si levarono; e una delle servigiali della donna, in vista tutta sonnocchiosa, fattasi alla finestra proverbiosamente disse: «Chi picchia là giù?»

«Oh!» disse Andreuccio «o non mi conosci tu? Io sono Andreuccio, fratello di madama Fiordaliso.»

Al quale ella rispose: «Buono uomo, se tu hai troppo bevuto, va dormi e tornerai domattina; io non so che Andreuccio né che ciance son quelle che tu di'; va in buona ora e lasciaci dormir, se ti piace.»

«Come» disse Andreuccio «non sai che io mi dico? Certo sì sai; ma se pur son così fatti i parentadi di Cicilia, che in sì piccol termine si dimentichino, rendimi almeno i panni miei, li quali lasciati v'ho, e io m'andrò volentier con Dio.»

Al quale ella quasi ridendo disse: «Buono uomo, e'

6 **dimenare:** hier: rütteln, schütteln. • 13 **la servigiale:** *la serva.* • 14 **sonnocchioso/a:** schläfrig. • 14f. **proverbiosamente:** vorwurfsvoll. • 15 **picchiare:** hier: pochen. • 19 **va dormi:** *va a dormire.* • 20 **la ciancia:** Geschwätz, Schwafelei.

mi par che tu sogni», e il dir questo e il tornarsi dentro e chiuder la finestra fu una cosa.

Di che Andreuccio, già certissimo de' suoi danni, quasi per doglia fu presso a convertire in rabbia la sua grande ira, e per ingiuria propose di rivolere quello che per parole riaver non potea; per che da capo, presa una gran pietra, con troppi maggior colpi che prima fieramente cominciò a percuoter la porta. La qual cosa molti de' vicini avanti destisi e levatisi, credendo lui essere alcuno spiacevole il quale queste parole fingesse per noiare quella buona femina, recatosi a noia il picchiare il quale egli faceva, fattisi alle finestre, non altramenti che a un can forestiere tutti quegli della contrada abbaiano adosso, cominciarono a dire: «Questa è una gran villania a venire a questa ora a casa le buone femine e dire queste ciance; deh! va con Dio, buono uomo; lasciaci dormir, se ti piace; e se tu hai nulla a far con lei, tornerai domane, e non ci dar questa seccaggine stanotte.»

Dalle quali parole forse assicurato uno che dentro dalla casa era, ruffiano della buona femina, il quale egli né veduto né sentito avea, si fece alle finestre e con una boce grossa, orribile e fiera disse: «Chi è laggiù?»

Andreuccio, a quella voce levata la testa, vide uno il quale, per quel poco che comprender poté, mostrava

4 **la doglia:** Schmerz. • 5 **per ingiuria:** mit Gewalt. • 8f. **la qual cosa:** weswegen. • 9 **desto/a:** wach, aufgewacht. • 11 **recarsi a noia qc:** sich von etwas aufbringen lassen. • 15f. **a casa le:** *a casa delle.* • 19 **la seccaggine:** Verdruss, Ärger. • 21 **il ruffiano:** Kuppler, Zuhälter. • 23 **la boce** (region.): *la voce.*

di dovere essere un gran bacalare, con una barba nera e folta al volto, e come se del letto o da alto sonno si levasse sbadigliava e stropicciavasi gli occhi: a cui egli, non senza paura, rispose: «Io sono un fratello della donna di là entro.»

Ma colui non aspettò che Andreuccio finisse la risposta, anzi più rigido assai che prima disse: «Io non so a che io mi tegno che io non vegno là giù, e deati tante bastonate quante io ti vegga muovere, asino fastidioso e ebriaco che tu dei essere, che questa notte non ci lascerai dormire persona»; e tornatosi dentro serrò la finestra.

Alcuni de' vicini, che meglio conoscieno la condizion di colui, umilmente parlando a Andreuccio dissero: «Per Dio, buono uomo, vatti con Dio, non volere stanotte essere ucciso costì: vattene per lo tuo migliore.»

Laonde Andreuccio, spaventato dalla voce di colui e dalla vista e sospinto da' conforti di coloro li quali gli pareva che da carità mossi parlassero, doloroso quanto mai alcuno altro e de' suoi denar disperato, verso quella parte onde il dì aveva la fanticella seguita, senza saper dove s'andasse, prese la via per tornarsi all'albergo. E a se medesimo dispiacendo per lo

1 **il bacalare:** von (lat.) *baccala(u)rius:* ein mit Lorbeer gekrönter Doktor der Universität; hier: angsteinflößende Autoritätsperson. • 2 **il volto:** Gesicht. • 3 **stropicciare:** hier: reiben. • 8 **mi tegno:** *trattenersi:* sich aufhalten, verweilen. • 9 **quante io ti vegga muovere:** bis du dich nicht mehr bewegen kannst. • 10 **ebriaco/a:** *ubriaco/a:* betrunken. • 14 **umilmente:** hier: mit gedämpfter Stimme, ängstlich. • 16f. **per lo tuo migliore:** *per il tuo meglio.* • 21 **disperato/a:** hier: hoffnungslos. • 22 **il dì:** Tag.

puzzo che a lui di lui veniva, disideroso di volgersi al mare per lavarsi, si torse a man sinistra e su per una via chiamata la Ruga Catalana si mise. E verso l'alto della città andando, per ventura davanti si vide due che verso di lui con una lanterna in mano venieno, li quali temendo non fosser della famiglia della corte o altri uomini a mal far disposti, per fuggirli, in un casolare, il qual si vide vicino, pianamente ricoverò. Ma costoro, quasi come a quello proprio luogo inviati andassero, in quel medesimo casolare se n'entrarono; e quivi l'un di loro, scaricati certi ferramenti che in collo avea, con l'altro insieme gl'incominciò a guardare, varie cose sopra quegli ragionando.

E mentre parlavano, disse l'uno: «Che vuol dir questo? Io sento il maggior puzzo che mai mi paresse sentire»; e questo detto, alzata alquanto la lanterna, ebber veduto il cattivel d'Andreuccio, e stupefatti domandar: «Chi è là?»

Andreuccio taceva, ma essi avvicinatiglisi con lume il domandarono che quivi così brutto facesse: alli quali Andreuccio ciò che avvenuto gli era narrò interamente. Costoro, imaginando dove ciò gli potesse essere avvenuto, dissero fra sé: «Veramente in casa lo scarabone Buttafuoco fia stato questo.»

E a lui rivolti, disse l'uno: «Buono uomo, come che

2 **torcersi:** sich wenden, abbiegen. • **a man sinistra:** nach links. • 3 **la Ruga Catalana:** *la Rua Catalana* (vom Hafen zum oberen Teil der Stadt führende Straße in Neapel). • 6 **della famiglia della corte / della signoria:** zum Hof gehörend; hier: Wachen, Soldaten. • 9 **costoro:** *loro.* • 11 **il ferramento:** eisernes Werkzeug. • 17 **il cattivel(lo):** der Unglückliche. • 20 **brutto/a:** hier: besudelt, schmutzig. • 23 f. **lo scarabone:** Lump, Dieb, Verbrecher. • 24 **fia:** *sarà.* • 25 **come che:** *benché.*

tu abbi perduti i tuoi denari, tu hai molto a lodare Idio che quel caso ti venne che tu cadesti né potesti poi in casa rientrare: per ciò che, se caduto non fossi, vivi sicuro che, come prima adormentato ti fossi, saresti stato amazzato e co' denari avresti la persona perduta. Ma che giova oggimai di piagnere? Tu ne potresti così riavere un denaio come avere delle stelle del cielo: ucciso ne potrai tu bene essere, se colui sente che tu mai ne facci parola.»

E detto questo, consigliatisi alquanto, gli dissero: «Vedi, a noi è presa compassion di te: e per ciò, dove tu vogli con noi essere a fare alcuna cosa la quale a fare andiamo, egli ci pare esser molto certi che in parte ti toccherà il valere di troppo più che perduto non hai.»

Andreuccio, sì come disperato, rispuose ch'era presto.

Era quel dì sepellito uno arcivescovo di Napoli, chiamato messer Filippo Minutolo, e era stato sepellito con ricchissimi ornamenti e con un rubino in dito il quale valeva oltre a cinquecento fiorin d'oro, il quale costoro volevano andare a spogliare; e così a Andreuccio fecer veduto.

Laonde Andreuccio, più cupido che consigliato, con loro si mise in via; e andando verso la chiesa maggio-

4 **come prima:** *appena che.* • 5 **la persona:** hier: das Leben. • 6 **giovare:** frommen, nützen. • 9 **fare parola:** erzählen. • 14 f. **ti toccherà … non hai:** du wirst mehr erhalten, als du verloren hast. • 16 f. **presto/a:** hier: bereit. • 18 **l'arcivẹscovo:** Erzbischof. • 19 **Filippo Minụtolo:** Erzbischof von Neapel (1301 in der Minutolo-Kapelle im Dom San Gennaro in einem Sarkophag beigesetzt). • 22 **spogliare:** hier: berauben. • 23 **fecer veduto:** *fecero vedere.* • 24 **cụpido/a:** gierig, begehrlich.

re, e Andreuccio putendo forte, disse l'uno: «Non potremmo noi trovar modo che costui si lavasse un poco dove che sia, che egli non putisse così fieramente?»

Disse l'altro: «Sì, noi siam qui presso a un pozzo al quale suole sempre esser la carrucola e un gran secchione; andianne là e laverenlo spacciatamente.»

Giunti a questo pozzo trovarono che la fune v'era ma il secchione n'era stato levato: per che insieme diliberarono di legarlo alla fune e di collarlo nel pozzo, e egli là giù si lavasse e, come lavato fosse, crollasse la fune e essi il tirerebber suso; e così fecero.

Avvenne che, avendol costor nel pozzo collato, alcuni della famiglia della signoria, li quali e per lo caldo e perché corsi erano dietro a alcuno avendo sete, a quel pozzo venieno a bere: li quali come quegli due videro, incontanente cominciarono a fuggire, li famigliari che quivi venivano a bere non avendogli veduti. Essendo già nel fondo del pozzo Andreuccio lavato, dimenò la fune. Costoro assetati, posti giù lor tavolacci e loro armi e lor gonnelle, cominciarono la fune a tirare credendo a quella il secchion pien d'acqua essere appicato. Come Andreuccio si vide alla sponda del pozzo vicino, così, lasciata la fune, con le mani si gittò sopra quella. La qual cosa costor vedendo, da subita

1 **putendo:** *puzzando.* • 5 **la carrucola:** (Schnur-)Rolle. • 6 **andianne:** *andiamo.* • **spacciatamente:** in Eile. • 7 **la fune:** Strick, Seil. • 8 **levare:** hier: entfernen, wegnehmen. • 8 f. **diliberare:** *deliberare:* beraten, beschließen. • 9 **collare:** hier: herunterlassen. • 10 **crollare:** *scrollare:* schütteln. • 11 **essi:** *loro.* • 16 **incontanente** (avv.): sofort, unverzüglich. • 19 f. **il tavolaccio:** Holzschild (Teil der Ausrüstung von Wachen). • 20 **la gonnella:** hier: Waffenrock. • 22 **la sponda:** Rand, Brüstung.

paura presi, senza altro dir lasciaron la fune e cominciarono quanto più poterono a fuggire: di che Andreuccio si maravigliò forte, e se egli non si fosse bene attenuto, egli sarebbe infin nel fondo caduto forse non senza suo gran danno o morte; ma pure uscitone e queste arme trovate, le quali egli sapeva che i suoi compagni non avean portate, ancora più s'incominciò a maravigliare.

Ma dubitando e non sappiendo che, della sua fortuna dolendosi, senza alcuna cosa toccar quindi diliberò di partirsi: e andava senza saper dove. Così andando si venne scontrato in que' due suoi compagni, li quali a trarlo del pozzo venivano; e come il videro, maravigliandosi forte, il domandarono chi del pozzo l'avesse tratto. Andreuccio rispose che non sapea, e loro ordinatamente disse come era avvenuto e quello che trovato aveva fuori del pozzo. Di che costoro, avvisatisi come stato era, ridendo gli contarono perché s'eran fuggiti e chi stati eran coloro che sù l'avean tirato. E senza più parole fare, essendo già mezzanotte, n'andarono alla chiesa maggiore, e in quella assai leggiermente entrarono e furono all'arca, la quale era di marmo e molto grande; e con lor ferro il coperchio, ch'era gravissimo, sollevaron tanto quanto uno uomo vi potesse entrare, e puntellaronlo.

E fatto questo, cominciò l'uno a dire: «Chi entrerà dentro?»

A cui l'altro rispose: «Non io.»

«Né io» disse colui «ma entrivi Andreuccio.»

12 **scontrare in qu:** hier: auf jdn. treffen, stoßen. • 21 f. **leggiermente:** *facilmente*. • 22 **l'arca:** Sarkophag. • 25 **puntellare:** abstützen.

«Questo non farò io» disse Andreuccio.

Verso il quale ammenduni costoro rivolti dissero: «Come non v'enterrai? In fé di Dio, se tu non v'entri, noi ti darem tante d'uno di questi pali di ferro sopra la testa, che noi ti farem cader morto.»

Andreuccio temendo v'entrò, e entrandovi pensò seco: «Costoro mi ci fanno entrare per ingannarmi, per ciò che, come io avrò loro ogni cosa dato, mentre che io penerò a uscir dall'arca, essi se ne andranno pe' fatti loro e io rimarrò senza cosa alcuna.» E per ciò s'avisò di farsi innanzi tratto la parte sua; e ricordatosi del caro anello che aveva loro udito dire, come fu giù disceso così di dito il trasse all'arcivescovo e miselo a sé; e poi dato il pasturale e la mitra e' guanti e spogliatolo infino alla camiscia, ogni cosa diè loro dicendo che più niente v'avea. Costoro, affermando che esser vi doveva l'anello, gli dissero che cercasse per tutto: ma esso, rispondendo che nol trovava e sembiante faccendo di cercarne, alquanto gli tenne in aspettare. Costoro che d'altra parte eran sì come lui maliziosi, dicendo pur che ben cercasse, preso tempo, tiraron via il puntello che il coperchio dell'arca sostenea, e fuggendosi lui dentro dall'arca lasciaron racchiuso. La qual cosa sentendo Andreuccio, quale egli allor divenisse ciascun sel può pensare.

Egli tentò più volte e col capo e con le spalle se al-

4 **il palo di ferro:** Eisenstange. • 9 **penare:** leiden, Mühe haben. • 11 **innanzi tratto:** *anzitutto*. • 12 **caro/a:** hier: kostbar. • 14 **il pasturale:** Bischofsstab. • **la mitra:** Bischofsmütze. • 15 **diè:** *diede*. • 18f. **fare sembiante:** so tun, als ob, vortäuschen. • 20 **malizioso/a:** hier: schlau. • 21 **dicendo pur:** *continuando a dire*. • **preso tempo:** im richtigen Moment.

zare potesse il coperchio, ma invano si faticava: per che da grave dolor vinto, venendo meno cadde sopra il morto corpo dell'arcivescovo; e chi allora veduti gli avesse malagevolmente avrebbe conosciuto chi più si fosse morto, o l'arcivescovo o egli. Ma poi che in sé fu ritornato, dirottissimamente cominciò a piagnere, veggendosi quivi senza dubbio all'un de' due fini dover pervenire: o in quella arca, non venendovi alcuni più a aprirla, di fame e di puzzo tra' vermini del morto corpo convenirlo morire, o vegnendovi alcuni e trovandovi lui dentro, sì come ladro dovere essere appiccato.

E in così fatti pensieri e doloroso molto stando, sentì per la chiesa andar genti e parlar molte persone, le quali, sì come gli avvisava, quello andavano a fare che esso co' suoi compagni avean già fatto: di che la paura gli crebbe forte. Ma poi che costoro ebbero l'arca aperta e puntellata, in quistion caddero chi vi dovesse entrare, e niuno il voleva fare; pur dopo lunga tencione un prete disse: «Che paura avete voi? credete voi che egli vi manuchi? Li morti non mangian gli uomini: io v'entrerò dentro io.» E così detto, posto il petto sopra l'orlo dell'arca, volse il capo in fuori e dentro mandò le gambe per doversi giuso calare. Andreuccio, questo vedendo, in piè levatosi prese il prete per l'una delle gambe e fé sembiante di volerlo giù tirare. La qual cosa sentendo il prete mise uno strido grandissi-

2 **venire meno:** ohnmächtig werden. • 4 **malagevolmente:** schwierig, mühsam. • 7 **il fine:** Ziel, Ausgang. • 9 **il vẹrmine:** *il verme:* Wurm. • 11f. **appiccare qu:** jdn. (auf)hängen. • 19f. **la tencione:** hier: Diskussion, Beratung. • 21 **manucare:** *mangiare.* • 23 **l'orlo:** Rand.

mo e presto dell'arca si gittò fuori; della qual cosa tutti gli altri spaventati, lasciata l'arca aperta, non altramente a fuggir cominciarono che se da centomilia diavoli fosser perseguitati.

La qual cosa veggendo Andreuccio, lieto oltre a quello che sperava, subito si gittò fuori e per quella via onde era venuto se ne uscì della chiesa; e già avvicinandosi al giorno, con quello anello in dito andando all'avventura, pervenne alla marina e quindi al suo albergo si abbatté; dove li suoi compagni e l'albergatore trovò tutta la notte stati in sollecitudine de' fatti suoi. A' quali ciò che avvenuto gli era raccontato, parve per lo consiglio dell'oste loro che costui incontanente si dovesse di Napoli partire; la qual cosa egli fece prestamente e a Perugia tornossi, avendo il suo investito in uno anello, dove per comperare cavalli era andato. –

9 **la marina:** Meerufer, Küste. • 10 **abbạttersi:** hingelangen. • 11 **la sollecitụdine:** hier: Sorge, Angst. • 15 **il suo:** *il suo denaro*.

Giornata II, Novella 8

Il conte d'Anguersa, falsamente accusato, va in essilio; lascia due suoi figliuoli in diversi luoghi in Inghilterra; e egli, sconosciuto tornando di Scozia, lor truova in buono stato; va come ragazzo nello essercito del re di Francia, e riconosciuto innocente è nel primo stato ritornato.

Sospirato fu molto dalle donne per li varii casi della bella donna: ma chi sa che cagione moveva que' sospiri? Forse v'eran di quelle che non meno per vaghezza di così spesse nozze che per pietà di colei sospiravano. Ma lasciando questo stare al presente, essendosi da loro riso per l'ultime parole da Panfilo dette e veggendo la reina in quelle la novella di lui esser finita, a Elissa rivolta impose che con una delle sue l'ordine seguitasse. La quale, lietamente faccendolo, incominciò:

– Ampissimo campo è quello per lo quale noi oggi spaziando andiamo, né ce n'è alcuno che, non che uno aringo ma diece non ci potesse assai leggiermente correre, sì copioso l'ha fatto la fortuna delle sue nuove e

2 **il conte d'Anguersa:** *Gualtieri conte d'Anguersa:* Graf Walter von Antwerpen (s. Namenverzeichnis). • **l'essilio:** Exil, Verbannung. • 5 **il ragazzo:** hier: Stalljunge, Stallknecht. • 9 **la bella donna:** Anspielung auf die schöne Alatiel in Novelle II,8 (hier nicht abgedruckt). • 10 **la vaghezza:** hier: Wunsch. • 14 **in quelle:** *con quelle parole.* • 19 **spaziare:** umherschweifen. • 19 f. **correre uno aringo:** ein Thema behandeln, sich zu etwas äußern. • 21 f. **le nuove … cose:** hier: ungewöhnliche Fälle, Dinge.

gravi cose; e per ciò, vegnendo di quelle, che infinite sono, a raccontare alcuna, dico.

Che essendo lo 'mperio di Roma da' franceschi ne' tedeschi transportato, nacque tra l'una nazione e l'altra grandissima nimistà e acerba e continua guerra, per la quale, sì per difesa del suo paese e sì per l'offesa dell'altrui, il re di Francia e un suo figliuolo, con ogni sforzo del lor regno e appresso d'amici e di parenti che far poterono, ordinarono un grandissimo essercito per andare sopra i nemici. E avanti che a ciò procedessero, per non lasciare il regno senza governo, sentendo Gualtieri conte d'Anguersa gentile e savio uomo e molto loro fedele amico e servidore, e ancora che assai ammaestrato fosse nell'arte della guerra, per ciò che loro più alle dilicatezze atto che a quelle fatiche parea, lui in luogo di loro sopra tutto il governo del reame di Francia general vicario lasciarono, e andarono al lor cammino. Cominciò adunque Gualtieri e con senno e con ordine l'uficio commesso, sempre d'ogni cosa con la reina e con la nuora di lei conferendo; e benché sotto la sua custodia e giurisdizione lasciate fossero, nondimeno come sue donne e maggiori l'onorava. Era il detto Gualtieri del corpo bellissimo e

3f. **da' franceschi ne' tedeschi transportato:** von den Franzosen auf die Deutschen übergegangen (hier gebraucht für Franken und Sachsen; s. Namenverzeichnis). • 5 **la nimistà:** Feindschaft. • 8 **lo sforzo:** hier: Streitmacht. • 10 **sopra i nemici:** *contro i nemici.* • 11f. **sentendo:** hier: da sie wussten. • 13 **il servidore:** *il servitore:* hier: Gefolgsmann. • 15 **atto/a:** fähig, geneigt. • 16 **il governo:** hier: Verwaltung. • 17 **il reame:** Königreich. • **il vicario:** Stellvertreter, Reichsverweser. • 18 **il cammino:** hier: Reise. • 19 **e … e:** sowohl als auch. • **il senno:** Vernunft, Verstand. • 22 **la donna:** hier: Herrin, Gebieterin.

d'età forse di quaranta anni, e tanto piacevole e costumato quanto alcuno altro gentile uomo il più esser potesse; e, oltre a tutto questo, era il più leggiadro e il più dilicato cavaliere che a quegli tempi si conoscesse e quegli che più della persona andava ornato.

Ora avvenne che, essendo il re di Francia e il figliuolo nella guerra già detta, essendosi morta la donna di Gualtieri e a lui un figliuol maschio e una femina piccoli fanciulli rimasi di lei senza più, che costumando egli alla corte delle donne predette e con loro spesso parlando delle bisogne del regno, che la donna del figliuolo del re gli pose gli occhi addosso e, con grandissima affezione la persona di lui e' suoi costumi considerando, d'occulto amore ferventemente di lui s'accese; e sé giovane e fresca sentendo e lui senza alcuna donna, si pensò leggiermente doverle il suo disidero venir fatto, e pensando niuna cosa a ciò contrastare, se non vergogna, di manifestargliele dispose del tutto e quella cacciar via. E essendo un giorno sola e parendole tempo, quasi d'altre cose con lui ragionar volesse, per lui mandò.

Il conte, il cui pensiero era molto lontano da quel della donna, senza alcuno indugio a lei andò; e postosi, come ella volle, con lei sopra un letto in una camera tutti soli a sedere, avendola il conte già due volte domandata della cagione per che fatto l'avesse venire

1 f. **costumato/a:** wohlgesittet. • 9 **senza più:** hier: einzig und allein. • 9 f. **costumare alla corte:** hier: den Hof häufig aufsuchen. • 12 **porre gli occhi addosso a qu:** ein Auge auf jdn. werfen. • 16 **leggiermente:** *facilmente*. • 18 **manifestare:** deutlich machen, offenbaren. • 19 f. **parere tempo a qu:** den Augenblick für gekommen, günstig halten. • 23 **l'indugio:** Zögern. • 24 **il letto:** hier: Ruhebank, Divan.

e ella taciuto, ultimamente da amor sospinta, tutta di vergogna divenuta vermiglia, quasi piangendo e tutta tremante con parole rotte così cominciò a dire: «Carissimo e dolce amico e signor mio, voi potete, come savio uomo, agevolmente conoscere quanta sia la fragilità e degli uomini e delle donne, e per diverse cagioni più in una che in altra; per che debitamente dinanzi a giusto giudice un medesimo peccato in diverse qualità di persone non dee una medesima pena ricevere. E chi sarebbe colui che dicesse che non dovesse molto più esser da riprendere un povero uomo o una povera femina, a' quali con la loro fatica convenisse guadagnare quello che per la vita loro lor bisognasse, se da amore stimolati fossero e quello seguissero, che una donna la quale, ricca e oziosa e a cui niuna cosa che a' suoi disideri piacesse, mancasse? Certo io non credo niuno. Per la quale ragione io estimo che grandissima parte di scusa debbian fare le dette cose in servigio di colei che le possiede, se ella per avventura si lascia trascorrere a amare; e il rimanente debbia fare l'avere eletto savio e valoroso amadore, se quella l'ha fatto che ama. Le quali cose con ciò sia cosa che amendune, secondo il mio parere, sieno in me, e oltre a queste più altre le quali a amare mi debbono inducere, sì come è la mia giovanezza e la lontananza del mio marito, ora convien che surgano in servigio di me alla difesa del mio focoso amore nel vostro conspetto:

2 **vermiglio/a:** purpurrot. • 3 **con parole rotte:** stammelnd. • 11 **riprẹndere:** tadeln. • 15 **ozioso/a:** müßig. • 21 **l'amadore:** *l'amatore / l'amatrice:* Geliebte(r). • 23 **amendune:** *ambedụe le cose.* • 26 **sụrgere:** *sọrgere:* hier: auftauchen, in Erscheinung treten. • 27 **nel vostro conspetto:** in Euren Augen.

le quali, se quello vi potranno che nella presenza de' savi debbono potere, io vi priego che consiglio e aiuto in quello che io vi dimanderò mi porgiate. Egli è il vero che, per la lontananza di mio marito non potendo io agli stimoli della carne né alla forza d'amor contrastare, le quali sono di tanta potenza, che i fortissimi uomini non che le tenere donne hanno già molte volte vinti e vincono tutto il giorno, essendo io negli agi e negli ozii ne' quali voi mi vedete, a secondare li piaceri d'amore e a divenire innamorata mi sono lasciata trascorrere. E come che tal cosa, se saputa fosse, io conosca non essere onesta, nondimeno essendo e stando nascosa quasi di niuna cosa essere disonesta la giudichi, pur m'è di tanto Amore stato grazioso, che egli non solamente non m'ha il debito conoscimento tolto nello elegger l'amante ma me n'ha molto in ciò prestato, voi degno mostrandomi da dovere da una donna, fatta come sono io, essere amato; il quale, se 'l mio avviso non m'inganna, io reputo il più bello, il più piacevole e 'l più leggiadro e 'l più savio cavaliere che nel reame di Francia trovar si possa; e sì come io senza marito posso dire che io mi veggia, così voi ancora senza mogliere. Per che io vi priego, per cotanto amore quanto è quello che io vi porto, che voi non neghiate il vostro verso di me e che della mia giovanezza v'incresca, la qual veramente, come il ghiaccio al fuoco, si consuma per voi.»

1 f. **le quali ... dẹbbono potere:** wenn die erwähnten Gründe das erreichen, was bei verständigen Menschen für gewöhnlich gelingt. • 8 **l'agio:** hier: Wohlstand. • 9 **l'ozio:** Müßiggang. • 11 **conọscere:** hier: beurteilen. • 14 **grazioso/a:** hier: wohlwollend, gnädig. • 15 **il conoscimento:** Einsicht, Vernunft. • 19 **reputare qu:** jdn. erachten, halten für. • 20 **leggiadro/a:** liebenswürdig, anmutig. • 22 **la mogliere:** *la moglie.*

A queste parole sopravennero in tanta abbondanza le lagrime, che essa, che ancora più prieghi intendeva di porgere, più avanti non ebbe poter di parlare, ma bassato il viso e quasi vinta piagnendo sopra il seno del conte si lasciò con la testa cadere. Il conte, il quale lealissimo cavaliere era, con gravissime riprensioni cominciò a mordere così folle amore e a sospignerla indietro, che già al collo gli si voleva gittare, e con saramenti a affermare che egli prima sofferrebbe d'essere squartato che tal cosa contro all'onore del suo signore né in sé né in altrui consentisse.

4 **il seno:** hier: Brust. • 7 **mọrdere qc:** hier: etwas tadeln, jdm. etwas vorwerfen. • 8 f. **il saramento:** *il giuramento*. • 10 **squartare:** vierteilen (Todesstrafe für Verräter).

Il che la donna udendo, subitamente dimenticato l'amore e in fiero furore accesa, disse: «Dunque sarò io, villan cavaliere, in questa guisa da voi del mio disidero schernita? Unque a Dio non piaccia, poi che voi volete me far morire, che io voi o morire o cacciar del mondo non faccia.» E così detto, a una ora messesi le mani ne' capelli e rabuffatigli e stracciatigli tutti e appresso nel petto squarciandosi i vestimenti, cominciò a gridar forte: «Aiuto, aiuto! ché 'l conte d'Anguersa mi vuol far forza.»

Il conte, veggendo questo e dubitando forte più della invidia cortigiana che della sua conscienza, e temendo per quella non fosse più fede data alla malvagità della donna che alla sua innocenzia, levatosi come più tosto poté della camera e del palagio s'uscì e fuggissi a casa sua, dove, senza altro consiglio prendere, pose i suoi figliuoli a cavallo, e egli montatovi altressì quanto più poté n'andò verso Calese.

Al romor della donna corsero molti, li quali, vedutala e udita la cagione del suo gridare, non solamente per quello dieder fede alle sue parole, ma aggiunsero la leggiadria e la ornata maniera del conte, per potere a quel venire, essere stata da lui lungamente usata.

4 **schernire:** verhöhnen, verlachen. • **a Dịo non piaccia:** das verhüte Gott. • 5f. **cacciare del mondo:** verbannen, verstoßen. • 6 **a una ora:** im gleichen Moment. • 7 **rabuffare:** zerzausen. • 8 **squarciare:** zerfetzen, zerreißen. • 10 **far forza a qu:** jdm. Gewalt antun (erläutert im Namenverzeichnis, s. *Gualtieri conte d'Anguersa*). • 13f. **la malvagità:** Bosheit. • 16 **senza altro consiglio prẹndere:** ohne sich lange zu besinnen. • 17 **altressì:** gleichfalls. • 18 **Calese:** Calais. • 19 **il romọr:** *il rumore.* • 22f. **per potere a quel venire:** um diesen Zweck zu erreichen, um zum Zuge zu kommen.

Corsesi adunque a furore alle case del conteper arestarlo; ma non trovando lui, prima le rubar tutte e appresso infino a' fondamenti le mandar giuso. La novella, secondo che sconcia si diceva, pervenne nell'oste al re e al figliuolo; li quali turbati molto a perpetuo essilio lui e i suoi discendenti dannarono, grandissimi doni promettendo a chi o vivo o morto loro il presentasse.

Il conte, dolente che d'innocente fuggendo s'era fatto nocente, pervenuto senza farsi conoscere o essere conosciuto co' suoi figliuoli a Calese, prestamente trapassò in Inghilterra e in povero abito n'andò verso Londra. Nella quale prima che entrasse, con molte parole ammaestrò i due piccioli figliuoli e massimamente in due cose: prima, che essi pazientemente comportassero lo stato povero nel quale senza lor colpa la fortuna con lui insieme gli aveva recati; e appresso, che con ogni sagacità si guardassero di mai non manifestare a alcuno onde si fossero né di cui figliuoli, se cara avevan la vita. Era il figliuolo, chiamato Luigi, di forse nove anni, e la figliuola, che nome avea Violante, n'avea forse sette; li quali, secondo che comportava la loro tenera età, assai bene compresero l'amaestramento del padre loro e per opera il mostrarono appresso. Il che, acciò che meglio fare si potesse, gli

3 **mandare giuso infino a' fondamenti:** etwas dem Erdboden gleichmachen. • 4 **che sconcia si diceva:** so verzerrt, entstellt, wie man es erzählte. • **l'oste** m.: hier: Heer, Streitmacht. • 9 **nocente** (agg.): hier: schuldig. • 11 **trapassare:** hier: hinüberfahren. • 17 **la sagacità:** Vorsicht, Sorgfalt. • 18 **onde:** woher. • 20f. **Violante:** Name von Boccaccios eigener Tochter, die mit etwa 7 Jahren starb (sie wird in seinem Werk *Buccolium carmen* erwähnt). • 22f. **l'amaestramento:** Unterweisung. • 23 **per opera:** mittels Taten. • 24 **acciò che:** *affinché*.

parve da dover loro i nomi mutare, e così fece; e nominò il maschio Perotto e Giannetta la femina. E pervenuti poveramente vestiti in Londra, a guisa che far veggiamo a questi paltoni franceschi, si diedero a andar la limosina adomandando.

E essendo per ventura in tal servigio una mattina a una chiesa, avvenne che una gran dama, la quale era moglie dell'uno de' maliscalchi del re d'Inghilterra, uscendo della chiesa vide questo conte e i due suoi figlioletti che limosina adomandavano; il quale ella domandò donde fosse e se suoi erano quegli figliuoli. Alla quale egli rispose che era di Piccardia e che, per misfatto d'un suo maggior figliuolo ribaldo con quegli due, che suoi erano, gli era convenuto partire. La dama, che pietosa era, pose gli occhi sopra la fanciulla e piacquele molto, per ciò che bella e gentilesca e avvenente era, e disse: «Valente uomo, se tu ti contenti di lasciare appresso di me questa tua figlioletta, per ciò che buono aspetto ha, io la prenderò volentieri; e se valente femina sarà, io la mariterò a quel tempo che convenevole serà in maniera che starà bene.»

Al conte piacque molto questa domanda e prestamente rispose di sì, e con lagrime gliele diede e raccomandò molto. E così avendo la figliuola allogata e sappiendo bene a cui, diliberò di più non dimorar

4 **il paltone:** Bettler. • 5 **la limọsina:** *l'elemọsina:* Almosen (*limosinare:* betteln). • 6 **in tal servigio:** zu diesem Zweck. • 8 **il maliscalco:** *il maresciallo:* Marschall (Hofbeamter, später militärischer Würdenträger). • 12 **Piccardịa:** Picardie (Region in Nordfrankreich). • 13 **il misfatto:** Fehltritt, Verbrechen. • **il ribaldo:** Schuft, Nichtsnutz. • 25 **allogare:** unterbringen. • 26 **diliberare:** *deliberare:* beschließen.

quivi; e limosinando traversò l'isola e con Perotto pervenne in Gales non senza gran fatica, sì come colui che d'andare a piè non era uso. Quivi era un altro de' maliscalchi del re, il quale grande stato e molta famiglia tenea, nella corte del quale il conte alcuna volta, e egli e 'l figliuolo, per aver da mangiare molto si riparavano. E essendo in essa alcun figliuolo del detto maliscalco e altri fanciulli di gentili uomini e faccendo cotali pruove fanciullesche, sì come di correre e di saltare, Perotto s'incominciò con loro a mescolare e a fare così destramente, o più, come alcuno degli altri facesse, ciascuna pruova che tra lor si faceva. Il che il maliscalco alcuna volta veggendo, e piacendogli molto la maniera e' modi del fanciullo, domandò chi egli fosse. Fugli detto che egli era figliuolo d'un povero uomo il quale alcuna volta per limosina là entro veniva: a cui il maliscalco il fece adomandare, e il conte, sì come colui che d'altro Idio non pregava, liberamente gliel concedette, quantunque noioso gli fosse il da lui dipartirsi. Avendo adunque il conte il figliuolo e la figliuola acconci, pensò di più non volere dimorare in Inghilterra, ma come il meglio poté se ne passò in Irlanda; e pervenuto a Stanforda, con un cavaliere d'un conte paesano per fante si pose, tutte quelle cose faccendo che a fante o a ragazzo possono appartenere. E quivi, senza esser mai

2 **Gales:** Wales. • 5 **la famiglia:** hier: Hofstaat, Bedienstete. • 7 **ripararsi:** sich begeben, besuchen. • 11 **destramente:** geschickt. • 19 **liberamente:** hier: ohne zu zögern, aus freiem Willen. • 19f. **noioso/a:** hier: schmerzlich (*la noia:* Schmerz, Pein). • 21 **acconcio/a:** hier: versorgt. • 23f. **Stanforda:** Strangford. • 24 **il cavaliere d'un conte:** Vassall, Gefolgsmann. • **il fante / la fanta:** Knecht, Magd.

da alcuno conosciuto, con assai disagio e fatica dimorò lungo tempo.

Violante, chiamata Giannetta, con la gentil donna in Londra venne crescendo e in anni e in persona e in bellezza e in tanta grazia e della donna e del marito di lei e di ciascuno altro della casa e di chiunque la conoscea, che era a vedere maravigliosa cosa; né alcuno era che a' suoi costumi e alle sue maniere riguardasse, che lei non dicesse dovere esser degna d'ogni grandissimo bene e onore. Per la qual cosa la gentil donna che lei dal padre ricevuta avea, senza aver mai potuto sapere chi egli si fosse altramenti che da lui udito avesse, s'era proposta di doverla onorevolmente, secondo la condizione della quale stimava che fosse, maritare. Ma Idio, giusto riguardatore degli altrui meriti, lei nobile femina conoscendo e senza colpa penitenzia portar dell'altrui peccato, altramente dispose: e acciò che a mano di vile uomo la gentil giovane non venisse, si dee credere che quello che avvenne Egli per sua benignità permettesse.

Aveva la gentil donna, con la quale la Giannetta dimorava, un solo figliuolo del suo marito, il quale e essa e 'l padre sommamente amavano, sì perché figliuolo era e sì ancora perché per vertù e per meriti il valeva, come colui che più che altro e costumato e valoroso e pro' e bello della persona era. Il quale, avendo forse sei anni più che la Giannetta e lei veggendo bellissima e graziosa, sì forte di lei s'innamorò, che più avanti di

1 **il disagio:** Mühe. • 12 **altramenti** (avv.): anders; hier: wirklich. • 15 **maritare:** verheiraten. • 24 **valere:** es wert sein, würdig sein. • 26 **pro' (prode):** tapfer, wacker.

lei non vedea. E per ciò che egli imaginava lei di bassa condizion dovere essere, non solamente non ardiva addomandarla al padre e alla madre per moglie, ma, temendo non fosse ripreso che bassamente si fosse a amar messo, quanto poteva il suo amore teneva nascoso; per la qual cosa troppo più che se palesato l'avesse lo stimolava. Laonde avvenne che per soverchio di noia egli infermò, e gravemente; alla cura del quale essendo più medici richesti e avendo un segno e altro guardato di lui e non potendo la sua infermità tanto conoscere, tutti comunemente si disperavano della sua salute. Di che il padre e la madre del giovane portavano sì gran dolore e malinconia, che maggiore non si saria potuta portare: e più volte con pietosi prieghi il domandavano della cagione del suo male, a' quali o sospiri per risposta dava o che tutto si sentia consumare.

Avvenne un giorno che, sedendosi appresso di lui un medico assai giovane ma in iscienza profondo molto e lui per lo braccio tenendo in quella parte dove essi cercano il polso, la Giannetta, la quale, per rispetto della madre di lui, lui sollecitamente serviva, per alcuna cagione entrò nella camera nella quale il giovane giacea. La quale come il giovane vide, senza alcuna parola o atto fare, sentì con più forza nel cuore l'amoroso ardore, per che il polso più forte cominciò a battergli che l'usato: il che il medico sentì incontanente e

3 **addomandare qu:** um jds. Hand bitten. • 6 **palesare:** offenbaren, darlegen. • 7 **stimolare:** hier: quälen. • **il soverchio:** Übermaß. • 9 **il segno:** hier: Symptom. • 10 **tanto:** hier: überhaupt nicht. • 11 f. **tutti si disperavano della sua salute:** alle gaben ihn auf, erwarteten seinen Tod. • 14 **saria:** *sarebbe.* • 18 **l'iscienza:** *la scienza.* • 20 **cercare:** hier: tasten, fühlen. • 23 **giacere:** lagern, liegen. • 26 **incontanente** (avv.): sogleich.

maravigliossi, e stette cheto per vedere quanto questo battimento dovesse durare. Come la Giannetta uscì della camera, e il battimento ristette: per che parte parve al medico avere della cagione della infermità del giovane; e stato alquanto, quasi d'alcuna cosa volesse la Giannetta adomandare, sempre tenendo per lo braccio lo 'nfermo, la si fé chiamare, al quale ella venne incontanente: né prima nella camera entrò che 'l battimento del polso ritornò al giovane e, lei partita, cessò.

Laonde, parendo al medico avere assai piena certezza, levatosi e tratti da parte il padre e la madre del giovane, disse loro: «La sanità del vostro figliuolo non è nell'aiuto de' medici, ma nelle mani della Giannetta dimora, la quale, sì come io ho manifestamente per certi segni conosciuto, il giovane focosamente ama, come che ella non se ne accorge, per quello che io vegga. Sapete omai che a fare v'avete, se la sua vita v'è cara.»

Il gentile uomo e la sua donna questo udendo furon contenti, in quanto pure alcun modo si trovava al suo scampo, quantunque loro molto gravasse che quello, di che dubitavano, fosse desso, cioè di dover dare la Giannetta al loro figliuolo per isposa.

Essi adunque, partito il medico, se n'andarono allo 'nfermo: e dissegli la donna così: «Figliuol mio, io non avrei mai creduto che da me d'alcun tuo disidero ti

1 **cheto/a:** ruhig. • 3 **per che parte:** somit. • 11 **laonde:** worauf. • 17 **come che:** auch wenn. • 22 **lo scampo:** Ausweg, Hilfe. • 23 **fosse desso/a:** wahr sein sollte. • 27 f. **che da me … fossi guardato:** ich hätte nie gedacht, dass du mir einen deiner Wünsche verhehlen würdest.

fossi guardato, e spezialmente veggendoti tu, per non aver quello, venir meno: per ciò che tu dovevi esser certo e dèi che niuna cosa è che per contentamento di te far potessi, quantunque meno che onesta fosse, che io come per me medesima non la facessi. Ma poi che pur fatta l'hai, è avvenuto che Domenedio è stato misericordioso di te più che tu medesimo, e acciò che tu di questa infermità non muoi m'ha dimostrata la cagione del tuo male, la quale niuna altra cosa è che soperchio amore il quale tu porti a alcuna giovane, qual che ella si sia. E nel vero di manifestar questo non ti dovevi tu vergognare, per ciò che la tua età il richiede: e se tu innamorato non fossi, io ti riputerei da assai poco. Adunque, figliuol mio, non ti guardare da me, ma sicuramente ogni tuo disidero mi scuopri; e la malinconia e il pensiero, il quale hai e dal quale questa infermità procede, gitta via e confortati e renditi certo che niuna cosa sarà per sodisfacimento di te che tu m'imponghi, che io a mio poter non faccia, sì come colei che te più amo che la mia vita. Caccia via la vergogna e la paura, e dimmi se io posso intorno al tuo amore adoperare alcuna cosa. E se tu non truovi che io a ciò sia sollecita e a effetto tel rechi, abbimi per la più crudel madre che mai partorisse figliuolo.»

Il giovane, udendo le parole della madre, prima si vergognò; poi, seco pensando che niuna persona me-

2 **venịr meno:** sich verzehren, erkranken. • 4 **quantunque meno … fosse:** auch wenn es sich um eine unehrenhafte Sache handeln sollte. • 6 **Domenedịo:** Herrgott. • 6 f. **misericordioso/a:** barmherzig. • 13 f. **da assai poco:** *assai dappoco* (agg. invar.): nichtsnutzig, unfähig. • 19 f. **colei:** hier: ich bin diejenige, die. • 23 **sollẹcito/a:** bemüht, eifrig.

glio di lei potrebbe al suo piacer sodisfare, cacciata via la vergogna così le disse: «Madama, niuna altra cosa mi v'ha fatto tenere il mio amor nascoso quanto l'essermi nelle più delle persone avveduto che, poi che attempati sono, d'essere stati giovani ricordar non si vogliono. Ma poi che in ciò discreta vi veggio, non solamente quello, di che dite vi siete accorta, non negherò esser vero, ma ancora di cui vi farò manifesto: con cotal patto, che effetto seguirà alla vostra promessa a vostro potere, e così mi potrete aver sano.»

Al quale la donna, troppo fidandosi di ciò che non le doveva venir fatto nella forma nella quale già seco pensava, liberamente rispose che sicuramente ogni suo disidero l'aprisse, ché ella senza alcuno indugio darebbe opera a fare che egli il suo piacere avrebbe.

«Madama,» disse allora il giovane «l'alta bellezza e le laudevoli maniere della nostra Giannetta e il non poterla fare accorgere, non che pietosa, del mio amore e il non avere ardito mai di manifestarlo a alcuno m'hanno condotto dove voi mi vedete; e se quello che promesso m'avete o in un modo o in un altro non segue, state sicura che la mia vita fia brieve.»

La donna, a cui più tempo da conforto che da riprensioni parea, sorridendo disse: «Ahi! figliuol mio, dunque per questo t'hai tu lasciato aver male? Confortati e lascia fare a me, poi che guarito sarai.»

Il giovane, pieno di buona speranza, in brevissimo tempo di grandissimo miglioramento mostrò segni: di che la donna contenta molto si dispose a voler tentare

4 f. **attempato/a:** betagt, bejahrt. • 6 **discreto/a:** hier: verständig. • 8 **di cui:** hier: *di chi*. • 9 **il patto:** Pakt; hier: Versprechen. • 22 **fia:** *sarà*.

come quello potesse oservare il che promesso avea. E chiamata un dì la Giannetta per via di motti assai cortesemente la domandò se ella avesse alcuno amadore.

La Giannetta, divenuta tutta rossa, rispose: «Madama, a povera damigella e di casa sua cacciata, come io sono, e che all'altrui servigio dimori, come io fo, non si richiede né sta bene l'attendere a amore.»

A cui la donna disse: «E se voi non l'avete, noi ve ne vogliamo donare uno, di che voi tutta giuliva viverete e più della vostra biltà vi diletterete, per ciò che non è convenevole che così bella damigella, come voi siete, senza amante dimori.»

A cui la Giannetta rispose: «Madama, voi dalla povertà di mio padre togliendomi come figliuola cresciuta m'avete, e per questo ogni vostro piacere far dovrei: ma in questo io non vi piacerò già, credendomi far bene. Se a voi piacerà di donarmi marito, colui intendo io d'amare ma altro no; per ciò che della eredità de' miei passati avoli niuna cosa rimasa m'è se non l'onestà, quella intendo io di guardare e di servare quanto la vita mi durerà.»

Questa parola parve forte contraria alla donna a quello a che di venire intendea per dovere al figliuolo la promessa servare, quantunque, sì come savia donna, molto seco medesima ne commendasse la damigel-

1 **come quello … promesso avẹa:** wie das, was sie versprochen hatte, eingehalten werden könnte. • 2 **per via di motti:** scherzhaft, zum Spaß. • 5 **la damigella:** (vgl. fr. *demoiselle*) junge Adlige, Jungfer. • 9 **giulivo/a:** heiter, fröhlich. • 10 **la biltà:** *la beltà:* Schönheit. • 16 f. **credẹndomi far bene:** ich glaube, das Richtige zu tun. • 19 **l'ạvolo:** Vorfahr, Ahne. • 20 **l'onestà:** hier: Ehrbarkeit, Sittsamkeit. • 24 **quantunque:** hier: wenn auch, obgleich. • **savio/a:** weise, verständig.

la; e disse: «Come, Giannetta, se monsignor lo re, il quale è giovane cavaliere, e tu se' bellissima damigella, volesse del tuo amore alcun piacere, negherestigliele tu?»

Alla quale essa subitamente rispose: «Forza mi potrebbe fare il re, ma di mio consentimento mai da me, se non quanto onesto fosse, aver non potrebbe.»

La dama, comprendendo qual fosse l'animo di lei, lasciò star le parole e pensossi di metterla alla pruova; e così al figliuolo disse di fare, come guarito fosse, di metterla con lui in una camera e ch'egli s'ingegnasse d'avere di lei il suo piacere, dicendo che disonesto le pareva che essa, a guisa d'una ruffiana, predicasse per lo figliuolo e pregasse la sua damigella. Alla qual cosa il giovane non fu contento in alcuna guisa e di subito fieramente peggiorò. Il che la donna veggendo, aperse la sua intenzione alla Giannetta. Ma più constante che mai trovandola, raccontato ciò che fatto aveva al marito, ancora che grave loro paresse, di pari consentimento diliberarono di dargliele per isposa, amando meglio il figliuolo vivo con moglie non convenevole a lui che morto senza alcuna; e così, dopo molte novelle, fecero. Di che la Giannetta fu contenta molto e con divoto cuore ringraziò Idio che lei non avea dimenticata: né per tutto questo mai altro che figliuola d'un piccardo si disse. Il giovane guerì e fece le nozze più lieto che altro uomo e cominciossi a dar buon tempo con lei.

11 **ingegnarsi:** sich bemühen, einsetzen. • 13 **la ruffiana:** Kupplerin. • **predicare:** hier: jdn. beschwören, für jdn. eintreten. • 22 **dopo molte novelle:** nach langem Hin und Her.

Perotto, il quale in Gales col maliscalco del re d'Inghilterra era rimaso, similmente crescendo venne in grazia del signor suo e divenne di persona bellissimo e pro' quanto alcuno altro che nell'isola fosse, in tanto che né in tornei né in giostre né in qualunque altro atto d'arme niuno v'era nel paese che quello valesse che egli; per che per tutto, chiamato da loro Perotto il piccardo, era conosciuto e famoso. E come Idio la sua sorella dimenticata non avea, così similmente d'aver lui a mente dimostrò: per ciò che, venuta in quella contrada una pistilenziosa mortalità, quasi la metà della gente di quella se ne portò, senza che grandissima parte del rimaso per paura in altre contrade se ne fuggirono, di che il paese tutto pareva abandonato. Nella quale mortalità il maliscalco suo signore e la donna di lui e un suo figliuolo e molti altri e fratelli e nepoti e parenti tutti morirono, né altro che una damigella già da marito di lui rimase e con alcuni altri famigliari Perotto. Il quale, cessata alquanto la pestilenza, la damigella, per ciò che prod'uomo e valente era, con piacere e consiglio d'alquanti pochi paesani vivi rimasi per marito prese, e di tutto ciò che a lei per eredità scaduto era il fece signore; né guari di tempo passò che, udendo il re d'Inghilterra il maliscalco esser morto e conoscendo il valor di Perotto il piccardo, in luogo di quello che morto era il substituì e fecelo suo maliscal-

5 **il torneo:** Mannschaftskampfspiel. • **la giostra:** Turnier (Kampf zwischen einzelnen Rittern). • 11 **pistilenzioso/a:** seuchenartig. • 12 **senza che:** hier: überdies. • 18 **da marito:** heiratsfähig. • 21 **il paesano:** hier: Nachbar. • 22 f. **tutto ciò … scaduto:** all das, was ihr aus der Erbmasse zustand.

co. E così brievemente avvenne de' due innocenti figliuoli del conte d'Anguersa da lui per perduti lasciati.

Era già il diceottesimo anno passato poi che il conte d'Anguersa fuggito di Parigi s'era partito, quando a lui dimorante in Irlanda, avendo in assai misera vita molte cose patite, già vecchio veggendosi, venne voglia di sentire, se egli potesse, quello che de' figliuoli fosse adivenuto. Per che, del tutto della forma della quale esser solea veggendosi trasmutato e sentendosi per lo lungo essercizio più della persona atante che quando giovane in ozio dimorando non era, partitosi assai povero e male in arnese da colui col quale lungamente era stato, se ne venne in Inghilterra e là se ne andò dove Perotto avea lasciato; e trovò lui essere maliscalco e gran signore, e videlo sano e atante e bello della persona: il che gli aggradì forte ma farglisi cognoscere non volle infino a tanto che saputo non avesse della Giannetta. Per che, messosi in cammino, prima non ristette che in Londra pervenne: e quivi, cautamente domandato della donna alla quale la figliuola lasciata avea e del suo stato, trovò la Giannetta moglie del figliuolo, il che forte gli piacque e ogni sua avversità preterita reputò piccola, poi che vivi aveva ritrovati i figliuoli e in buono stato. E disideroso di poterla vedere, cominciò come povero uomo a ripararsi vicino alla casa di lei; dove un giorno veggendol

1 **brievemente:** um es kurz zu machen. • 2 **per perduto/a:** verloren geglaubt. • 6 **patire:** erleiden. • 8 **adivenire:** sich ereignen, geschehen. • **la forma:** hier: äußeres Erscheinungsbild, Aussehen. • 10 **atante** (agg.): kräftig, rüstig. • 12 **male in arnese** (m.): schlecht gekleidet. • 16 **aggradire:** gefallen, Freude bereiten. • 17 **infino a tanto:** hier: *finché*. • 23 **l'avversità:** Widrigkeit, Ungemach. • **pretẹrito/a:** vergangen.

Giachetto Lamiens, che così era chiamato il marito della Giannetta, avendo di lui compassione per ciò che povero e vecchio il vide, comandò a uno de' suoi famigliari che nella sua casa il menasse e gli facesse dare da mangiar per Dio. Il che il famigliare volentier fece.

Aveva la Giannetta avuti di Giachetto già più figliuoli, de' quali il maggiore non avea oltre a otto anni, e erano i più belli e i più vezzosi fanciulli del mondo; li quali, come videro il conte mangiare, così tutti quanti gli fur dintorno e cominciarongli a far festa, quasi da occulta virtù mossi avesser sentito costui loro avolo essere. Il quale, suoi nepoti cognoscendoli, cominciò loro a mostrare amore e a far carezze: per la qual cosa i fanciulli da lui non si volean partire, quantunque colui che al governo di loro attendea gli chiamasse. Per che la Giannetta, ciò sentendo, uscì d'una camera e quivi venne là dove era il conte e minacciogli forte di battergli se quello che il lor maestro volea non facessero. I fanciulli cominciarono a piagnere e a dire ch'essi volevano stare appresso a quel prod'uomo, il quale più che il lor maestro gli amava: di che e la donna e 'l conte si rise. Erasi il conte levato, non miga a guisa di padre ma di povero uomo, a fare onore alla figliuola sì come a donna, e maraviglioso piacere veggendola avea sentito nell'animo; ma ella né allora né

5 **per Dịo:** in Gottes Namen. • 9 **vezzoso/a:** anmutig, artig. • 11 **fur:** *furono.* • 12 **l'occulta virtù:** verborgene, unbewusste Tugend. • 12 f. **sentito costụi loro avolo ẹssere:** sie fühlten, dass es sich bei dem Bettler um ihren Ahnen, Großvater handeln müsse. • 15 f. **colụi:** derjenige (hier der Erzieher der Kinder). • 23 **non miga:** *non mica:* nicht gerade. • 25 **la donna:** hier: Herrin, Gebieterin.

poi il conobbe punto, per ciò che oltre modo era trasformato da quello che esser soleva, sì come colui che vecchio e canuto e barbuto era, e magro e bruno divenuto, e più tosto un altro uomo pareva che il conte. E veggendo la donna che i fanciulli da lui partire non si voleano, ma volendonegli partir piangevano, disse al maestro che alquanto gli lasciasse stare.

Standosi adunque i fanciulli col prod'uomo, avvenne che il padre di Giachetto tornò e dal maestro loro sentì questo fatto: per che egli, il quale a schifo avea la Giannetta, disse: «Lasciagli star con la mala ventura che Dio dea loro, ché essi fanno ritratto da quello onde nati sono: essi son per madre discesi di paltoniere, e per ciò non è da maravigliarsi se volentier dimoran co' paltonieri.»

Queste parole udì il conte e dolfergli forte; ma pure nelle spalle ristretto, così quella ingiuria sofferse come molte altre sostenute n'avea. Giachetto, che sentita aveva la festa che i figliuoli al prod'uomo, cioè al conte, facevano, quantunque gli dispiacesse, nondimeno tanto gli amava, che avanti che piagner gli vedesse comandò che, se 'l prod'uomo a alcun servigio là entro dimorar volesse, che egli vi fosse ricevuto. Il quale rispose che vi rimanea volentieri, ma che altra cosa far non sapea che attendere a' cavalli, di che tutto il tem-

1 **oltre modo:** über die Maßen. • 3 **canuto/a:** weißhaarig. • **bruno/a:** braungebrannt. • 10 **avere a schifo qu:** jdn. verachten, verabscheuen. • 11 **la mala ventura:** hier: Gesocks, Bettelvolk. • 12 **dea:** *dia.* • 12 f. **essi fanno … nati sono:** sie benehmen sich so, wie es ihrer Herkunft geziemt. • 13 **il paltoniere:** Bettler. • 16 **dọlfergli:** *gli dọlsero (dolere).* • 17 **nelle spalle ristretto:** er zuckte die Schultern. • **l'ingiuria:** Beleidigung. • 23 **ricevuto/a:** hier: willkommen, erwünscht.

po della sua vita era usato. Assegnatoli adunque un cavallo, come quello governato avea, al trastullare i fanciulli intendea.

Mentre che la fortuna, in questa guisa che divisata è, il conte d'Anguersa e i figliuoli menava, avvenne che il re di Francia, molte triegue fatte con gli alamanni, morì, e in suo luogo fu coronato il figliuolo, del quale colei era moglie per cui il conte era stato cacciato. Costui, essendo l'ultima triegua finita co' tedeschi, rincominciò asprissima guerra: in aiuto del quale, sì come nuovo parente, il re d'Inghilterra mandò molta gente sotto il governo di Perotto suo maliscalco e di Giachetto Lamiens, figliuolo dell'altro maliscalco: col quale il prod'uomo, cioè il conte, andò, e senza essere da alcuno riconosciuto dimorò nell'oste per buono spazio a guisa di ragazzo; e quivi, come valente uomo, e con consigli e con fatti, più che a lui non si richiedea, assai di bene adoperò.

Avvenne durante la guerra che la reina di Francia infermò gravemente; e conoscendo ella se medesima venire alla morte, contrita d'ogni suo peccato divotamente si confessò dall'arcivescovo di Ruem, il quale da tutti era tenuto un santissimo e buono uomo, e tra gli altri peccati gli narrò ciò che per lei a gran torto il conte d'Anguersa ricevuto avea. Né solamente fu a lui contenta di dirlo, ma davanti a molti altri valenti uo-

2 **trastullare:** jdn. unterhalten. • 4 **divisata:** *divisamente è descritta.* • 6 **la trięgua (tręgua):** Waffenstillstand. • 6f. **gli alamanni:** die Deutschen. • 10 **aspro/a:** hier: erbittert. • 20 **conọscere:** hier: wissen. • 21 **contrito/a:** zerknirscht. • 22 **Ruem:** Rouen. • 23 **buono/a:** hier: rechtschaffen. • 24 **per lei:** durch sie.

mini tutto come era stato riraccontò, pregandogli che col re operassono che 'l conte, se vivo fosse, e se non, alcun de' suoi figliuoli, nel loro stato restituiti fossero: né guari poi dimorò che, di questa vita passata, onorevolmente fu sepellita.

La quale confessione al re raccontata, dopo alcun doloroso sospiro delle ingiurie fatte al valente uomo a torto, il mosse a fare andare per tutto lo essercito, e oltre a ciò in molte altre parti, una grida: che chi il conte d'Anguersa o alcuno de' figliuoli gli rinsegnasse, maravigliosamente da lui per ognuno guiderdonato sarebbe, con ciò fosse cosa che egli lui per innocente di ciò per che in essilio andato era l'avesse per la confessione fatta dalla reina, e nel primo stato e in maggiore intendeva di ritornarlo. Le quali cose il conte in forma di ragazzo udendo e sentendo che così era il vero, subitamente fu a Giachetto e il pregò che con lui insieme fosse con Perotto, per ciò che egli voleva loro mostrare ciò che il re andava cercando.

Adunati adunque tutti e tre insieme, disse il conte a Perotto, che già era in pensiero di palesarsi: «Perotto, Giachetto, che è qui, ha tua sorella per mogliere né mai n'ebbe alcuna dota; e per ciò, acciò che tua sorella senza dote non sia, io intendo chè egli e non altri ab-

4 **né guari poi:** nicht lange danach. • 8 f. **fare andare una grida:** etwas ausrufen lassen. • 10 f. **rinsegnare:** Kunde geben. • 11 f. **guiderdonare:** jdn. belohnen. • 12 f. **con ciò fosse cosa … andato era l'avesse:** da es sich so verhielt, dass er (der König) den Grafen für unschuldig befunden, da sich dieser keines Vergehens schuldig gemacht hatte, für das er das Exil verdient hätte. • 14 f. **nel primo stato e in maggiore:** zu früheren und größeren Ehren. • 17 **fu:** hier: *andò*. • 23 **la dota:** *la dote:* Mitgift.

bia questo beneficio che il re promette così grande per te, e ti rinsegni sì come figliuolo del conte d'Anguersa, e per la Violante tua sorella e sua mogliere, e per me che il conte d'Anguersa e vostro padre sono.»

Perotto, udendo questo e fiso guardandolo, tantosto il riconobbe: e piagnendo gli si gittò a' piedi e abbracciollo dicendo: «Padre mio, voi siate il molto ben venuto!»

Giachetto, prima udendo ciò che il conte detto avea e poi veggendo quello che Perotto faceva, fu a un'ora da tanta maraviglia e da tanta allegrezza soprapreso, che appena sapeva che far si dovesse. Ma pur, dando alle parole fede e vergognandosi forte di parole ingiuriose già da lui verso il conte ragazzo usate, piagnendo gli si lasciò cadere a' piedi e umilmente d'ogni oltraggio passato domandò perdonanza: la quale il conte assai benignamente, in piè rilevatolo, gli diede. E poi che i varii casi di ciascuno tutti e tre ragionati ebbero, e molto piantosi e molto rallegratosi insieme, volendo Perotto e Giachetto rivestire il conte, per niuna maniera il sofferse ma volle che, avendo prima Giachetto certezza d'avere il guiderdon promesso, così fatto e in quello abito di ragazzo, per farlo più vergognare, gliele presentasse.

Giachetto adunque col conte e con Perotto appres-

5 **fiso/a:** *fisso/a*. • 5 f. **tantosto:** plötzlich. • 10 **a un'ora:** im selben Moment, gleichzeitig. • 11 **soprapreso:** *sorpreso*. • 14 **il conte ragazzo:** der Graf (in der Verkleidung eines Stallknechts). • 15 f. **l'oltraggio:** Schmähung. • 18 **il caso:** hier: Schicksal. • 20 f. **per niuna maniera:** auf keinen Fall. • 21 **soffrire:** hier: dulden. • 22 **il guiderdon(o):** Belohnung (*guiderdonare:* belohnen). • 23 **farlo:** *lo* bezieht sich auf den König.

so venne davanti al re e offerse di presentargli il conte e i figliuoli, dove, secondo la grida fatta, guiderdonare il dovesse. Il re prestamente per tutti fece il guiderdon venire maraviglioso agli occhi di Giachetto, e comandò che via il portasse dove con verità il conte e' figliuoli dimostrasse come promettea. Giachetto allora, voltatosi indietro e davanti messisi il conte suo ragazzo e Perotto, disse: «Monsignore, ecco qui il padre e 'l figliuolo; la figliuola, ch'è mia mogliere e non è qui, con l'aiuto di Dio tosto vedrete.»

Il re, udendo questo, guardò il conte: e quantunque molto da quello che esser solea transmutato fosse, pur dopo l'averlo alquanto guardato il riconobbe, e quasi con le lagrime in su gli occhi lui che ginocchione stava levò in piede e il basciò e abracciò; e amichevolmente ricevette Perotto, e comandò che incontanente il conte di vestimenti, di famiglia e di cavalli e d'arnesi rimesso fosse in assetto, secondo che alla sua nobilità si richiedea; la qual cosa tantosto fu fatta. Oltre a questo, onorò il re molto Giachetto e volle ogni cosa sapere di tutti i suoi preteriti casi; e quando Giachetto prese gli alti guiderdoni per l'avere insegnati il conte e' figliuoli, gli disse il conte: «Prendi cotesti doni dalla magnificenza di monsignore lo re, e ricordera'ti di dire a tuo padre che i tuoi figliuoli, suoi e miei nepoti, non son per madre nati di paltoniere.»

Giachetto prese i doni e fece a Parigi venir la mo-

1 **offerse:** *offrì* (*offrire*). • 2 **dove:** hier: unter der Bedingung, dass. • 12 **transmutare:** verändern. • 17 **l'arnese** m.: Gerätschaft; hier: Ausstattung (Diener, Pferde, Waffen etc.). • 18 **l'assetto:** Position, Rang. • 24 **ricordera'ti:** *ricọrdati*. • 26 **per madre:** mütterlicherseits.

glie e la suocera, e vennevi la moglie di Perotto; e quivi in grandissima festa furono col conte, il quale il re avea in ogni suo ben rimesso, e maggior fattolo che fosse già mai; poi ciascuno con la sua licenzia tornò a casa sua. E esso infino alla morte visse in Parigi più gloriosamente che mai. –

1 **la suọcera:** Gemeint ist die Mutter Giacchettos, also die Schwiegermutter Gianettas. • 5 **e esso:** Gemeint ist der Graf von Antwerpen.

Giornata III, Novella 6

Ricciardo Minutolo ama la moglie di Filippello Sighinolfi; la quale sentendo gelosa, col mostrare Filippello il dì seguente con la moglie di lui dovere essere a un bagno, fa che ella vi va, e credendosi col marito essere stata si truova che con Ricciardo è dimorata.

Niente restava più avanti a dire a Elissa, quando, commendata la sagacità del Zima, la reina impose alla Fiammetta che procedesse con una; la qual tutta ridente rispose: – Madonna, volentieri – e cominciò:

– Alquanto è da uscire della nostra città, la quale come d'ogni altra cosa è copiosa, così è d'essempli a ogni materia; e, come Elissa ha fatto, alquanto delle cose che per l'altro mondo avvenute son raccontare, e per ciò, a Napoli trapassando, come una di queste santesi, che così d'amore schife si mostrano, fusse dallo 'ngegno d'un suo amante prima a sentir d'amore il frutto condotta che i fiori avesse conosciuti: il che a

3 **col mostrare:** hier: unter der Vortäuschung. • 7 **dimorare con qu:** bleiben, wohnen; hier: sich aufhalten, Zeit verbringen. • 8f. **commendare:** loben, rühmen. • 9 **la sagacità:** Weisheit, Schläue. • 10 **con una:** *con una novella.* • 13 **copioso/a:** vielfältig, reich. • 15 **per l'altro mondo:** in den anderen Teilen der Welt. • 16f. **il/la santese:** Scheinheilige(r), Frömmler(in). • 17 **mostrarsi schifo/a:** sich abgeneigt, spröde zeigen. • **fusse:** *fosse.* • 18 **lo 'ngegno (l'ingegno):** Genie, Einfallsreichtum. • 19 **il frutto / i fiori:** In der Literatur der Zeitgenossen Boccaccios wurde das Bild der »Blume« für den Kuss und das Liebespfand, die »Frucht« hingegen als Metapher für den Liebesakt gebraucht.

una ora a voi presterà cautela nelle cose che possono avvenire e daravvi diletto dell'avenute.

In Napoli, città antichissima e forse così dilettevole, o più, come ne sia alcuna altra in Italia, fu già un giovane per nobiltà di sangue chiaro e splendido per molte ricchezze, il cui nome fu Ricciardo Minutolo. Il quale, non obstante che una bellissima giovane e vaga per moglie avesse, s'innamorò d'una la quale, secondo l'oppinion di tutti, di gran lunga passava di bellezza

2 **daravvi:** *vi darà.* • 4 **fu già:** hier: lebte einst. • 6 **Minụtolo:** angesehene und vornehme neapolitanische Familie (vgl. den Bischof Minutolo in II,5). • 7 **non obstante** (lat.): obwohl, trotz. • **vago/a:** anmutig, reizvoll. • 9 **di gran lunga:** um vieles mehr.

tutte l'altre donne napoletane, e fu chiamata Catella, moglie d'un giovane similmente gentile uomo, chiamato Filippel Sighinolfo, il quale ella, onestissima, più che altra cosa amava e avea caro. Amando adunque Ricciardo Minutolo questa Catella, e tutte quelle cose operando per le quali la grazia e l'amor d'una donna si dee potere acquistare e per tutto ciò a niuna cosa potendo del suo disidero pervenire, quasi si disperava; e da amor o non sappiendo o non potendo disciogliersi, né morir sapeva né gli giovava di vivere.

E in cotal disposizion dimorando, avvenne che da donne, che sue parenti erano, fu un dì assai confortato che di tale amore si dovesse rimanere, per ciò che invano faticava, con ciò fosse cosa che Catella niuno altro bene avesse che Filippello, del quale ella in tanta gelosia vivea, che ogni uccel che per l'aere volava credeva gliele togliesse. Ricciardo, udito della gelosia di Catella, subitamente prese consiglio a' suoi piaceri e cominciò a mostrarsi dell'amor di Catella disperato e per ciò in un'altra gentil donna averlo posto: e per

1 **Catella:** Der Name findet sich bereits in Boccaccios Kurzepos *Caccia di Diana*. • 3 **Filippello Sighinolfo:** Boccaccios Jugendfreund Giovanni Barrile war mit der neapolitanischen Familie Sighinolfo verschwägert; *Filippo S.:* im 14. Jh. hoher Würdenträger am Hof der neapolitanischen Königin Giovanna I. von Anjou. • 4 **avere caro/a:** wertschätzen, achten. • 8 **pervenire a qc:** etwas erlangen, erreichen. • 10 **giovare:** nützen, dienlich sein; hier: Freude bereiten. • 13 **rimanere:** hier: lösen, entsagen. • 14 **con ciò fosse cosa:** da es sich folgendermaßen verhielt. • 16 **l'uccel:** *l'uccello*. • 18 **prese consiglio a' suoi piaceri:** er fasste gemäß seinen Wünschen einen neuen Entschluss. • 19 **disperato/a:** hier: gleichgültig, desinteressiert. • 20 **un'altra gentil donna:** Die *donna schermo* (Scheingeliebte), mit der das eigentliche Objekt der Begierde eifersüchtig bzw. aufmerksam gemacht werden soll, war ein be-

amor di lei cominciò a mostrar d'armeggiare e di giostrare e di far tutte quelle cose le quali per Catella soleva fare. Né guari di tempo ciò fece che quasi a tutti i napoletani, e a Catella altressì, era nell'animo che non più Catella ma questa seconda donna sommamente amasse: e tanto in questo perseverò, che sì per fermo da tutti si teneva, che, non ch'altri, ma Catella lasciò una salvatichezza che con lui avea dell'amor che portarle solea, e dimesticamente, come vicino, andando e vegnendo il salutava come faceva gli altri.

Ora avvenne che, essendo il tempo caldo e molte brigate di donne e di cavalieri, secondo l'usanza de' napoletani, andassero a diportarsi a' liti del mare e a desinarvi e a cenarvi, Ricciardo, sappiendo Catella con sua brigata esservi andata, similmente con sua compagnia v'andò e nella brigata delle donne di Catella fu ricevuto, faccendosi prima molto invitare quasi non fosse molto vago di rimanervi. Quivi le donne, e Catella insieme con loro, incominciarono con lui a motteggiare del suo novello amore, del quale egli mostrandosi acceso forte più loro di ragionare dava materia. A lungo andare, essendo l'una donna andata in qua e l'altra in là, come si fa in quei luoghi, essendo

liebtes Motiv provenzialischer Troubadoure und der mittelalterlichen Literatur. • 1 **armeggiare:** Waffenübungen veranstalten. • 1 f. **giostrare:** an Turnieren teilnehmen. • 3 **né guari di tempo:** nicht lange darauf. • 4 **altressì:** ebenfalls. • **ẹssere nell'ạnimo:** überzeugt sein, glauben. • 6 **perseverare:** beharren. • 8 **la salvatichezza:** Sprödigkeit, Ablehnung, Verschlossenheit. • 9 **dimesticamente:** vertraut. • 13 **diportarsi:** sich begeben. • **il lịto:** Strand. • 14 **desinare:** zu Mittag essen. • 17 f. **quasi:** hier: als ob. • 18 **vago/a:** hier: geneigt. • 20 **motteggiare:** necken, foppen. • 21 f. **dare materia:** Anlass geben.

Catella con poche rimasa quivi dove Ricciardo era, gittò Ricciardo verso lei un motto d'un certo amore di Filippello suo marito, per lo quale ella entrò in subita gelosia e dentro cominciò a arder tutta di disidero di sapere ciò che Ricciardo volesse dire. E poi che alquanto tenuta si fu, non potendo più tenersi, pregò Ricciardo che, per amor di quella donna la quale egli più amava, gli dovesse piacere di farla chiara di ciò che detto aveva di Filippello.

Il quale le disse: «Voi m'avete scongiurato per persona, che io non v'oso negar cosa che voi mi dimandiate, e per ciò io son presto a dirlovi, sol che voi mi promettiate che niuna parola ne farete mai né con lui né con altrui, se non quando per effetto vederete esser vero quello che io vi conterò, ché, quando vogliate, v'insegnerò come vedere il potrete.»

Alla donna piacque questo che egli addomandava e più il credette esser vero e giurogli di mai non dirlo. Tirati adunque da una parte, ché da altrui uditi non fossero, Ricciardo cominciò così a dire: «Madonna, se io v'amassi come io già amai, io non avrei ardire di dirvi cosa che io credessi che noiar vi dovesse; ma per ciò che quello amore è passato, me ne curerò meno d'aprirvi il vero d'ogni cosa. Io non so se Filippello si prese giammai onta dell'amore il quale io vi portai, o se avuto ha credenza che io mai da voi amato fossi;

2 **il motto:** hier: Wort, Wink. • 4 **ardere:** hier (fig.): vergehen, glühen, brennen. • 6 **tenuto/a:** hier: abgeklärt, besonnen. • 8 **farla chiara:** aufklären. • 10 **scongiurare:** beschwören. • 14 **per effetto:** in Wirklichkeit. • 22 **noiar(e):** Schmerz, Verdruss bereiten. • 24 **aprire a qu:** jdm. etwas enthüllen, entdecken. • 25 **l'onta:** Schmach, Beleidigung. • 26 **la credenza:** Glauben.

ma como che questo sia stato o no, nella mia persona niuna cosa ne mostrò mai. Ma ora, forse aspettando tempo quando ha creduto che io abbia men di sospetto, mostra di volere fare a me quello che io dubito che egli non tema che io facessi a lui, cioè di volere al suo piacere avere la donna mia; e per quello che io truovo, egli l'ha da non troppo tempo in qua segretissimamente con più ambasciate sollecitata, le quali io ho tutte da lei risapute, e ella ha fatte le risposte secondo che io l'ho imposto. Ma pure stamane, anzi che io qui venissi, io trovai con la donna mia in casa una femina a stretto consiglio, la quale io credetti incontanente che fosse ciò che ella era, per che io chiamai la donna mia e la dimandai quello che colei dimandasse. Ella mi disse: ‹Egli è lo stimol di Filippello, il qual tu con fargli risposte e dargli speranza m'hai fatto recare addosso; e dice che del tutto vuol sapere quello che io intendo di fare e che egli, quando io volessi, farebbe che io potrei essere segretamente a un bagno in questa terra; e di questo mi priega e grava: e se non fosse che tu m'hai fatti, non so perché, tener questi mercati, io me lo avrei per maniera levato da dosso, che egli mai non avrebbe guatato là dove io fossi stata.› Allora mi parve che questi procedesse troppo innanzi e che più non

1 **como:** *come*. • **nella mia persona:** was mich betrifft. • 8 **l'ambasciata:** Botschaft, Nachricht. • **sollecitare:** hier: belästigen. • 11 f. **a stretto consiglio:** heimlich. • 12 **incontanente** (avv.): sofort, sogleich. • 14 **colui/colei:** der-, diejenige. • 15 **lo stimol(o):** hier: Drang, Plage. • 16 f. **m'hai fatto recare addosso:** du hast mir dies eingebrockt. • 19 **il bagno:** hier: Badehaus (im Mittelalter ein beliebter Treffpunkt für amouröse Abenteuer). • 20 **gravare:** hier: anflehen, inständig bitten. • 22 **levarsi qu da dosso:** sich jdn. vom Hals schaffen.

fosse da sofferire, e di dirlovi, acciò che voi conosceste che merito riceva la vostra intera fede per la quale io fui già presso alla morte. E acciò che voi non credeste queste esser parole e favole, ma il poteste, quando voglia ve ne venisse, apertamente e vedere e toccare, io feci fare alla donna mia a colei che l'aspettava questa risposta, che ella era presta d'esser domane in su la nona, quando la gente dorme, a questo bagno; di che la femina contentissima si partì da lei. Ora non credo io che voi crediate che io la vi mandassi: ma se io fossi in vostro luogo, io farei che egli vi troverebbe me in luogo di colei cui trovarvi si crede, e quando alquanto con lui dimorata fossi, io il farei avvedere con cui stato fosse e quello onore che a lui se ne convenisse ne gli farei: e questo faccendo, credo sì fatta vergogna gli fia, che a una ora la 'ngiuria che a voi e a me far vuole vendicata sarebbe.»

Catella, udendo questo, senza avere alcuna considerazione a chi era colui che gliele dicea o a' suoi inganni, secondo il costume de' gelosi subitamente diede fede alle parole, e certe cose state davanti cominciò a attare a questo fatto; e di subita ira accesa, rispose che questo farà ella certamente, non era egli sì gran fatica a fare, e che fermamente, se egli vi venisse, ella gli farebbe sì fatta vergogna, che sempre che egli alcuna donna vedesse gli si girerebbe per lo capo. Ricciardo,

1 **acciò che:** *affinché.* • 8 **quando la gente dorme:** wenn die Leute ruhen, Siesta halten (in der Mittagshitze). • 15 **fia:** *sarà.* • 16 **l'ngiuria (l'ingiuria):** Schande, Beleidigung. • 21 f. **attare:** kombinieren, verbinden. • 23 **egli:** hier: es. • 26 **girarsi per lo capo:** ins Gedächtnis zurückkehren, einfallen.

contento di questo e parendogli che 'l suo consiglio fosse stato buono e procedesse, con molte altre parole la vi confermò sù e fece la fede maggiore, pregandola nondimeno che dir non dovesse già mai d'averlo udito da lui; il che ella sopra la sua fé gliel promise.

La mattina seguente Ricciardo se n'andò a una buona femina che quel bagno che egli aveva a Catella detto teneva, e le disse ciò che egli intendeva di fare e pregolla che in ciò fosse favorevole quanto potesse. La buona femina, che molto gli era tenuta, disse di farlo volentieri e con lui ordinò quello che a fare o a dire avesse. Aveva costei nella casa, ove il bagno era, una camera oscura molto, sì come quella nella quale niuna finestra che lume rendesse rispondea. Questa, secondo l'amaestramento di Ricciardo, acconciò la buona femina e fecevi entro un letto, secondo che poté il migliore, nel quale Ricciardo, come desinato ebbe, si mise e cominciò a aspettar Catella.

La donna, udite le parole di Ricciardo e a quelle data più fede che non le bisognava, piena di sdegno tornò la sera a casa, dove per avventura Filippello pieno d'altro pensiero similmente tornò, né le fece forse quella dimestichezza che era usato di fare. Il che ella vedendo, entrò in troppo maggior sospetto che ella non era, seco medesima dicendo: «Veramente costui ha l'animo a quella donna con la qual domane si crede

3 **fece la fede maggiore:** er stellte sich äußerst glaubwürdig dar. • 10 **che molto gli era tenuta:** die ihm einiges schuldete. • 12 **costui/costei:** der, die da, jene(r). • 14 **il lume:** Licht. • **rispondere:** hier: aufweisen, vorhanden sein. • 15 **l'amaestramento:** Unterweisung. • 19 **la donna:** hier ist Catella gemeint. • 23 **la dimestichezza:** Zärtlichkeit.

aver piacere e diletto, ma fermamente questo non avverrà.» E sopra cotal pensiero e imaginando come dir gli dovesse quando con lui stata fosse quasi tutta la notte dimorò.

Ma che più? Venuta la nona, Catella prese sua compagnia e senza mutare altramente consiglio se n'andò a quel bagno il quale Ricciardo l'aveva insegnato; e quivi trovata la buona femina la domandò se Filippello stato vi fosse quel dì.

A cui la buona femina ammaestrata da Ricciardo disse: «Sete voi quella donna che gli dovete venire a parlare?»

Catella rispose: «Sì, sono.»

«Adunque,» disse la buona femina «andatevene da lui.»

Catella, che cercando andava quello che ella non avrebbe voluto trovare, fattasi alla camera menare dove Ricciardo era, col capo coperto in quella entrò e dentro serrossi. Ricciardo, vedendola venire, lieto si levò in piè e in braccio ricevutala disse pianamente: «Ben vegna l'anima mia!» Catella, per mostrarsi bene d'essere altra che ella non era, abbracciò e basciò lui e fecegli la festa grande senza dire alcuna parola, temendo, se parlasse, non fosse da lui conosciuta. La camera era oscurissima, di che ciascuna delle parti era contenta; né per lungamente dimorarvi riprendevan gli occhi più di potere. Ricciardo la condusse in

11 **sete:** *siete.* • 18 **col capo coperto:** verschleiert. • 19 **serrarsi:** hier: sich einschließen. • 21 **ben vegna:** *ben venga:* sei gegrüßt. • 23 **fare la festa a qu:** hier: jdn. freudig begrüßen. • 26 **né per lungamente dimorarvi:** auch nach längerem Aufenthalt dort.

su il letto, e quivi, senza favellare in guisa che scorger si potesse la voce, per grandissimo spazio con maggior diletto e piacere dell'una parte che dell'altra stettero.

Ma poi che a Catella parve tempo di dovere il conceputo sdegno mandar fuori, così di fervente ira accesa cominciò a parlare: «Ahi quanto è misera la fortuna delle donne e come è male impiegato l'amor di molte ne' mariti! Io, misera me, già sono otto anni, t'ho più che la mia vita amato, e tu, come io sentito ho, tutto ardi e consumiti nell'amore d'una donna strana, reo e malvagio uom che tu se'! Or con cui ti credi tu essere stato? Tu se' stato con colei la quale con false lusinghe tu hai, già è assai, ingannata mostrandole amore e essendo altrove innamorato. Io son Catella, non son la moglie di Ricciardo, traditor disleal che tu se': ascolta se tu riconosci la voce mia, io son ben dessa; e parmi mille anni che noi siamo al lume, ché io ti possa svergognare come tu se' degno, sozzo cane vituperato che tu se'. Oimè, misera me! a cui ho io cotanti anni portato cotanto amore? A questo can disleale che, credendosi in braccio avere una donna strana, m'ha più di carezze e d'amorevolezze fatte in questo poco tempo che qui stata son con lui, che in tutto l'altro rimanente che stata son sua. Tu se' bene oggi, can rinnegato, sta-

1 **scọrger(e):** hier: (wieder)erkennen. • 2 **lo spazio:** hier: Zeit. • 5f. **il conceputo sdegno:** der aufgestaute Ärger. • 11 **consumarsi:** sich verzehren. • **strano/a:** hier: fremd. • **reo/a:** schuldig. • 13 **la lusinga:** Schmeichelei. • 14 **già è assai:** vor langer Zeit. • 16 **disleale** (agg.): ruchlos. • 18f. **svergognare:** diffamieren, bloßstellen. • 19 **come tu se' degno:** so wie du es verdienst. • **sozzo/a:** schmierig, geil. • **vituperato/a:** schmählich, infam. • 25 **rinnegato/a:** abtrünnig.

to gagliardo, che a casa ti suogli mostrare così debole e vinto e senza possa! Ma lodato sia Idio, che il tuo campo, non l'altrui, hai lavorato, come tu ti credevi. Non maraviglia che stanotte tu non mi ti appressasti! tu aspettavi di scaricare le some altrove e volevi giugnere molto fresco cavaliere alla battaglia: ma lodato sia Idio e il mio avvedimento, l'acqua è pur corsa alla ingiù come ella doveva! Ché non rispondi, reo uomo? ché non di' qualche cosa? se' tu divenuto mutolo udendomi? In fé di Dio io non so a che io mi tengo che io non ti ficco le mani negli occhi e traggogliti! Credesti molto celatamente saper fare questo tradimento? Par Dio! tanto sa altri quanto altri; non t'è venuto fatto, io t'ho avuti miglior bracchi alla coda che tu non credevi.»

Ricciardo in se medesimo godeva di queste parole e senza rispondere alcuna cosa l'abbracciava e basciava, e più che mai le facea le carezze grandi; per che ella seguendo il suo parlar diceva: «Sì, tu mi credi ora con tue carezze infinte lusingare, can fastidioso che tu se', e rapaceficare e racconsolare; tu se' errato: io non sarò

1 **gagliardo/a:** lebendig, kraftvoll. • 2 **vinto/a:** hier: matt, nutzlos. • **senza possa:** kraftlos (hier im Sinne von sexueller Potenz). • 3 **il campo:** hier: Acker. • 4 **appressarsi:** *approssimarsi:* sich nähern. • 5 **la soma:** Last, Bürde; hier (fig.): Ladung. • 7 **l'avvedimento:** Klugheit, Schläue. • 7 f. **l'acqua … doveva:** hier (fig.): sexuelle Metapher • 9 **mụtolo/a:** stumm. • 10 **a che io mi tengo:** was mich abhält. • 11 **trạggogliti:** *trarre:* hier: auskratzen, ausreißen. • 12 **celatamente:** versteckt, verhohlen. • 13 **tanto sa altri quanto altri:** das, was du weißt, weiß ich schon lange. • 14 **io t'ho avuti … alla coda:** ich hatte bessere Spürhunde auf deiner Fährte, (fig.) ich war schlauer. • **il bracco:** Bracke, Spürhund. • 20 **infinto/a:** verlogen. • 20 f. **rapaceficare:** friedlich stimmen. • 21 **racconsolare:** besänftigen.

mai di questa cosa consolata infino a tanto che io non te ne vitupero in presenzia di quanti parenti e amici e vicini noi abbiamo. Or non sono io, malvagio uomo, così bella come sia la moglie di Ricciardo Minutolo? non sono io così gentil donna? ché non rispondi, sozzo cane? che ha colei più di me? Fatti in costà, non mi toccare, ché tu hai troppo fatto d'arme per oggi. Io so bene che oggimai, poscia che tu conosci chi io sono, che tu ciò che tu facessi faresti a forza: ma, se Dio mi dea la grazia sua, io te ne farò ancora patir voglia; e non so a che io mi tengo che io non mando per Ricciardo, il quale più che sé m'ha amata e mai non poté vantarsi che io il guatassi pure una volta; e non so che male si fosse a farlo. Tu hai creduto avere la moglie qui, e è come se avuta l'avessi in quanto per te non è rimaso: dunque, se io avessi lui, non mi potresti con ragione biasimare.»

Ora le parole furono assai e il ramarichio della donna grande: pure alla fine Ricciardo, pensando che se andare ne lasciasse con questa credenza molto di male ne potrebbe seguire, diliberò di palesarsi e di trarla dello inganno nel quale era; e recatasela in braccio e presala bene sì che partire non si poteva, disse: «Anima mia dolce, non vi turbate: quello che

2 **vituperare:** hier: beschämen, demütigen. • 6 **fatti in costà:** weg mit dir. • 7 **fare d'arme:** sich verausgaben. • 8 **oggimai:** *ormai.* • **poscia:** *poi, dopo.* • 10 f. **patir(e) voglia:** sich sehnen, begehren. • 14 **la moglie:** Ricciardos Ehefrau ist gemeint. • 15 f. **in quanto … rimaso:** du kannst keine Kritik mehr üben, weil du selbst zu viel angestellt hast. • 17 **biasimare:** tadeln, rügen. • 18 **il ramarichio:** Groll, Ärger. • 20 **la credenza:** Glauben. • 21 **deliberare:** beschließen. • **palesarsi:** sich offenbaren. • 22 **l'inganno:** List, Irrtum.

io semplicemente amando aver non potei, Amor con inganno m'ha insegnato avere, e sono il vostro Ricciardo.»

Il che Catella udendo, e conoscendolo alla voce, subitamente si volle gittar del letto ma non poté; ond'ella volle gridare ma Ricciardo le chiuse con l'una delle mani la bocca e disse: «Madonna, egli non può oggimai essere che quello che è stato non sia pure stato, se voi gridaste tutto il tempo della vita vostra; e se voi criderete o in alcuna maniera farete che questo si senta mai per alcuna persona, due cose n'averranno. L'una fia, di che non poco vi dee calere, che il vostro onore e la vostra buona fama fia guasta, per ciò che, come che voi diciate che io qui a inganno v'abbia fatta venire, io dirò che non sia vero, anzi vi ci abbia fatta venire per denari e per doni che io v'abbia promessi, li quali per ciò che così compiutamente dati non v'ho come speravate, vi siete turbata e queste parole e questo romor ne fate: e voi sapete che la gente è più acconcia a creder il male che il bene, e per ciò non fia men tosto creduto a me che a voi. Appresso questo ne seguirà tra vostro marito e me mortal nimistà, e potrebbe sì andare la cosa, che io ucciderei altressì tosto lui, come egli me: di che mai voi non dovreste esser poi né lieta né contenta. E per ciò, cuor del corpo mio, non vogliate a una ora vituperar voi e mettere in pericolo e in briga il vostro marito e me. Voi non siete la

10 **criderete:** *griderete*. • 12 **calere:** bekümmern. • 13 **guasto/a:** ruiniert, verdorben. • 17 **compiutamente:** reichlich. • 19 **il romor(e):** *il rumore:* Lärm, Geschrei. • 19f. **acconcio/a:** geneigt. • 21 **men tosto:** weniger. • 22 **la nimistà:** Feindschaft. • 27 **la briga:** Zank, Schererei, Unannehmlichkeit.

prima né sarete l'ultima la quale è ingannata: né io non v'ho ingannata per torvi il vostro ma per soverchio amore che io vi porto e son disposto sempre a portarvi, e a essere vostro umilissimo servidore. E come che sia gran tempo che io e le mie cose e ciò che io posso e vaglio vostre state sieno e al vostro servigio, io intendo che da quinci innanzi sieno più che mai. Ora voi siete savia nell'altre cose e così son certo che sarete in questa.»

Catella, mentre che Ricciardo diceva queste parole, piangeva forte; e come che molto turbata fosse e molto si ramaricasse, nondimeno diede tanto luogo la ragione alle vere parole di Ricciardo, che ella cognobbe esser possibile a avvenire ciò che Ricciardo diceva, e per ciò disse: «Ricciardo, io non so come Domenedio mi si concederà che io possa comportare la 'ngiuria e lo 'nganno che fatto m'hai. Non voglio gridar qui, dove la mia simplicità e soperchia gelosia mi condusse, ma di questo vivi sicuro, che io non sarò mai lieta se in un modo o in un altro io non mi veggio vendica di ciò che fatto m'hai; e per ciò lasciami, non mi tener più: tu hai avuto ciò che disiderato hai e ha'mi straziata quanto t'è piaciuto. Tempo hai di lasciarmi: lasciami, io te ne priego.»

Ricciardo, che conoscea l'animo suo ancora troppo turbato, s'avea posto in cuore di non lasciarla mai se

2 **torvi:** *torre (tọgliere) a voi la vostra:* entehren, bloßstellen. • 2f. **soverchio/a:** übermäßig. • 7 **da quinci innanzi:** von nun an. • 12 **ramaricarsi:** sich erbittern, entrüsten. • 15 **Domenedịo:** Herrgott. • 16 **comportare:** hier: ertragen. • 18 **la simplicità:** Einfalt, Naivität. • 20 **vẹndico/a:** *vendicato/a:* gerächt. • 22 **straziare:** peinigen, quälen. • 23 **tempo hai di lasciarmi:** *è tempo di lasciarmi.*

la sua pace non riavesse: per che, cominciando con dolcissime parole a raumiliarla, tanto disse e tanto pregò e tanto scongiurò, che ella, vinta, con lui si paceficò; e di pari volontà di ciascuno gran pezza appresso in grandissimo diletto dimorarono insieme. E conoscendo allora la donna quanto più saporiti fossero i basci dell'amante che quegli del marito, voltata la sua durezza in dolce amore verso Ricciardo, tenerissimamente da quel giorno innanzi l'amò, e savissimamente operando molte volte goderono del loro amore. Idio faccia noi goder del nostro. –

1 **la pace:** hier: Vergebung. • 2 **raumiliare:** beruhigen, besänftigen. • 4 **gran pezza:** eine ganze Weile. • 6 **saporito/a:** wohlschmeckend.

Giornata IV, Novella 8

Girolamo ama la Salvestra: va costretto, a' prieghi della madre, a Parigi; torna e truovala maritata; entrale di nascoso in casa e muorle allato; e portato in una chiesa muore la Salvestra allato a lui.

Aveva la novella d'Emilia il fine suo, quando per comandamento del re Neifile così cominciò:

– Alcuni, al mio giudicio, valorose donne, sono li quali più che l'altre genti si credon sapere e sanno meno; e per questo non solamente a' consigli degli uomini ma ancora contra la natura delle cose presummono d'opporre il senno loro; della quale presunzione già grandissimi mali sono avvenuti e alcun bene non se ne vide giammai. E per ciò che tra l'altre naturali cose quella che meno riceve consiglio o operazione in contrario è amore, la cui natura è tale che più tosto per se medesimo consumar si può che per avvedimento alcun torre via, m'è venuto nell'animo di narrarvi una novella d'una donna la quale, mentre che ella cercò d'esser più savia che a lei non s'apparteneva e che non era e ancor che non sostenea la cosa in che studiava mostrare il senno suo, credendo dello innamorato cuor trarre amore, il qual forse v'avevano messo le stelle, perven-

3 **maritare:** heiraten. • 4 **allato/a a qu:** an jds. Seite, neben jdm. • 12 **il senno:** Verstand. • 15 f. **l'operazione** (f.) **in contrario:** Gegenmaßnahme, Widerstreben. • 17 **l'avvedimento:** Vorkehrung, Maßnahme. • 18 **torre via:** *tǫgliere via.* • 21 **sostenere:** hier: gestatten, erlauben. • 23 **le stelle:** Boccaccio zitiert hier die im Mittelalter verbreitete Theorie, dass die Liebe vom Planeten Venus zu den Menschen käme.

ne a cacciare a un'ora amore e l'anima del corpo al figliuolo.

Fu adunque nella nostra città, secondo che gli antichi raccontano, un grandissimo mercatante e ricco, il cui nome fu Leonardo Sighieri, il quale d'una sua donna un figliuolo ebbe chiamato Girolamo, appresso la natività del quale, acconci i suoi fatti ordinatamente, passò di questa vita. I tutori del fanciullo insieme con la madre di lui bene e lealmente le sue cose guidarono. Il fanciullo, crescendo co' fanciulli degli

3f. **gli antichi:** die Alten, Bejahrten. • 5 **Sighieri:** reiche florentinische Kaufmannsfamilie. • 6f. **appresso:** bald. • 7 **la natività:** Geburt. • **acconcio/a:** hier: geordnet, geregelt.

altri suoi vicini, più che con alcuno altro della contrada con una fanciulla del tempo suo, figliuola d'un sarto, si dimesticò; e venendo più crescendo l'età, l'usanza si convertì in amore tanto e sì fiero, che Girolamo non sentiva ben se non tanto quanto costei vedeva: e certo ella non amava men lui che da lui amata fosse.

La madre del fanciullo, di ciò avvedutasi, molte volte ne gli disse male e nel gastigò; e appresso co' tutori di lui, non potendosene Girolamo rimanere, se ne dolfe, e come colei che si credeva per la gran ricchezza del figliuolo fare del pruno un melrancio disse loro: «Questo nostro fanciullo, il quale appena ancora non ha quattordici anni, è sì innamorato d'una figliuola d'un sarto nostra vicina, che ha nome la Salvestra, che, se noi dinanzi non gliele leviamo, per avventura egli la si prenderà un giorno, senza che alcuno il sappia, per moglie, e io non sarò mai poscia lieta, o egli si consumerà per lei se a altrui la vedrà maritare; e per ciò mi parrebbe che, per fuggir questo, voi il doveste in alcuna parte mandare lontano di qui ne' servigi del fondaco, per ciò che, dilungandosi da veder costei, el-

2 **del tempo suo:** seines Alters. • 3 **dimesticarsi con qu:** mit jdm. vertrauten Umgang haben. • 3f. **l'usanza:** Gewohnheit. • 4 **fiero/a:** hier: leidenschaftlich. • 8 **avvedere:** bemerken, gewahr werden. • 9 **dire male a qu:** hier: Vorwürfe machen. • **gastigare:** *castigare:* züchtigen. • 10 **rimanere:** abhalten. • 10f. **dolfe:** *dolse*, *dolere:* hier: sich betrüben, beschweren. • 12 **fare del pruno un melrancio:** (wörtl.) eine Pflaume in eine Apfelsine verwandeln, (fig.) das Unmögliche möglich machen. • 16 **levare:** entfernen. • 18 **poscia:** *dopo*, *poi.* • 19 **consumarsi per qu:** sich nach jdm. verzehren. • 22 **il fọndaco:** Handelshaus, »Firma«. • **dilungarsi:** hier: sich entfernen.

la gli uscirà dell'animo e potrengli poscia dare alcuna giovane ben nata per moglie.»

I tutori dissero che la donna parlava bene e che essi ciò farebbero a lor potere: e fattosi chiamare il fanciullo nel fondaco, gl'incominciò l'uno a dire assai amorevolmente: «Figliuol mio, tu se' ogimai grandicello: egli è ben fatto che tu incominci tu medesimo a vedere de' fatti tuoi; per che noi ci contenteremmo molto che tu andassi a stare a Parigi alquanto, dove gran parte della tua ricchezza vedrai come si traffica, senza che tu diventerai molto migliore e più costumato e più da bene là che qui non faresti, veggendo quei signori e quei baroni e quei gentili uomini che vi sono assai e de' lor costumi apprendendo; poi te ne potrai qui venire.»

Il garzone ascoltò diligentemente e in brieve rispose niente volerne fare, per ciò che egli credeva così bene come un altro potersi stare a Firenze. I valenti uomini, udendo questo, ancora con più parole il riprovarono; ma non potendo trarne altra risposta alla madre il dissero. La quale fieramente di ciò adirata, non del non volere egli andare a Parigi ma del suo innamoramento, gli disse una gran villania; e poi, con dolci parole raumiliandolo, lo incominciò a lusingare e a pregar dolcemente che gli dovesse piacere di far quello che volevano i suoi tutori; e tanto gli seppe dire, che egli acconsentì di dovervi andare a stare uno anno e non più: e così fu fatto.

1 **potrengli:** *gli potremo.* • 6 **ogimại:** *ormại.* • **grandicello/a:** recht groß, herangewachsen. • 10 **senza che:** hier: überdies. • 20 **adirato/a:** erzürnt. • 22 **la villanịa:** Grobheit, Beschimpfung. • 23 **raumiliare:** besänftigen, beruhigen. • **lusingare:** schmeicheln.

Andato adunque Girolamo a Parigi fieramente innamorato, d'oggi in doman ne verrai, vi fu due anni tenuto; donde più innamorato che mai tornatosene, trovò la sua Salvestra maritata a un buon giovane che faceva le trabacche, di che egli fu oltre misura dolente. Ma pur, veggendo che altro essere non poteva, s'ingegnò di darsene pace: e spiato là dove ella stesse a casa, secondo l'usanza de' giovani innamorati incominciò a passare davanti a lei, credendo che ella non avesse lui dimenticato se non come egli aveva lei: ma l'opera stava in altra guisa. Ella non si ricordava di lui se non come se mai non l'avesse veduto, e se pure alcuna cosa se ne ricordava sì mostrava il contrario. Di che in assai piccolo spazio di tempo il giovane s'accorse, e non senza suo grandissimo dolore, ma nondimeno ogni cosa faceva che poteva per rientrarle nell'animo; ma niente parendogli adoperare, si dispose, se morir ne dovesse, di parlarle esso stesso.

E da alcun vicino informatosi come la casa di lei stesse, una sera che a vegghiare erano ella e 'l marito andati con lor vicini, nascosamente dentro v'entrò e nella camera di lei dietro a teli di trabacche che tesi v'erano si nascose; e tanto aspettò, che, tornati costoro e andatisene a letto, sentì il marito di lei adormentato, e là se ne andò dove veduto aveva che la Salve-

2 **d'oggi in domạn ne verrai:** »von heute auf morgen wirst du zurückkommen« (die Kennzeichnung als direkte Rede fehlt). • 5 **la trabacca:** Zelt. • 7 **ingegnarsi:** versuchen, alles daran setzen. • 11 **l'ọpera stava in altra guisa:** die Sache verhielt sich ganz anders. • 17f. **adoperare:** hier: fruchten, Nutzen bringen. • 18 **se:** hier: *anche se.* • 21 **stare:** hier: beschaffen sein. • **vegghiare:** *vegliare:* Wache halten.

stra coricata s'era; e postale la sua mano sopra il petto pianamente disse: «O anima mia, dormi tu ancora?»

La giovane, che non dormiva, volle gridare, ma il giovane prestamente disse: «Per Dio, non gridare, ché io sono il tuo Girolamo.»

Il che udendo costei, tutta tremante disse: «Deh, per Dio, Girolamo, vattene: egli è passato quel tempo che alla nostra fanciullezza non si disdisse l'essere innamorati. Io sono, come tu vedi, maritata; per la qual cosa più non sta bene a me d'attendere a altro uomo che al mio marito. Per che io ti priego per solo Idio che tu te ne vada, ché se mio marito ti sentisse, pogniamo che altro male non ne seguisse, sì ne seguirebbe che mai in pace né in riposo con lui viver potrei, dove ora amata da lui in bene e in tranquillità con lui mi dimoro.»

Il giovane, udendo queste parole, sentì noioso dolore; e ricordatole il passato tempo e 'l suo amore mai per distanzia non menomato, e molti prieghi e promesse grandissime mescolate, niuna cosa ottenne. Per che, disideroso di morire, ultimamente la pregò che in merito di tanto amore ella sofferisse che egli allato a lei si coricasse tanto che alquanto riscaldar si potesse, ché era agghiacciato aspettandola, promettendole che né le direbbe alcuna cosa né la toccherebbe, e come un poco riscaldato fosse se n'andrebbe. La Salvestra, avendo un poco compassion di lui, con le condizioni

1 **coricare:** sich hinlegen, ruhen. • 2 **pianamente:** leise. • **ancora:** hier: schon. • 8 **disdire:** hier: verbieten. • 10 **attẹndere a qu:** hier: sich um jdn. kümmern. • 12 f. **pogniamo che:** *supponiamo che.* • 19 **menomare:** sich verringern.

date da lui il concedette. Coricossi adunque il giovane allato a lei senza toccarla: e raccolti in un pensiero il lungo amor portatole e la presente durezza di lei e la perduta speranza, diliberò di più non vivere; e ristretti in sé gli spiriti, senza alcun motto fare, chiuse le pugna allato a lei si morì.

E dopo alquanto spazio la giovane maravigliandosi della sua contenenza, temendo non il marito si svegliasse, cominciò a dire: «Deh, Girolamo, ché non te ne vai tu?» Ma non sentendosi rispondere, pensò lui essere adormentato: per che, stesa oltre la mano, acciò che si svegliasse il cominciò a tentare, e toccandolo il trovò come ghiaccio freddo, di che ella si maravigliò forte; e toccatolo con più forza e sentendo che egli non si movea, dopo più ritoccarlo cognobbe che egli era morto: di che oltre modo dolente stette gran pezza senza saper che farsi. Alla fine prese consiglio di volere in altrui persone tentar quello che il marito dicesse da farne; e destatolo quello che presenzialmente a lui avvenuto era disse essere a un'altra intervenuto, e poi il domandò se a lei avvenisse che consiglio ne prenderebbe. Il buono uomo rispose che a lui parrebbe che colui che morto fosse si dovesse chetamente riportare a casa sua e quivi lasciarlo, senza alcuna malavoglien-

4 f. **ristrịngere gli spịriti:** die Lebensgeister erdrücken, anhalten. • 8 **la contenenza:** Haltung, Benehmen. • 11 f. **acciò che:** *affinché.* • 12 **tentare:** hier: tasten, befühlen. • 16 **gran pezza:** eine geraume Zeit. • 19 **destare:** hier: berichten, erzählen. • **presenzialmente:** gegenwärtig, soeben. • **a lui:** *al marito.* • 20 **disse ẹssere a un'altra (casa) intervenuto:** Sie erzählte den Sachverhalt so, als sei er in einem anderen Haus geschehen. • 23 **chetamente:** in aller Stille. • 24 f. **la malavoglienza:** Groll, Unmut.

za alla donna portarne, la quale fallato non gli pareva ch'avesse.

Allora la giovane disse: «E così convien fare a noi», e presagli la mano, gli fece toccare il morto giovane. Di che egli tutto smarrito si levò sù: e, acceso un lume, senza entrar con la moglie in altre novelle, il morto corpo de' suoi panni medesimi rivestito e senza alcuno indugio, aiutandogli la sua innocenzia, levatoselo in su le spalle, alla porta della casa di lui nel portò e quivi il pose e lasciollo stare.

E venuto il giorno e veduto costui davanti all'uscio suo morto, fu fatto il romor grande, e spezialmente dalla madre; e cerco per tutto e riguardato e non trovatoglisi piaga né percossa alcuna per li medici generalmente fu creduto lui di dolore esser morto così come era. Fu adunque questo corpo portato in una chiesa, e quivi venne la dolorosa madre con molte altre donne parenti e vicine, e sopra lui cominciaron dirottamente, secondo l'usanza nostra, a piagnere e a dolersi.

E mentre il corrotto grandissimo si facea, il buono uomo, in casa cui morto era, disse alla Salvestra: «Deh, ponti alcun mantello in capo e va a quella chiesa dove Girolamo è stato recato e mettiti tralle donne e ascolterai quello che di questo fatto si ragiona; e io farò il simigliante tra gli uomini, acciò che noi sentia-

1 **fallare:** fehlen, einen Fehltritt begehen. • 5 **smarrito/a:** hier: verwundert. • 6 **la novella:** hier: Gespräch, Diskussion. • 8 **la sua:** hier: *la loro (innocenzia)*. • 11 **l'uscio:** Ausgang, Tür. • 13 **cercare:** hier: untersuchen. • 14 **la piaga:** Wunde. • **la percossa:** hier: Bluterguss, Prellung. • **per li:** hier: *dai*. • 18 f. **dirottamente:** heftig. • 21 **il corrotto:** hier: Wehklagen. • 22 **in casa cui:** *nella cui casa*. • 23 **ponti:** *pọniti (porre)*.

mo se alcuna cosa contro a noi si dicesse.» Alla giovane, che tardi era divenuta pietosa, piacque, sì come a colei che morto disiderava di veder colui a cui vivo non avea voluto d'un sol bascio piacere; e andovvi.

Maravigliosa cosa è a pensare quanto sieno difficili a investigare le forze d'amore! Quel cuore, il quale la lieta fortuna di Girolamo non aveva potuto aprire, la misera l'aperse, e l'antiche fiamme risuscitatevi tutte subitamente mutò in tanta pietà, come ella il viso morto vide, che sotto il mantel chiusa, tra donna e donna mettendosi, non ristette prima che al corpo fu pervenuta; e quivi, mandato fuori uno altissimo strido, sopra il morto giovane si gittò col suo viso, il quale non bagnò di molte lagrime, per ciò che prima nol toccò che, come al giovane il dolore la vita aveva tolta, così a costei tolse. Ma poi che, riconfortandola le donne e dicendole che sù si levasse alquanto, non conoscendola ancora, e poi che ella non si levava, levar volendola e immobile trovandola, pur sollevandola, a una ora lei essere la Salvestra e morta conobbero; di che tutte le donne che quivi erano, vinte da doppia pietà, rincominciarono il pianto assai maggiore.

Sparsesi fuor della chiesa tra gli uomini la novella: la quale pervenuta agli orecchi del marito di lei, che tra loro era, senza ascoltare consolazione o conforto da alcuno, per lungo spazio pianse; e poi a assai di

4 **il bascio:** *il bacio.* • **piacere qu:** hier: jdn. erfreuen. • 6 **investigare:** erforschen. • 10 **il mantẹl:** *il mantello.* • 12 **pervenire:** gelangen, erreichen. • 14 f. **prima nol toccò:** kaum hatte sie ihn berührt. • 17 f. **conoscẹndola:** hier: *riconoscẹndola.* • 19 f. **a una ora:** im selben Moment. • 23 **spạrgere:** verbreiten. • **la novella:** hier: Neuigkeit. • 26 **per lungo spazio:** für lange Zeit.

quegli che v'erano raccontata la istoria stata la notte di questo giovane e della moglie, manifestamente per tutti si seppe la cagione della morte di ciascuno, il che a tutti dolfe. Presa adunque la morta giovane e lei così ornata come s'acconciano i corpi morti, sopra quel medesimo letto allato al giovane la posero a giacere, e quivi lungamente pianta, in una medesima sepoltura furono sepelliti amenduni: e loro, li quali amor vivi non aveva potuti congiugnere, la morte congiunse con inseparabile compagnia. –

1 **la istoria stata la notte:** die Geschichte, die sich nachts zugetragen hatte. • 4 **dolfe:** *dolse (dolere)*. • 9 **congiụngere:** vereinigen.

Giornata V, Novella 8

Nastagio degli Onesti, amando una de' Traversari, spende le sue ricchezze senza essere amato; vassene pregato da' suoi a Chiassi; quivi vede cacciare a un cavaliere una giovane e ucciderla e divorarla da due cani; invita i parenti suoi e quella donna amata da lui a un desinare, la quale vede questa medesima giovane sbranare e temendo di simile avvenimento prende per marito Nastagio.

Come la Lauretta si tacque, così per comandamento della reina cominciò Filomena:

– Amabili donne, come in noi è la pietà commendata, così ancora in noi è dalla divina giustizia rigidamente la crudeltà vendicata: il che acciò che io vi dimostri e materia vi dea di cacciarla del tutto da voi, mi piace di dirvi una novella non meno di compassion piena che dilettevole.

In Ravenna, antichissima città di Romagna, furon già assai nobili e gentili uomini, tra' quali un giovane chiamato Nastagio degli Onesti, per la morte del padre di lui e d'un suo zio, senza stima rimase ricchissimo. Il quale, sì come de' giovani avviene, essendo senza moglie s'innamorò d'una figliuola di messer Paolo

2 **Onesti / Traversari:** angesehene Familien in Ravenna (der Vater Paolo Traversaris, Pietro, wird von Dante im *Purgatorio* als Mäzen und Förderer der Dichtkunst gepriesen). • 4 **cacciare a:** hier: *cacciare da.* • 7 **il desinare:** Mittagessen. • 8 **sbranare:** zerreißen, zerfleischen. • 12f. **commendare:** loben, preisen. • 14 **vendicare:** rächen, bestrafen. • 21 **senza stima:** über die Maßen, unschätzbar.

Traversaro, giovane troppo più nobile che esso non era, prendendo speranza con le sue opere di doverla trarre a amar lui. Le quali, quantunque grandissime, belle e laudevoli fossero, non solamente non gli giovavano, anzi pareva che gli nocessero, tanto cruda e dura e salvatica gli si mostrava la giovinetta amata, forse per la sua singular bellezza o per la sua nobiltà sì altiera e disdegnosa divenuta, che né egli né cosa che gli piacesse le piaceva. La qual cosa era tanto a Nastagio gravosa a comportare, che per dolore più volte dopo essersi doluto gli venne in disidero d'uccidersi; poi, pur tenendosene, molte volte si mise in cuore di doverla del tutto lasciare stare, o se potesse d'averla in odio come ella aveva lui. Ma invano tal proponimento prendeva, per ciò che pareva che quanto più la speranza mancava, tanto più multiplicasse il suo amore.

Perseverando adunque il giovane e nello amare e nello spendere smisuratamente, parve a certi suoi amici e parenti che egli sé e 'l suo avere parimente fosse per consumare; per la qual cosa più volte il pregarono e consigliarono che si dovesse di Ravenna partire e in alcuno altro luogo per alquanto tempo andare a dimorare, per ciò che, così faccendo, scemerebbe l'amore e le spese. Di questo consiglio più volte fece beffe Nastagio; ma pure, essendo da loro sollecitato, non potendo tanto dir di no, disse di farlo; e fatto fare

2 **con le sue opere:** mit seinen Werken. • 4 f. **giovare a qu:** jdm. nützen, frommen. • 6 **salvatico/a:** widerwillig, spröde. • 7 f. **altiero/a:** stolz, hochmütig. • 10 **comportare:** hier: ertragen. • 12 **tenendosene:** hier: sich zurückhaltend. • 19 **sè e 'l suo avere:** sich und sein Vermögen. • 20 **consumare:** verbrauchen, aufzehren. • 23 **dimorare:** bleiben, sich aufhalten. • **scemare:** nachlassen. • 24 f. **fare beffe:** spotten.

un grande apparecchiamento, come se in Francia o in Ispagna o in alcuno altro luogo lontano andar volesse, montato a cavallo e da' suoi molti amici accompagnato di Ravenna uscì e andossen a un luogo fuor di Ravenna forse tre miglia, che si chiama Chiassi; e quivi fatti venir padiglioni e trabacche, disse a color che accompagnato l'aveano che starsi volea e che essi a Ravenna se ne tornassono. Attendatosi adunque quivi Nastagio cominciò a fare la più bella vita e la più magnifica che mai si facesse, or questi e or quegli altri invitando a cena e a desinare, come usato s'era.

Ora avvenne che, venendo quasi all'entrata di maggio, essendo un bellissimo tempo e egli entrato in pensiero della sua crudel donna, comandato a tutta la sua famiglia che solo il lasciassero per più poter pensare a suo piacere, piede innanzi piè se medesimo trasportò pensando infino nella pigneta. E essendo già passata presso che la quinta ora del giorno e esso bene un mezzo miglio per la pigneta entrato, non ricordandosi di mangiare né d'altra cosa, subitamente gli parve udire un grandissimo pianto e guai altissimi messi da una donna; per che, rotto il suo dolce pensiero, alzò il capo per veder che fosse e maravigliossi nella pigneta veg-

1 **l'apparecchiamento:** Vorbereitung (für umfangreiches Gepäck). • 4 **andossen:** *se ne andò.* • 5 **Chiassi:** als Ort schon im *Purgatorio* Dantes erwähnt. • 6 **il padiglione:** hier: großes Zelt für Festlichkeiten. • **la trabacca:** kleineres Wohnzelt. • 10 **or questi e or quegli:** bald diese und bald jene. • 12 f. **all'entrata di maggio:** Der Mai und der Frühling im allgemeinen galten traditionell als Jahreszeit der Visionen (besonders in Bezug auf die Liebe). • 16 **piede inannzi piè:** Schritt für Schritt. • 17 **la pigneta:** Pinienwald. • 18 **la quinta ora del giorno:** etwa gegen 11 Uhr morgens. • 19 **il miglio:** Meile. • 21 **i guại altịssimi messi:** sehr laute Schreie.

gendosi. E oltre a ciò, davanti guardandosi, vide venire per un boschetto assai folto d'albuscelli e di pruni, correndo verso il luogo dove egli era, una bellissima giovane ignuda, scapigliata e tutta graffiata dalle frasche e da' pruni, piagnendo e gridando forte mercé; e oltre a questo le vide a' fianchi due grandi e fieri mastini, li quali duramente appresso correndole spesse volte crudelmente dove la giugnevano la mordevano; e dietro a lei vide venire sopra un corsier nero un cavalier bruno, forte nel viso crucciato, con uno stocco in mano, lei di morte con parole spaventevoli e villane minacciando. Questa cosa a un'ora maraviglia e spavento gli mise nell'animo e ultimamente compassione della sventurata donna, dalla qual nacque disidero di liberarla da sì fatta angoscia e morte, se el potesse. Ma senza arme trovandosi, ricorse a prendere un ramo d'albero in luogo di bastone e cominciò a farsi incontro a' cani e contro al cavaliere.

Ma il cavaliere che questo vide gli gridò di lontano: «Nastagio, non t'impacciare, lascia fare a' cani e a me quello che questa malvagia femina ha meritato.»

E così dicendo, i cani, presa forte la giovane ne' fianchi, la fermarono, e il cavaliere sopragiunto smon-

2 **folto/a:** dicht, verwachsen, verwildert. • **l'albuscello:** Busch, Strauch. • **il pruno:** Dornbusch. • 4 **ignudo/a:** *nudo/a.* • **scapigliare:** zerzausen, zerkratzen. • 4 f. **la frasca:** Laubwerk, Geäst. • 5 **la mercé:** Gnade. • 6 **fiero/a:** kühn, wütend. • 6 f. **il mastino:** Bluthund. • 7 **duramente appresso:** hier: sehr nahe, eng bedrängt. • 9 **il corsiere:** schnelles Jagdpferd. • 9 f. **un cavalier(e) bruno:** hier: schwarzgekleideter Ritter. • 10 **crucciato/a:** düster, finster. • **lo stocco:** schwertähnliche Waffe. • 11 **villano/a:** grob, beleidigend. • 12 **a un'ora:** gleichzeitig. • 20 **impacciare:** stören, behindern.

tò da cavallo; al quale Nastagio avvicinatosi disse: «Io non so chi tu ti se' che me così cognosci, ma tanto ti dico che gran viltà è d'un cavaliere armato volere uccidere una femina ignuda e averle i cani alle coste messi come se ella fosse una fiera salvatica: io per certo la difenderò quant'io potrò.»

Il cavaliere allora disse: «Nastagio, io fui d'una medesima terra teco, e eri tu ancora piccol fanciullo quando io, il quale fui chiamato messer Guido degli Anastagi, era troppo più innamorato di costei che tu ora non se' di quella de' Traversari; e per la sua fierezza e crudeltà andò sì la mia sciagura, che io un dì con questo stocco, il quale tu mi vedi in mano, come disperato m'uccisi, e sono alle pene eternali dannato. Né stette poi guari tempo che costei, la qual della mia morte fu lieta oltre misura, morì, e per lo peccato della sua crudeltà e della letizia avuta de' miei tormenti, non pentendosene, come colei che non credeva in ciò aver peccato ma meritato, similmente fu e è dannata alle pene del Ninferno. Nel quale come ella discese, così ne fu e a lei e a me per pena dato, a lei di fuggirmi davanti e a me, che già cotanto l'amai, di seguitarla come mortal nemica, non come amata donna; e quante volte io la giungo, tante con questo stocco, col quale io uccisi me, uccido lei e aprola per ischiena, e quel cuor duro e freddo, nel qual mai né amor né pietà po-

2 **ma tanto:** hier: *soltanto*. • 3 **è d'un:** *da parte di*. • 7f. **io fui d'una medẹsima terra teco:** ich komme aus derselben Stadt wie du. • 12 **la sciagura:** Unglück. • 14 **le pene eternali:** ewige Verdammnis (Selbstmörder hatten gemäß mittelalterlichem Glauben jede Hoffnung auf Errettung verspielt). • 15 **guari tempo:** lange Zeit. • 20 **il Ninferno:** *l'Inferno*. • 24 **giungo:** *raggiungo*. • 25 **l'ischiena:** *la schiena*.

terono entrare, con l'altre interiora insieme, sì come tu vedrai incontanente, le caccio di corpo e dolle mangiare a questi cani. Né sta poi grande spazio che ella, sì come la giustizia e la potenzia di Dio vuole, come se morta non fosse stata, risurge e da capo incomincia la dolorosa fugga, e i cani e io a seguitarla. E avviene che ogni venerdì in su questa ora io la giungo qui e qui ne fo lo strazio che vederai; e gli altri dì non credere che noi riposiamo, ma giungola in altri luoghi ne' quali ella crudelmente contro a me pensò o operò; e essendole d'amante divenuto nemico, come tu vedi, me la conviene in questa guisa tanti anni seguitar quanti mesi ella fu contro a me crudele. Adunque lasciami la divina giustizia mandare a essecuzione, né ti volere opporre a quello a che tu non potresti contrastare.»

Nastagio, udendo queste parole, tutto timido divenuto e quasi non avendo pelo addosso che arricciato non fosse, tirandosi adietro e riguardando alla misera giovane, cominciò pauroso a aspettare quello che facesse il cavaliere; il quale, finito il suo ragionare, a guisa d'un cane rabbioso con lo stocco in mano corse addosso alla giovane, la quale inginocchiata e da' due mastini tenuta forte gli gridava mercé, e a quella con tutta sua forza diede per mezzo il petto e passolla dall'altra parte. Il qual colpo come la giovane ebbe ri-

1 **le interiora:** Eingeweide. • 2 **dolle:** *le do.* • 5 **risurge:** *risorge, risọrgere:* auferstehen. • 7 **il venerdì:** Freitag ist der traditionelle Tag der Buße. • 11f. **me (mi) conviene:** ich muss. • 15 **contrastare:** verhindern. • 17f. **non avendo pelo … non fosse:** er hatte kein Haar, das nicht vor Schreck zu Berge gestanden hätte. • 20f. **a guisa d'un cane:** wie ein Hund. • 24f. **diede per mezzo … dall'altra parte:** er stieß ihr das Schwert durch die Brust, so dass es am Rücken wieder austrat.

cevuto, così cadde boccone sempre piagnendo e gridando: e il cavaliere, messo mano a un coltello, quella aprì nelle reni, e fuori trattone il cuore e ogni altra cosa da torno, a' due mastini il gittò, li quali affamatissimi incontanente il mangiarono. Né stette guari che la giovane, quasi niuna di queste cose stata fosse, subitamente si levò in piè e cominciò a fuggire verso il mare, e i cani appresso di lei sempre lacerandola: e il cavaliere, rimontato a cavallo e ripreso il suo stocco, la cominciò a seguitare, e in picciola ora si dileguarono in maniera che più Nastagio non gli poté vedere.

Il quale, avendo queste cose vedute, gran pezza stette tra pietoso e pauroso: e dopo alquanto gli venne nella mente questa cosa dovergli molto poter valere, poi che ogni venerdì avvenia; per che, segnato il luogo, a' suoi famigliari se ne tornò, e appresso, quando gli parve, mandato per più suoi parenti e amici, disse loro: «Voi m'avete lungo tempo stimolato che io d'amare questa mia nemica mi rimanga e ponga fine al mio spendere, e io son presto di farlo dove voi una grazia m'impetriate, la quale è questa: che venerdì che viene voi facciate sì che messer Paolo Traversari e la moglie e la figliuola e tutte le donne lor parenti, e altre chi vi piacerà, qui sieno a desinar meco. Quello per che io questo voglia, voi il vedrete allora.»

1 **boccone** (avv. invar.): *bocconi:* mit dem Gesicht zur Erde, bäuchlings. • 5 **incontanente** (avv.): sofort, unverzüglich. • **né stette guari:** nicht lange darauf. • 8 **lacerare:** zerfleischen. • 10 **dileguarsi:** sich entfernen, verschwinden. • 12 **gran pezza:** lange Zeit. • 16 **il famigliare:** hier: Diener. • 19 **rimanere:** hier: ablassen, aufhören. • 21 **impetrare:** anflehen, dringlich ersuchen. • 23 f. **e altre chi:** *e qualṣiasi altra persona.*

A costor parve questa assai piccola cosa a dover fare; e a Ravenna tornati, quando tempo fu, coloro invitarono li quali Nastagio voleva, e come che dura cosa fosse il potervi menare la giovane da Nastagio amata, pur v'andò con l'altre insieme. Nastagio fece magnificamente apprestar da mangiare e fece le tavole mettere sotto i pini dintorno a quel luogo dove veduto aveva lo strazio della crudel donna; e fatti metter gli uomini e le donne a tavola, sì ordinò, che appunto la giovane amata da lui fu posta a seder di rimpetto al luogo dove doveva il fatto intervenire.

Essendo adunque già venuta l'ultima vivanda, e il romor disperato della cacciata giovane da tutti fu cominciato a udire. Di che maravigliandosi forte ciascuno e domandando che ciò fosse e niuno sappiendol dire, levatisi tutti diritti e riguardando che ciò potesse essere, videro la dolente giovane e 'l cavaliere e' cani; né guari stette che essi tutti furon quivi tra loro. Il romore fu fatto grande e a' cani e al cavaliere, e molti per aiutare la giovane si fecero innanzi; ma il cavaliere, parlando loro come a Nastagio aveva parlato, non solamente gli fece indietro tirare ma tutti gli spaventò e riempié di maraviglia; e faccendo quello che altra volta aveva fatto, quante donne v'aveva (ché ve ne aveva assai che parenti erano state e della dolente giovane e del cavaliere e che si ricordavano dell'amore e della morte di lui) tutte così miseramente piagnevano

1 **costor(o):** jene. • 3 **come che:** *benché.* • 10 **di rimpetto:** *dirimpetto* (avv.): gegenüber. • 12 **la vivanda:** hier: (Essens-)Gang. • 18f. **il romore … al cavaliere:** man schrie die Hunde und den Ritter an und beschimpfte sie. • 24 **quante donne v'aveva:** so viele Frauen waren da.

come se a se medesime quello avesser veduto fare. La qual cosa al suo termine fornita, e andata via la donna e 'l cavaliere, mise costoro che ciò veduto aveano in molti e varii ragionamenti. Ma tra gli altri che più di spavento ebbero, fu la crudel giovane da Nastagio amata, la quale ogni cosa distintamente veduta avea e udita e conosciuto che a sé più che a altra persona che vi fosse queste cose toccavano, ricordandosi della crudeltà sempre da lei usata verso Nastagio; per che già le parea fuggire dinanzi da lui adirato e avere i mastini a' fianchi.

E tanta fu la paura che di questo le nacque, che, acciò che questo a lei non avvenisse, prima tempo non si vide, il quale quella medesima sera prestato le fu, che ella, avendo l'odio in amor tramutato, una sua fida cameriera segretamente a Nastagio mandò, la quale da parte di lei il pregò che gli dovesse piacere d'andare a lei, per ciò che ella era presta di far tutto ciò che fosse piacer di lui. Alla qual Nastagio fece rispondere che questo gli era a grado molto, ma che, dove le piacesse, con onor di lei voleva il suo piacere, e questo era sposandola per moglie. La giovane, la qual sapeva che da altrui che da lei rimaso non era che moglie di Nastagio stata non fosse, gli fece risponder che le piacea. Per che, essendo ella medesima la messaggera, al padre e

2 **al suo tẹrmine fornito/a:** zu Ende gebracht, abgeschlossen. • 4 **il ragionamento:** hier: Gespräch. • 8 **queste cose toccạvano:** Dinge, die sie angingen. • 10 **adirato/a:** erzürnt. • 13 f. **prima tempo … prestato le fu:** bei der erstbesten Gelegenheit, und die ergab sich noch am selben Abend. • 18 **presto/a:** bereit. • 22 f. **la qual sapeva … rimaso non era:** sie wusste, dass es bisher einzig und allein an ihr gelegen hatte. • 25 **la messaggera:** hier: die Vermittlerin.

alla madre disse che era contenta d'essere sposa di Nastagio, di che essi furon contenti molto.

E la domenica seguente Nastagio sposatala e fatte le sue nozze, con lei più tempo lietamente visse. E non fu questa paura cagione solamente di questo bene, anzi sì tutte le ravignane donne paurose ne divennero, che sempre poi troppo più arrendevoli a' piaceri degli uomini furono che prima state non erano. –

Giornata V, Novella 9

Federigo degli Alberighi ama e non è amato, e in cortesia spendendo si consuma e rimangli un sol falcone, il quale, non avendo altro, dà a mangiare alla sua donna venutagli a casa; la qual, ciò sappiendo, mutata d'animo, il prende per marito e fallo ricco.

Era già di parlar ristata Filomena, quando la reina, avendo veduto che più niuno a dover dire, se non Dioneo per lo suo privilegio, v'era rimaso, con lieto viso disse:

– A me omai appartiene di ragionare; e io, carissi-

6 **ravignano/a:** von Ravenna. • 7 **arrendẹvole** (agg.): nachgiebig, fügsam. • 10 **Alberighi:** Name eines sehr alten Florentiner Adelsgeschechts, welches in der Nähe der Kirche Santa Maria degli Alberighi wohnte. • 11 **la cortesịa:** hier: großzügiger Lebensstil, Freigebigkeit. • **consumarsi:** hier: sich finanziell ruinieren. • 12 **il falcone:** Falke. • 14 **mutato/a d'ạnimo:** geänderten Sinns. • 15 **ristare:** *restare:* hier: aufhören. • 19 **ragionare:** hier: erzählen.

me donne, da una novella simile in parte alla precedente il farò volentieri, non acciò solamente che conosciate quanto la vostra vaghezza possa ne' cuor gentili, ma perché apprendiate d'essere voi medesime, dove si conviene, donatrici de' vostri guiderdoni senza lasciarne sempre esser la fortuna guidatrice, la qual non discretamente ma, come s'aviene, smoderatamente il più delle volte dona.

Dovete adunque sapere che Coppo di Borghese Domenichi, il quale fu nella nostra città, e forse ancora è, uomo di grande e di reverenda auttorità ne' dì nostri, e per costumi e per vertù molto più che per nobiltà di sangue chiarissimo e degno d'eterna fama, essendo già d'anni pieno, spesse volte delle cose passate co' suoi vicini e con altri si dilettava di ragionare: la qual cosa egli meglio e con più ordine e con maggior memoria e ornato parlare che altro uom seppe fare. Era usato di dire, tra l'altre sue belle cose, che in Firenze fu già un giovane chiamato Federigo di messer Filippo Alberighi, in opera d'arme e in cortesia pregiato sopra ogni altro donzel di Toscana. Il quale, sì

1 **da:** hier: mittels. • 2 **acciò … che:** *affinché.* • 3 **la vaghezza:** hier: Anmut. • 5 **il guiderdono:** Belohnung, Gunstbezeugung. • 6f. **non discretamente:** ohne Unterschiede zu machen, willkürlich. • 7 **smoderatamente:** ohne Maß, blind. • 9f. **Coppo di Borghese Domẹnichi:** Giacoppo (Jacopo), angesehener Florentiner Bürger, bekleidete mehrere wichtige Posten in der Stadt (Boccaccio erwähnt ihn mehrfach). • 10f. **e forse ancora è:** Hier wird angedeutet, dass Coppo vielleicht nicht mehr lebt. • 11 **reverendo/a:** hochehrwürdig. • **il dì:** Tag. • 12 **la vertù:** *la virtù:* Tugend. • 14 **d'anni pieno:** betagt. • 17 **il parlare:** Rede. • 20 **l'ọpera d'arme:** Waffenhandwerk. • 21 **il donzel(lo) / la donzella:** junger Adliger, Knappe, edle junge Dame.

come il più de' gentili uomini avviene, d'una gentil donna chiamata monna Giovanna s'innamorò, ne' suoi tempi tenuta delle più belle donne e delle più leggiadre che in Firenze fossero; e acciò che egli l'amor di lei acquistar potesse, giostrava, armeggiava, faceva feste e donava, e il suo senza alcun ritegno spendeva; ma ella, non meno onesta che bella, niente di queste cose per lei fatte né di colui si curava che le faceva.

1 **come il più:** *per lo più.* • 2 **monna:** *madonna:* Madonna, meine Dame (ehrenvolle Anrede). • 3f. **leggiadro/a:** anmutig, reizvoll. • 5 **giostrare:** Turniere veranstalten (Einzelkampf zwischen zwei Rittern). • **armeggiare:** sich im Waffenhandwerk üben, Mannschaftskämpfe veranstalten.

Spendendo adunque Federigo oltre a ogni suo potere molto e niente acquistando, sì come di leggiere adiviene, le ricchezze mancarono e esso rimase povero, senza altra cosa che un suo poderetto piccolo essergli rimasa, delle rendite del quale strettissimamente vivea, e oltre a questo un suo falcone de' miglior del mondo. Per che, amando più che mai né parendogli più potere essere cittadino come disiderava, a Campi, là dove il suo poderetto era, se n'andò a stare. Quivi, quando poteva uccellando e senza alcuna persona richiedere, pazientemente la sua povertà comportava.

Ora avvenne un dì che, essendo così Federigo divenuto allo stremo, che il marito di monna Giovanna infermò, e veggendosi alla morte venire fece testamento; e essendo ricchissimo, in quello lasciò suo erede un suo figliuolo già grandicello e appresso questo, avendo molto amata monna Giovanna, lei, se avvenisse che il figliuolo senza erede legittimo morisse, suo erede substituì, e morissi.

2 **niente acquistando:** *niente* bezieht sich auf die Liebe Giovannas, die Federigo trotz seiner Bemühungen nicht erlangen kann. • 2f. **sì come di leggiere adiviene:** so, wie es leicht vorkommen kann. • 4 **il poderetto:** kleine Besitzung, Landgut. • 5 **la rẹndita:** Ertrag, Einkommen. • **strettissimamente:** sehr begrenzt, bescheiden. • 8 **ẹssere cittadino come disiderava:** als Städter so leben zu können, wie er es wünschte (also in Reichtum und Ehren). • **Campi:** Campi Bisenzio (kleiner Ort nordöstlich von Florenz). • 9 **quivi:** dort. • 10 **uccellare:** auf Vogelfang gehen. • 10f. **senza alcuna persona richiẹdere:** ohne die Hilfe einer anderen Person in Anspruch zu nehmen. • 11 **comportare:** hier: *sopportare.* • 12f. **divenuto allo stremo:** in tiefstem Elend. • 13f. **infermare:** erkranken (*l'infermità:* Krankheit). • 16 **grandicello/a:** recht groß, herangewachsen. • **appresso:** gleich danach, in der Nachfolge. • 19 **substituire:** hier: als Erbe infrage kommen, einen Erben ersetzen.

Rimasa adunque vedova monna Giovanna, come usanza è delle nostre donne, l'anno di state con questo suo figliuolo se n'andava in contado a una sua possessione assai vicina a quella di Federigo. Per che avvenne che questo garzoncello s'incominciò a dimesticare con Federigo e a dilettarsi d'uccelli e di cani; e avendo veduto molte volte il falcon di Federigo volare e stranamente piacendogli, forte disiderava d'averlo ma pure non s'attentava di domandarlo, veggendolo a lui esser cotanto caro. E così stando la cosa, avvenne che il garzoncello infermò; di che la madre dolorosa molto, come colei che più no' n'avea e lui amava quanto più si poteva, tutto il dì standogli dintorno non restava di confortarlo e spesse volte il domandava se alcuna cosa era la quale egli disiderasse, pregandolo gliele dicesse, ché per certo, se possibile fosse a avere, procaccerebbe come l'avesse.

Il giovanetto, udite molte volte queste proferte, disse: «Madre mia, se voi fate che io abbia il falcone di Federigo, io mi credo prestamente guerire.»

La donna, udendo questo, alquanto sopra sé stette e cominciò a pensar quello che far dovesse. Ella sapeva che Federigo lungamente l'aveva amata, né mai da lei una sola guatatura aveva avuta, per che ella diceva: «Come manderò io o andrò a domandargli questo fal-

2 **l'anno di state:** *d'estate:* im Sommer. • 3 **il contado:** Umland, Umgebung. • 5 **il garzoncello / la garzoncella:** Bürschchen, kleiner Junge, Mädchen. • 5f. **dimesticare con qu:** vertrauten Umgang mit jdm. haben. • 7f. **stranamente** (avv.): hier: über die Maßen. • 9 **attentarsi:** sich getrauen, wagen. • 16f. **procacciare:** beschaffen, besorgen. • 18 **la proferta:** *la profferta:* Angebot, Vorschlag. • 20 **guerire:** *guarire.* • 21 **stare sopra sé:** in Gedanken versunken sein. • 24 **la guatatura:** Blick.

cone, che è, per quel che io oda, il migliore che mai volasse e oltre a ciò il mantien nel mondo? E come sarò io sì sconoscente, che a un gentile uomo al quale niuno altro diletto è più rimaso, io questo gli voglia torre?» E in così fatto pensiero impacciata, come che ella fosse certissima d'averlo se 'l domandasse, senza sapere che dover dire, non rispondeva al figliuolo ma si stava.

Ultimamente tanto la vinse l'amor del figliulo, che ella seco dispose, per contentarlo, che che esser ne dovesse, di non mandare ma d'andare ella medesima per esso e di recargliele, e risposegli: «Figliuol mio, confortati e pensa di guerire di forza, ché io ti prometto che la prima cosa che io farò domattina, io andrò per esso e sì il ti recherò.» Di che il fanciullo lieto il dì medesimo mostrò alcun miglioramento.

La donna la mattina seguente, presa un'altra donna in compagnia, per modo di diporto se n'andò alla piccola casetta di Federigo e fecelo adimandare. Egli, per ciò che non era tempo, né era stato a quei dì, d'uccellare, era in un suo orto e faceva certi suoi lavorietti acconciare; il quale, udendo che monna Giovanna il domandava alla porta, maravigliandosi forte, lieto là corse.

La quale vedendol venire, con una donnesca piace-

3 **sconoscente** (agg.): gefühl-, rücksichtslos. • 4 **torre:** hier: *tọgliere*. • 5 **impacciare:** stören, (be)hindern. • 7 **si stava:** sie blieb unschlüssig und schwieg. • 9f. **che che esser ne dovesse:** was immer es auch sei, daraus folgte. • 10 **ella medẹsima:** sie selbst, sie in Person. • 12 **pensa di guerire di forza:** konzentriere dich auf deine Heilung. • 17 **per modo di diporto:** zur Gesellschaft, Unterhaltung. • 18 **adimandare:** rufen. • 21 **acconciare:** herrichten, erledigen. • 24 **donnesco/a:** graziös, weiblich-anmutig. • 24f. **la piacevolezza:** Gefälligkeit.

volezza levataglisi incontro, avendola già Federigo reverentemente salutata, disse: «Bene stea Federigo!» e seguitò: «Io son venuta a ristorarti de' danni li quali tu hai già avuti per me amandomi più che stato non ti sarebbe bisogno: e il ristoro è cotale, che io intendo con questa mia compagna insieme desinar teco dimesticamente stamane.»

Alla qual Federigo umilmente rispose: «Madonna, niun danno mi ricorda mai avere ricevuto per voi ma tanto di bene che, se io mai alcuna cosa valsi, per lo vostro valore e per l'amore che portato v'ho adivenne. E per certo questa vostra liberale venuta m'è troppo più cara che non sarebbe se da capo mi fosse dato da spendere quanto per adietro ho già speso, come che a povero oste siate venuto»; e così detto, vergognosamente dentro alla sua casa la ricevette e di quella nel suo giardino la condusse, e quivi non avendo a cui farle tener compagnia a altrui, disse: «Madonna, poi che altri non c'è, questa buona donna moglie di questo lavoratore vi terrà compagnia tanto che io vada a far metter la tavola.»

Egli, con tutto che la sua povertà fosse strema, non s'era ancor tanto avveduto quanto bisogno gli facea

1 f. **reverentemente:** ehrerbietig. • 3 **ristorare:** wiedergutmachen (*il ristoro:* Entschädigung). • 5 **cotale** (avv.): derartig. • 6 **desinare:** zu Mittag essen. • 7 **stamane:** *stamattina.* • 11 **ad(d)ivenire:** erreichen, erlangen, gelangen. • 12 **liberale** (agg.): hier: großzügig, -herzig. • 15 **l'oste / l'ostessa:** Wirt(in), Gastgeber(in). • 15 f. **vergognosamente:** hier: demütig. • 17 f. **non avendo … a altrui:** da er niemanden sonst hatte, um ihr Gesellschaft zu leisten. • 19 f. **il lavoratore:** hier: Landarbeiter. • 23 **avvedersi:** bemerken, gewahr werden. • **quanto bisogno gli facẹa:** welch einen Mangel er litt.

che egli avesse fuor d'ordine spese le sue richezze; ma questa mattina niuna cosa trovandosi di che potere onorar la donna, per amor della quale egli già infiniti uomini onorati avea, il fé ravedere. E oltre modo angoscioso, seco stesso maledicendo la sua fortuna, come uomo che fuor di sé fosse or qua e or là trascorrendo, né denari né pegno trovandosi, essendo l'ora tarda e il disidero grande di pure onorar d'alcuna cosa la gentil donna e non volendo, non che altrui, ma il lavorator suo stesso richiedere, gli corse agli occhi il suo buon falcone, il quale nella sua saletta vide sopra la stanga; per che, non avendo a che altro ricorrere, presolo e trovatolo grasso, pensò lui esser degna vivanda di cotal donna. E però, senza più pensare, tiratogli il collo, a una sua fanticella il fé prestamente, pelato e acconcio, mettere in uno schedone e arrostir diligentemente; e messa la tavola con tovaglie bianchissime, delle quali alcuna ancora avea, con lieto viso ritornò alla donna nel suo giardino e il desinare, che per lui far si potea, disse essere apparecchiato. Laonde la donna con la sua compagna levatasi andarono a tavola e, senza saper che si mangiassero, insieme con Federigo, il quale con somma fede le serviva, mangiarono il buon falcone.

1 **fuor d'ọrdine:** wahl-, maßlos. • 4 **ravedere:** hier: bereuen, schmerzvoll erkennen. • 6 **or qua e or là:** bald hierhin, bald dorthin, hin und her. • 6 f. **trascọrrere:** hier: umherrennen. • 7 **il pegno:** Pfand; hier: pfandwürdiger Gegenstand. • 9 **ma:** hier: nicht einmal. • 12 **la stanga:** Stange. • 12 f. **prẹsolo:** *avẹndolo preso*. • 13 **la vivanda:** Speise, Gericht. • 15 **il fanticello / la fanticella:** Knecht, Magd. • **pelato/a:** hier: gerupft. • 16 **lo schedone:** Pfanne, Topf. • 20 **laonde:** worauf. • 23 **con somma fede:** mit Hingabe, Ehrfucht (Ausdruck der höfischen Sprache).

E levate da tavola e alquanto con piacevoli ragionamenti con lui dimorate, parendo alla donna tempo di dire quello per che andata era, così benignamente verso Federigo cominciò a parlare: «Federigo, ricordandoti tu della tua preterita vita e della mia onestà, la quale per avventura tu hai reputata durezza e crudeltà, io non dubito punto che tu non ti debbi maravigliare della mia presunzione sentendo quello per che principalmente qui venuta sono; ma se figliuoli avessi o avessi avuti, per li quali potessi conoscere di quanta forza sia l'amor che lor si porta, mi parrebbe esser certa che in parte m'avresti per iscusata. Ma come che tu no' n'abbia, io che n'ho uno, non posso però le leggi comuni dell'altre madri fuggire; le cui forze seguir convenendomi, mi conviene, oltre al piacer mio e oltre a ogni convenevolezza e dovere, chiederti un dono il quale io so che sommamente t'è caro: e è ragione, per ciò che niuno altro diletto, niuno altro diporto, niuna consolazione lasciata t'ha la tua strema fortuna; e questo dono è il falcon tuo, del quale il fanciul mio è sì forte invaghito, che, se io non gliele porto, io temo che egli non aggravi tanto nella infermità la quale ha, che poi ne segua cosa per la quale io il perda. E per ciò ti priego, non per l'amore che tu mi porti, al quale

2 **dimorare:** sich aufhalten. • 5 **pretẹrito/a:** vergangen. • **l'onestà:** hier: Sittsamkeit, Sittenstrenge. • 6 **reputare qc/qu:** für etwas, jdn. halten. • 8 **la presunzione:** hier: Kühnheit, Dreistigkeit. • 15 **convenire a qu:** sich für jdn. schicken, angebracht sein (*la convenevolezza:* Schicklichkeit). • **oltre a qc:** hier: (ent)gegen etwas. • 17 **è ragione:** es ist richtig. • 18 **il diporto:** Freude, Ablenkung. • 19 **la tua strema fortuna:** dein Ungemach, dein ungünstiges Geschick. • 21 **invaghire:** verliebt machen, verzaubern, entzücken.

tu di niente se' tenuto, ma per la tua nobiltà, la quale in usar cortesia s'è maggiore che in alcuno altro mostrata, che ti debba piacere di donarlomi, acciò che io per questo dono possa dire d'avere ritenuto in vita il mio figliuolo e per quello averloti sempre obligato.»

Federigo, udendo ciò che la donna adomandava e sentendo che servir non ne la potea per ciò che mangiar gliele avea dato, cominciò in presenza di lei a piagnere anzi che alcuna parola risponder potesse. Il qual pianto la donna prima credette che da dolore di dover da sé dipartire il buon falcon divenisse più che da altro, e quasi fu per dire che nol volesse; ma pur sostenutasi, aspettò dopo il pianto la risposta di Federigo, il qual così disse: «Madonna, poscia che a Dio piacque che io in voi ponessi il mio amore, in assai cose m'ho reputata la fortuna contraria e sonmi di lei doluto; ma tutte sono state leggieri a rispetto di quello che ella mi fa al presente, di che io mai pace con lei aver non debbo, pensando che voi qui alla mia povera casa venuta siete, dove, mentre che ricca fu, venir non degnaste, e da me un picciol don vogliate, e ella abbia sì fatto, che io donar nol vi possa: e perché questo esser non possa vi dirò brievemente. Come io udi' che voi, la vostra mercé, meco desinar volavate, avendo riguardo alla vostra eccellenzia e al vostro valore, reputai degna e convenevole cosa che con più cara vivanda secondo la

1 **di niente se' tenuto:** du bist zu nichts verpflichtet. • 11 **divenire:** hier: *provenire:* herrühren, stammen. • 12 f. **sostenersi:** hier: sich zurückhalten. • 14 **poscia:** nachdem. • 16 **dolere:** schmerzen, Leid antun. • 20 **degnarsi:** sich herablassen. • 23 f. **la vostra mercé:** Euer Gnaden. • 24 **volavate:** *volevate.* • 25 **l'eccellenzia:** Erhabenheit. • 26 **caro/a:** hier: kostbar, exquisit.

mia possibilità io vi dovessi onorare, che con quelle che generalmente per l'altre persone s'usano: per che, ricordandomi del falcon che mi domandate e della sua bontà, degno cibo da voi il reputai, e questa mattina arrostito l'avete avuto in sul tagliere, il quale io per ottimamente allogato avea; ma vedendo ora che in altra maniera il disideravate, m'è sì gran duolo che servire non ve ne posso, che mai pace non me ne credo dare.»

E questo detto, le penne e' piedi e 'l becco le fé in testimonianza di ciò gittare avanti. La qual cosa la donna vedendo e udendo, prima il biasimò d'aver per dar mangiare a una femina ucciso un tal falcone, e poi la grandezza dell'animo suo, la quale la povertà non avea potuto né potea rintuzzare, molto seco medesima commendò. Poi, rimasa fuori della speranza d'avere il falcone e per quello della salute del figliuolo entrata in forse, tutta malinconosa si dipartì e tornossi al figliuolo. Il quale, o per malinconia che il falcone aver non potea o per la 'nfermità che pure a ciò il dovesse aver condotto, non trapassar molti giorni che egli con grandissimo dolor della madre di questa vita passò.

La quale, poi che piena di lagrime e d'amaritudine fu stata alquanto, essendo rimasa ricchissima e ancora giovane, più volte fu da' fratelli costretta a rimaritarsi.

4 **da voi:** hier: *per voi.* • 5 **il tagliere:** großer Servierteller (für zwei Personen). • 5f. **avere … per ottimamente allogato:** für eine optimale Gabe halten. • 9 **la penna:** Feder. • **il becco:** Schnabel. • 10 **gittare:** *gettare.* • 11 **biasimare:** tadeln, rügen. • 14 **rintuzzare:** verringern, demütigen. • 15 **commendare:** loben, preisen, anerkennen. • 17 **tọrnossi:** *tornò.* • 18 **la malinconịa:** hier: Schmerz, Leid. • 22 **l'amaritụdine** f.: Bitterkeit. • 24 **costretto/a:** hier: ermahnt, angehalten. • **rimaritarsi:** sich wiederverheiraten.

La quale, come che voluto non avesse, pur veggendosi infestare, ricordatasi del valore di Federigo e della sua magnificenzia ultima, cioè d'avere ucciso un così fatto falcone per onorarla, disse a' fratelli: «Io volentieri, quando vi piacesse, mi starei; ma se a voi pur piace che io marito prenda, per certo io non ne prenderò mai alcuno altro, se io non ho Federigo degli Alberighi.»

Alla quale i fratelli, faccendosi beffe di lei, dissero: «Sciocca, che è ciò che tu di'? come vuoi tu lui che non ha cosa del mondo?»

A' quali ella rispose: «Fratelli miei, io so bene che così è come voi dite, ma io voglio avanti uomo che abbia bisogno di ricchezza che ricchezza che abbia bisogno d'uomo.»

Li fratelli, udendo l'animo di lei e conoscendo Federigo da molto, quantunque povero fosse, sì come ella volle, lei con tutte le sue ricchezze gli donarono. Il quale così fatta donna e cui egli cotanto amata avea per moglie vedendosi, e oltre a ciò ricchissimo, in letizia con lei, miglior massaio fatto, terminò gli anni suoi. –

2 **infestare:** hier: unter Druck setzen, jdm. zusetzen. • 3 **la magnificenzia:** Großzügigkeit. • 5 **mi starẹi:** hier: ich bliebe gern allein. • 9 **la beffa:** Spott. • 13 **avanti:** hier: *piuttosto* (*io voglio avanti … bisogno d'uomo:* Anspielung auf einen Ausspruch des lateinischen Schriftstellers Valerius Maximus, dessen Schriften Boccaccio gut kannte). • 17 **da molto:** hier: als Ehrenmann. • 20f. **la letizia:** Freude, Glück. • 21 **il massaio:** Verwalter.

Giornata VI, Novella 2

Cisti fornaio con una sola parola fa raveder messer Geri Spina d'una sua trascutata domanda.

Molto fu da ciascuna delle donne e degli uomini il parlar di madonna Oretta lodato, il qual comandò la reina a Pampinea che seguitasse; per che ella così cominciò:

– Belle donne, io non so da me medesima vedere che più in questo si pecchi, o la natura apparecchiando a una nobile anima un vil corpo, o la fortuna apparecchiando a un corpo dotato d'anima nobile vil mestiero, sì come in Cisti nostro cittadino e in molti ancora abbiamo potuto vedere avvenire; il qual Cisti, d'altissimo animo fornito, la fortuna fece fornaio. E certo io maladicerei e la natura parimente e la fortuna, se io non conoscessi la natura esser discretissima e la fortuna aver mille occhi, come che gli sciocchi lei cieca figurino. Le quali io avviso che, sì come molto avvedute, fanno quello che i mortali spesse volte fanno, li quali, incerti de' futuri casi, per le loro oportuni-

2 **Cisti:** Kurzform von *Bencivenisti.* (Ein Bäcker dieses Namens soll laut Boccaccio in Florenz um 1300 eine Bäckerei bei der Kirche Santa Maria degli Ughi betrieben haben.) • **la parola:** hier: Satz. • **far(e) rav(v)eder(e):** zur Einsicht bringen. • 3 **trascutato/a:** hier: unbedacht, gewagt. • **la domanda:** hier: Begehren. • 5 **madonna Oretta:** Anspielung auf die Schlagfertigkeit der Frau Oretta in Novelle VI,1 (hier nicht abgedruckt). • 8 **che più in questo si pecchi:** was als größere Sünde zu beurteilen sei. • 9 **vil(e)** (agg.): hier: missgestaltet. • **la fortuna:** glückliches Geschick (bei Dante als erste Dienerin der göttlichen Vorsehung betrachtet; Boccaccio übernimmt diese Sichtweise). • 14 **e … e:** sowohl als auch. • 16 **come che:** *sebbene.*

tà le loro più care cose ne' più vili luoghi delle lor case, sì come meno sospetti, sepelliscono, e quindi ne' maggior bisogni le traggono, avendole il vil luogo più sicuramente servate che la bella camera non avrebbe. E così le due ministre del mondo spesso le lor cose più care nascondono sotto l'ombra dell'arti reputate più vili, acciò che di quelle alle necessità traendole più chiaro appaia il loro splendore. Il che quanto in poca cosa Cisti fornaio il dichiarasse, gli occhi dello 'ntelletto rimettendo a messer Geri Spina, il quale la novella di madonna Oretta contata, che sua moglie fu, m'ha tornata nella memoria, mi piace in una novelletta assai piccola dimostrarvi.

Dico adunque che, avendo Bonifazio papa, appo il quale messer Geri Spina fu in grandissimo stato, mandati in Firenze certi suoi nobili ambasciadori per certe sue gran bisogne, essendo essi in casa di messer Geri smontati, e egli con loro insieme i fatti del Papa trattando, avvenne che, che se ne fosse cagione, messer Geri con questi ambasciadori del Papa tutti a piè quasi ogni mattina davanti a Santa Maria Ughi passavano, dove Cisti fornaio il suo forno aveva e personalmente

2 **quindi:** hier: *di qui:* von hier. • 4 **servate:** *conservate.* • 5 **le due ministre del mondo:** die beiden Dienerinnen der Welt (Fortuna und Natur). • 7 **acciò che:** *affinché.* • **alle necessità traẹndole:** bei Bedarf, bei günstiger Gelegenheit ans Licht geholt. • 8f. **quanto in poca cosa:** in Bezug auf eine geringfügige Sache. • 9f. **rimẹttere … 'ntelletto (intelletto) a qu:** jdm. die Augen öffnen, zur Einsicht verhelfen. • 10 **Geri Spina:** Ruggieri di Mannetto Spina, um 1300 ein wichtiger Anführer der guelfischen Partei in Florenz. • 14 **Bonifazio:** s. Namenverzeichnis. • **appo:** bei. • 15 **in grandịssimo stato:** hochangesehen. • 16 **l'ambasciadore** m.: Gesandter. • 18 **smontare:** absteigen. • 19 **che, che:** das zweite *che* bedeutet hier: *qualunque:* was auch immer.

la sua arte esserceva. Al quale quantunque la fortuna arte assai umile data avesse, tanto in quella gli era stata benigna, che egli n'era ricchissimo divenuto, e senza volerla mai per alcuna altra abbandonare splendidissimamente vivea, avendo tra l'altre sue buone cose sempre i migliori vini bianchi e vermigli che in Firenze si trovassero o nel contado.

Il quale, veggendo ogni mattina davanti all'uscio suo passar messer Geri e gli ambasciadori del Papa, e essendo il caldo grande, s'avisò che gran cortesia sarebbe il dar lor bere del suo buon vin bianco; ma avendo riguardo alla sua condizione e a quella di mes-

1 **essercare:** *esercitare:* ausüben. • 6 **vermiglio/a:** rot.

ser Geri, non gli pareva onesta cosa il presummere d'invitarlo ma pensossi di tener modo il quale inducesse messer Geri medesimo a invitarsi. E avendo un farsetto bianchissimo indosso e un grembiule di bucato innanzi sempre, li quali più tosto mugnaio che fornaio il dimostravano, ogni mattina in su l'ora che egli avvisava che messer Geri con gli ambasciadori dover passare si faceva davanti all'uscio suo recare una secchia nuova e stagnata d'acqua fresca e un picciolo orcioletto bolognese nuovo del suo buon vin bianco e due bicchieri che parevano d'ariento, sì eran chiari: e a seder postosi, come essi passavano, e egli, poi che una volta o due spurgato s'era, cominciava a ber sì saporitamente questo suo vino, che egli n'avrebbe fatta venir voglia a' morti.

La qual cosa avendo messer Geri una e due mattine veduta, disse la terza: «Chente è, Cisti? è buono?»

Cisti, levato prestamente in piè, rispose: «Messer sì, ma quanto non vi potre' io dare a intendere, se voi non assaggiaste.»

Messer Geri, al quale o la qualità o affanno più che l'usato avuto o forse il saporito bere, che a Cisti vedeva fare, sete avea generata, volto agli ambasciadori sorridendo disse: «Signori, egli è buono che noi assaggiamo del vino di questo valente uomo: forse che è

1 **il presummere:** Anmaßung, Vermessenheit. • 4 **il farsetto:** Weste, Jacke. • 4f. **di bucato:** frisch gewaschen. • 5 **il mugnaio:** Müller. • 8f. **la secchia:** Eimer. • 9 **stagnato/a:** verzinnt. • 9f. **l'orcioletto:** kleiner Krug. • 13 **spurgare:** hier: reinigen, ausspucken. • 17 **chente è?** *come è (il vino)?* • 21 **la qualità:** hier: die Qualität des Weins. • **l'affanno:** Sorge, Angst; hier: Anstrengung. • 23 **generare:** hervorrufen. • 24 **egli è buono:** es ist opportun.

egli tale, che noi non ce ne penteremo»; e con loro insieme se n'andò verso Cisti.

Il quale, fatta di presente una bella panca venire di fuor dal forno, gli pregò che sedessero; e alli lor famigliari, che già per lavare i bicchieri si facevano innanzi, disse: «Compagni, tiratevi indietro e lasciate questo servigio fare a me, ché io so non meno ben mescere che io sappia infornare; e non aspettaste voi d'assaggiarne gocciola!» E così detto, esso stesso, lavati quatro bicchieri belli e nuovi e fatto venire un piccolo orcioletto del suo buon vino, diligentemente diede bere a messer Geri e a' compagni, alli quali il vino parve il migliore che essi avessero gran tempo davanti bevuto; per che, commendatol molto, mentre gli ambasciador vi stettero, quasi ogni mattina con loro insieme n'andò a ber messer Geri.

A' quali, essendo espediti e partir dovendosi, messer Geri fece un magnifico convito, al quale invitò una parte de' più orrevoli cittadini, e fecevi invitare Cisti, il quale per niuna condizione andar vi volle. Impose adunque messer Geri a uno de' suoi famigliari che per un fiasco andasse del vin di Cisti e di quello un mezzo bicchier per uomo desse alle prime mense. Il famigliare, forse sdegnato perché niuna volta bere aveva potuto del vino, tolse un gran fiasco.

3 **di presente:** sofort. • 4f. **il famigliare:** Diener, Vertrauter. • 7 **mẹscere:** gießen, einschenken. • 8 **non aspettaste voi:** lasst es euch nicht in den Sinn kommen. • 13 **gran tempo davanti:** *da molto tẹmpo.* • 14f. **mentre … vi stẹttero:** solange sie sich dort aufhielten. • 17 **essendo espediti:** nach Beendigung der Geschäfte. • 18 **il convito:** Gastmahl. • 19 **orrẹvole** (agg.): *onorẹvole:* angesehen, ehrenhaft. • 23 **alle prime mense:** zum ersten (Essens-)Gang.

Il quale come Cisti vide, disse: «Figliuolo, messer Geri non ti manda a me.»

Il che raffermando più volte il famigliare né potendo altra risposta avere, tornò a messer Geri e sì gliele disse; a cui messer Geri disse: «Tornavi e digli che sì fo: e se egli più così ti risponde, domandalo a cui io ti mando.»

Il famigliare tornato disse: «Cisti, per certo messer Geri mi manda pure a te.»

Al quale Cisti rispose: «Per certo, figliuol, non fa.»

«Adunque,» disse il famigliare «a cui mi manda?»

Rispose Cisti: «A Arno.»

Il che rapportando il famigliare a messer Geri, subito gli occhi gli s'apersero dello 'ntelletto e disse al famigliare: «Lasciami vedere che fiasco tu vi porti»; e vedutol disse: «Cisti dice vero»; e dettagli villania gli fece torre un fiasco convenevole.

Il quale Cisti vedendo disse: «Ora so io bene che egli ti manda a me», e lietamente glielo impié.

E poi quel medesimo dì fatto il botticello riempiere d'un simil vino e fattolo soavemente portare a casa di messer Geri, andò appresso, e trovatolo gli disse: «Messere, io non vorrei che voi credeste che il gran fiasco stamane m'avesse spaventato; ma, parendomi che vi fosse uscito di mente ciò che io a questi dì co' miei piccoli orcioletti v'ho dimostrato, cioè che questo non sia vin da famiglia, vel volli staman raccordare.

3 **raffermando:** *confermando.* • **più:** hier: noch. • 10 **non fa:** hier: er tut es nicht. • 16 **la villanịa:** Grobheit, Beschimpfung. • 19 **ịmpiere:** *ẹmpiere:* füllen. • 20 **il dì:** Tag. • **il botticello:** Fässchen. • 21 **soavemente:** hier: in aller Stille. • 27 **il vin da famiglia:** Gesindewein, leichter Wein (für die Dienerschaft). • **raccordare:** *ricordare.*

Ora, per ciò che io non intendo d'esservene più guardiano, tutto ve l'ho fatto venire: fatene per innanzi come vi piace.»

Messer Geri ebbe il dono di Cisti carissimo e quelle grazie gli rendé che a ciò credette si convenissero, e sempre poi per da molto l'ebbe e per amico. –

Giornata VI, Novella 7

Madonna Filippa dal marito con un suo amante trovata, chiamata in giudicio, con una pronta e piacevol risposta sé libera e fa lo statuto modificare.

Già si tacea la Fiammetta e ciascun rideva ancora del nuovo argomento dallo Scalza usato a nobilitare sopra ogni altro i Baronci, quando la reina ingiunse a Filostrato che novellasse; e egli a dir cominciò:

– Valorose donne, bella cosa è in ogni parte saper ben parlare, ma io la reputo bellissima quivi saperlo fare dove la necessità il richiede; il che sì ben seppe fare una gentil donna della quale intendo di ragionarvi, che non solamente festa e riso porse agli uditori, ma

1 f. **il guardiano:** Wächter, Aufpasser. • 2 **per innanzi:** in Zukunft. • 6 **per da molto l'ebbe:** er schätzte ihn als Ehrenmann. • 10 **lo statuto:** hier: das Gesetz. • 12 f. **Scalza / i Baronci:** Anspielung auf die kluge Beweisführung des Herrn Scalza, der das alte Adelsgeschlecht der Baronci rühmt (vgl. Novelle VI,6; hier nicht abgedruckt). • 13 **ingiụngere:** gebieten. • 14 **novellare:** erzählen. • 18 **ragionare:** berichten, erzählen. • 19 **festa e riso:** Heiterkeit und Lachen.

sé de' lacci di vituperosa morte disviluppò, come voi udirete.

Nella terra di Prato fu già uno statuto, nel vero non men biasimevole che aspro, il quale senza alcuna distinzion far comandava che così fosse arsa quella donna che dal marito fosse con alcun suo amante trovata in adulterio, come quella che per denari con qualunque altro uomo stata trovata fosse. E durante questo statuto avvenne che una gentil donna e bella e oltre a ogni altra innamorata, il cui nome fu madonna Filippa, fu trovata nella sua propria camera una notte da Rinaldo de' Pugliesi suo marito nelle braccia di Lazzarino de' Guazzagliotri, nobile giovane e bello di quella terra, il quale ella quanto se medesima amava. La qual cosa Rinaldo vedendo, turbato forte, appena del correr loro addosso e d'uccidergli si ritenne: e, se non fosse che di se medesimo dubitava, seguitando l'impeto della sua ira l'avrebbe fatto. Rattemperatosi adunque da questo, non si poté temperare da voler quello dello statuto pratese che a lui non era licito di fare, cioè la morte della sua donna.

E per ciò, avendo al fallo della donna provare assai convenevole testimonianza, come il dì fu venuto,

1 **il laccio:** Schlinge. • **vituperoso/a:** schmählich, schimpflich. • **disvilupparsi:** *svilupparsi:* sich befreien. • 3 **la terra:** hier: Stadt. • **già:** hier: einst. • 4 **biasimẹvole** (agg.): tadelnswert. • **aspro/a:** hier: hart, grausam. • 5 **ạrdere:** verbrennen. • 7 **l'adulterio:** Ehebruch. • 8f. **durante questo statuto:** während dieses Gesetz in Kraft war. • 12f. **Pugliesi / Guazzagliotri:** in Prato ansässige wichtige Familien. • 16 **ritenersi:** *trattenersi:* sich zurückhalten. • 17 **dubitare di se medẹsimo:** die Konsequenzen für sich selbst fürchten. • 18 **rattemperarsi:** sich mäßigen. • 20 **lịcito/a:** *lẹcito/a:* erlaubt.

senza altro consiglio prendere, accusata la donna, la fece richiedere. La donna, che di gran cuore era, sì come generalmente esser soglion quelle che innamorate son da dovero, ancora che sconsigliata da molti suoi amici e parenti ne fosse, del tutto dispose di comparire e di voler più tosto, la verità confessando, con forte animo morire che, vilmente fuggendo, per contumacia in essilio vivere e negarsi degna di così fatto amante come colui era nelle cui braccia era stata la notte passata. E assai bene accompagnata di donne e d'uomini, da tutti confortata al negare, davanti al podestà venuta, domandò con fermo viso e con salda voce quello che egli a lei domandasse. Il podestà, riguardando costei e veggendola bellissima e di maniere laudevoli molto e, secondo che le sue parole testimoniavano, di grande animo, cominciò di lei a aver compassione, dubitando non ella confessasse cosa per la quale a lui convenisse, volendo il suo onor servare, farla morire.

Ma pur, non potendo cessare di domandarla di quello che opposto l'era, le disse: «Madonna, come voi vedete, qui è Rinaldo vostro marito e duolsi di voi,

1 **senza altro consiglio prẹndere:** ohne sich noch zu bedenken. • 2 **richiẹdere qu:** hier: jdn. vor ein Gericht bringen. • 4 **sconsigliare:** abraten. • 5 **dispose:** *decise*. • 7 **la contumacia:** Abwesenheit. • 8 **negarsi degno/a:** sich als unwürdig erweisen. • 11 **confortare:** bestärken, ermutigen. • **il podestà:** im Mittelalter hoher Beamter in italienischen Städten, der dem Gerichtswesen vorstand und das Kommando über die kommunalen Truppen hatte, aber strengen Regelungen und Kontrollen seitens des Stadtrechts unterworfen war. • 12 **con fermo viso:** gleichmütig. • **saldo/a:** fest. • 15 f. **di grande ạnimo:** von hohem Sinn, edel. • 18 **volendo il suo onor servare:** so wie sein Amt es vorschrieb. • 19 **cessare:** hier: vermeiden. • 20 **che opposto l'era:** hier: dessen sie angeklagt war. • 21 **dolersi di qu:** jdn. anklagen.

la quale egli dice che ha con altro uomo trovata in adulterio; e per ciò domanda che io, secondo che uno statuto che ci è vuole, faccendovi morire di ciò vi punisca; ma ciò far non posso se voi nol confessate, e per ciò guardate bene quello che voi rispondete, e ditemi se vero è quello di che vostro marito v'accusa.»

La donna, senza sbigottire punto, con voce assai piacevole rispose: «Messere, egli è vero che Rinaldo è mio marito e che egli questa notte passata mi trovò nelle braccia di Lazzarino, nelle quali io sono, per buono e per perfetto amore che io gli porto, molte volte stata, né questo negherei mai; ma come io son certa che voi sapete, le leggi deono esser comuni e fatte con consentimento di coloro a cui toccano. Le quali cose di questa non avvengono, ché essa solamente le donne tapinelle costrigne, le quali molto meglio che gli uomini potrebbero a molti sodisfare; e oltre a questo, non che alcuna donna, quando fatta fu, ci prestasse consentimento, ma niuna ce ne fu mai chiamata: per le quali cose meritamente malvagia si può chiamare. E se voi volete, in pregiudicio del mio corpo e della vostra anima, esser di quella essecutore, a voi sta; ma, avanti che a alcuna cosa giudicar procediate, vi priego che una piccola grazia mi facciate, cioè che voi il mio

3 **ci:** *qui.* • 7 **senza sbigottire punto:** ohne sich beirren zu lassen. • 8 **messere:** (vgl. fr. *monsieur*): mein Herr (Anrede). • 13 **le leggi dẹono esser comuni:** die Gesetze müssen für alle gleich sein. • 14 **il consentimento:** Zustimmung. • 15 **di questa:** *per quanto riguarda questa legge.* • 16 **tapinello/a:** unglücklich. • 17 **sodisfare:** hier: Genüge tun. • 19 **ma niuna ce ne fu mai chiamata:** keine Frau wurde dahingehend befragt. • 20 **malvagio/a:** böse, niederträchtig. • 21 **in pregiudicio:** zum Nachteil, zum Schaden. • 22 **a voi sta:** es liegt in Eurem Ermessen.

marito domandiate se io ogni volta e quante volte a lui piaceva, senza dir mai di no, io di me stessa gli concedeva intera copia o no.»

A che Rinaldo, senza aspettare che il podestà il domandasse, prestamente rispose che senza alcun dubbio la donna a ogni sua richesta gli aveva di sé ogni suo piacer conceduto.

«Adunque» seguì prestamente la donna «domando io voi, messer podestà, se egli ha sempre di me preso quello che gli è bisognato e piaciuto, io che doveva fare o debbo di quel che gli avanza? debbolo io gittare a' cani? non è egli molto meglio servirne un gentile uomo che più che sé m'ama, che lasciarlo perdere o guastare?»

Eran quivi a così fatta essaminazione e di tanta e sì famosa donna quasi tutti i pratesi concorsi, li quali, udendo così piacevol domanda, subitamente, dopo molte risa, quasi a una voce tutti gridarono la donna aver ragione e dir bene: e prima che di quivi si partissono, a ciò confortandogli il podestà, modificarono il crudele statuto e lasciarono che egli s'intendesse solamente per quelle donne le quali per denari a' lor mariti facesser fallo. Per la qual cosa Rinaldo, rimaso di così matta impresa confuso, si partì dal giudicio; e la donna lieta e libera, quasi dal fuoco risuscitata, alla sua casa se ne tornò gloriosa. –

2 f. **concẹdere a qu intera copia:** jmd. volle Verfügung gewähren (hier in sexueller Hinsicht). • 11 **avanzare:** hier: übrig bleiben. • 15 **l'essaminazione:** hier: Befragung. • 21 **egli:** hier: das Gesetz. • 24 **confuso/a:** hier: beschämt. • 25 f. **alla sua casa:** vermutlich das elterliche Haus, in das Filippa zurückkehrt.

Giornata VII, Novella 10

Due sanesi amano una donna comare dell'uno: muore il compare e torna al compagno secondo la promessa fattagli e raccontagli come di là si dimori.

Restava solamente al re il dover novellare; il quale, poi che vide le donne racchetate, che del pero tagliato che colpa avuta non avea si dolevano, incominciò:

– Manifestissima cosa è che ogni giusto re primo servatore dee essere delle leggi fatte da lui, e se altro ne fa, servo degno di punizione e non re si dee giudicare: nel quale peccato e riprensione a me, che vostro re sono, quasi costretto cader conviene. Egli è il vero che io ieri la legge diedi a' nostri ragionamenti fatti oggi con intenzione di non voler questo dì il mio privilegio usare ma, soggiacendo con voi insieme a quella, di quello ragionare che voi tutti ragionato avete. Ma egli non solamente è stato ragionato quello che io imaginato avea di raccontare, ma sonsi sopra quello tante altre cose e molto più belle dette, che io per me, quantunque la memoria ricerchi, ramentar non mi posso né conoscere che io intorno a sì fatta materia

2 **il/la sanese:** *il/la sienese:* Sieneser, aus Siena stammend. • **la comare:** Gevatterin, Taufpatin; hier: Geliebte. • 3 **il compare:** Kumpan, Freund. • **tornare:** hier: *ritornare:* (wieder) erscheinen. • 4 **di là:** im Jenseits. • **si dimori:** hier: wie es einem ergeht. • 5 **novellare:** erzählen. • 6 **racchetare:** sich wieder beruhigen. • **il pero:** Birnbaum. • 11 **la riprensione:** Zurechtweisung, Tadel. • 13 **il ragionamento:** Gespräch, Erzählung (*ragionare:* sprechen). • 15 **soggiacere:** hier: sich (einem Gesetz) unterwerfen. • 20 **ramentare:** sich besinnen.

dir potessi cosa che alle dette s'appareggiasse. E per ciò, dovendo peccare nella legge da me medesimo fatta, sì come degno di punigione infino a ora a ogni ammenda che comandata mi fia mi proffero apparecchiato, e al mio privilegio usitato mi tornerò. E dico che la novella detta da Elissa del compare e della comare e appresso la bessaggine de' sanesi hanno tanta forza, carissime donne, che, lasciando star le beffe agli sciocchi mariti fatte dalle lor savie mogli, mi tirano a dovervi contare una novelletta di loro: la quale, ancora che in sé abbia assai di quello che creder non si dee, nondimeno sarà in parte piacevole a ascoltare.

Furono adunque in Siena due giovani popolari, de' quali l'uno ebbe nome Tingoccio Mini e l'altro fu chiamato Meuccio di Tura, e abitavano in Porta Salaia; e quasi mai non usavano se non l'un con l'altro, e per quello che paresse s'amavano molto. E andando, come gli uomini vanno, alle chiese e alle prediche, più volte udito avevano e della gloria e della miseria che all'anime di color che morivano era, secondo li lor meriti, conceduta nell'altro mondo; delle quali cose disiderando di saper certa novella né trovando il mo-

1 **appareggiare:** *ẹssere pari:* gleichkommen. • 2 **nella legge:** hier: *contro la legge.* • 3 **la punigione:** *la punizione.* • 3 f. **l'ammenda:** Buße, Wiedergutmachung. • 4 **pro(f)ferire:** sagen, erklären. • 4 f. **apparecchiato/a:** hier: bereit. • 5 **usitato/a:** gebräuchlich, gewohnt. • 7 **appresso:** darauf, im Folgenden. • **la bessạggine:** Torheit. • 8 **la beffa:** Spott. • 9 **savio/a:** verständig, weise. • 10 **contare:** *raccontare.* • 11 **che creder non si dee:** unglaubwürdig. • 15 f. **Porta Salaia:** *Porta Salaria* (befand sich etwa in der Mitte der heutigen Via di Fontebranda in Siena). • 16 **usare:** hier: Umgang haben. • 19 **la miseria:** Elend, Unglück. • 22 **certa novella:** hier: sichere Kunde.

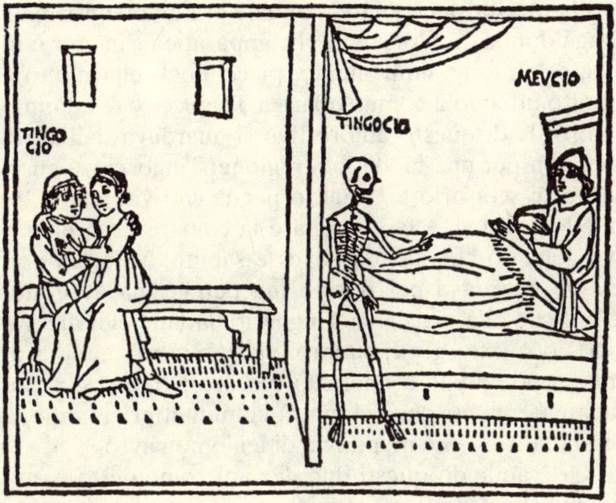

do, insieme si promisero che qual prima di lor morisse, a colui che vivo fosse rimaso, se potesse, ritornerebbe e direbbegli novelle di quello che egli disiderava: e questo fermaron con giuramento.

Avendosi adunque questa promession fatta e insieme continuamente usando, come è detto, avvenne che Tingoccio divenne compare d'uno Ambruogio Anselmini, che stava in Camporeggi, il quale d'una sua donna chiamata monna Mita aveva avuto un figliuolo. Il quale Tingoccio insieme con Meuccio visitando alcuna

1 **insieme:** hier: gegenseitig. • 4 **fermare:** hier: besiegeln. • 5 **la promession:** *la promessa*. • 8 **Camporeggi:** berühmter Stadtteil (*contrada*) in Siena. • 9 **monna:** Madonna (ehrenvolle Anrede für eine Frau).

volta questa sua comare, la quale era una bellissima e vaga donna, non obstante il comparatico s'inamorò di lei; e Meuccio similemente, piacendogli ella molto e molto udendola commendare a Tingoccio, se ne innamorò. E di questo amore l'un si guardava dall'altro, ma non per una medesima ragione: Tingoccio si guardava di scoprirlo a Meuccio per la cattività che a lui medesimo parea fare d'amare la comare, e sarebbesi vergognato che alcuno l'avesse saputo; Meuccio non se ne guardava per questo ma perché già avveduto s'era che ella piaceva a Tingoccio, laonde egli diceva: «Se io questo gli discuopro, egli prenderà gelosia di me, e potendole a ogni suo piacere parlare, sì come compare, in ciò che egli potrà la mi metterà in odio, e così mai cosa che mi piaccia di lei io non avrò.»

Ora, amando questi due giovani come detto è, avvenne che Tingoccio, al quale era più destro il potere alla donna aprire ogni suo disiderio, tanto seppe fare e con atti e con parole, che egli ebbe di lei il piacer suo; di che Meuccio s'accorse bene, e quantunque molto gli dispiacesse, pure, sperando di dovere alcuna volta pervenire al fine del suo disiderio, acciò che Tingoccio non avesse materia né cagione di guastargli o d'impedirgli alcun suo fatto, faceva pur vista di non avvedersene.

Così amando i due compagni, l'uno più felicemente che l'altro, avvenne che, trovando Tingoccio nelle

2 **vago/a:** anmutig, reizvoll. • **il comparatico:** Patenschaft. • 4 **commendare:** rühmen, loben. • 5 **l'un si guardava dall'altro:** einer verbarg sein Geheimnis vor dem anderen. • 7 **la cattività:** hier: Niedertracht. • 11 **laonde:** worauf. • 12 **discuopro:** *scopro (scoprire)*. • 17 **destro/a:** hier: leicht, mühelos. • 23 **materia né cagione:** weder Grund noch Anlass. • **guastare:** verderben. • 24 **fare vista:** hier: vortäuschen.

possessioni della comare il terren dolce, tanto vangò e tanto lavorò, che una infermità ne gli sopravvenne; la quale dopo alquanti dì sì l'aggravò forte, che, non potendola sostenere, trapassò di questa vita. E trapassato il terzo dì appresso, ché forse prima non avea potuto, se ne venne, secondo la promession fatta, una notte nella camera di Meuccio e lui, il quale forte dormiva, chiamò.

Meuccio destatosi disse: «Qual se' tu?»

A cui egli rispose: «Io son Tingoccio, il quale, secondo la promessione che io ti feci, sono a te tornato a dirti novelle dell'altro mondo.»

Alquanto si spaventò Meuccio veggendolo, ma pure rassicurato disse: «Tu sie il ben venuto, fratel mio!», e poi il domandò se egli era perduto.

Al quale Tingoccio rispose: «Perdute son le cose che non si ritruovano: e come sare' io in mei chi se io fossi perduto?»

«Deh,» disse Meuccio «io non dico così, ma io tì dimando se tu se' tra l'anime dannate nel fuoco pennace di Ninferno.»

A cui Tingoccio rispose: «Costetto no, ma io son bene, per li peccati da me commessi, in gravissime pene e angosciose molto.»

1 **il terren(o) dolce:** die gesegnete Erde (hier: der Körper der Angebeteten). • **vangare:** graben, ackern (hier als Anspielung auf den Liebesakt). • 4 **sostenere:** ertragen, widerstehen. • **trapassare:** versterben, aus dem Leben scheiden. • 9 **qual se' tu?:** *chi sei (tu)?* • 15 **perduto/a:** hier: verdammt, verloren. • 17 **in mei chi:** *proprio qui:* gerade hier (*chi* statt *qui* karikiert die Sprache der Sienesen). • 20 f. **il fuoco pennace di Ninferno:** Höllenfeuer. • 22 **costetto:** *cotesto:* dies (ebenfalls karikierend gebraucht).

Domandò allora Meuccio particularmente Tingoccio che pene si dessero di là per ciascun de' peccati che di qua si commettono, e Tingoccio gliele disse tutte. Poi il domandò Meuccio se egli avesse di qua per lui a fare alcuna cosa. A cui Tingoccio rispose di sì, e ciò era che egli facesse per lui dire delle messe e delle orazioni e fare delle limosine, per ciò che queste cose molto giovavano a quei di là; a cui Meuccio disse di farlo volentieri.

E partendosi Tingoccio da lui, Meuccio si ricordò della comare, e sollevato alquanto il capo disse: «Ben che mi ricorda, o Tingoccio: della comare con la quale tu giacevi quando eri di qua, che pena t'è di là data?»

A cui Tingoccio rispose: «Fratel mio, come io giunsi di là, sì fu uno il qual pareva che tutti i miei peccati sapesse a mente, il quale mi comandò che io andassi in quel luogo nel quale io piansi in grandissima pena le colpe mie, dove io trovai molti compagni a quella medesima pena condannati che io; e stando io tra loro e ricordandomi di ciò che già fatto avea con la comare e aspettando per quello troppo maggior pena che quella che data m'era, quantunque io fossi in un gran fuoco e molto ardente, tutto di paura tremava. Il che sentendo un che m'era dallato, mi disse: ‹Che hai tu più che gli altri che qui sono, che triemi stando nel fuoco?› ‹O,› diss'io ‹amico mio, io ho gran paura del giudicio che io

7 **l'orazione** f.: Gebet. • **la limọsina:** *l'elemọsina:* Almosen. • 8 **giovare a qu:** jdm. nützen. • **quei di là:** jene im Jenseits (Anspielung auf ein Zitat aus Dantes *Purgatorio*). • 11 f. **ben che mi ricorda:** ach, übrigens. • 16 **a mente:** auswendig. • 22 **quantụnque:** hier: obgleich. • 24 **dallato:** an meiner Seite.

aspetto d'un gran peccato che io feci già.› Quegli allora mi domandò che peccato quel fosse. A cui io dissi: ‹Il peccato fu cotale, che io mi giaceva con una mia comare, e giacquivi tanto, che io me ne scorticai.› E egli allora, faccendosi beffe di ciò, mi disse: ‹Va, sciocco, non dubitare, ché di qua non si tiene ragione alcuna delle comari!›; il che io udendo tutto mi rassicurai.» E detto questo, appressandosi il giorno disse: «Meuccio, fatti con Dio, ché io non posso più esser con teco»; e subitamente andò via.

Meuccio, avendo udito che di là niuna ragion si teneva delle comari, cominciò a far beffe della sua sciocchezza, per ciò che già parecchie n'avea risparmiate; per che, lasciata andar la sua ignoranza, in ciò per innanzi divenne savio. Le quali cose se frate Rinaldo avesse sapute, non gli sarebbe stato bisogno d'andar silogizzando quando convertì a' suoi piaceri la sua buona comare. –

3 **giacere:** hier: beiwohnen. • 4 **scorticare:** hier: zugrunde richten. • 6 **non si tiene ragione:** man führt keine Rechnung. • 8 **appressandosi il giorno:** da der Morgen graute. • 9 **fatti con Dio:** leb wohl, Gott befohlen. • 13 **parecchie:** hier: *parecchie comari.* • **risparmiare qu:** hier: auf jdn. verzichten. • 14f. **per innanzi:** zukünftig. • 17 **silogizzare:** begründen.

Giornata IX, Novella 1

Madonna Francesca, amata da un Rinuccio e da uno Alessandro, e niuno amandone, col fare entrare l'un per morto in una sepoltura e l'altro quello trarne per morto, non potendo essi venire al fine imposto, cautamente se gli leva da dosso.

– Madonna, assai m'agrada, poi che vi piace, che per questo campo aperto e libero, nel quale la vostra magnificenzia n'ha messi, del novellare, d'esser colei che corra il primo aringo: il quale se ben farò, non dubito che quegli che appresso verranno non facciano bene e meglio. Molte volte s'è, o vezzose donne, ne' nostri ragionamenti mostrato quante e quali sieno le forze d'amore; né però credo che pienamente se ne sia detto né sarebbe ancora, se di qui a uno anno d'altro che di ciò non parlassimo: e per ciò che esso non solamente a varii dubbii di dover morire gli amanti conduce ma quegli ancora a entrare nelle case de' morti per morti tira, m'agrada di ciò raccontarvi, oltre a quelle che dette sono, una novella nella quale non solamente la potenzia d'amore comprenderete, ma il senno da una valo-

4 **la sepoltura:** Grab, Gruft. • 6 **levarsi qu da dosso:** sich jdn. vom Hals schaffen (auch: *torsi qu da dosso*). • 7 **assai m'agrada:** es ist mir sehr willkommen. • 8 f. **la magnificenzia:** Großmut. • 9 **n'ha messi:** *noi* (*ci*) *ha messi.* • **novellare:** erzählen. • 10 **correre il primo aringo:** eine Lanze brechen; hier (fig.): sich zu einem Thema äußern. • 12 **vezzoso/a:** anmutig, reizend. • 15 **se di qui a uno anno:** von heute an über ein Jahr. • 17 **il dubbio:** hier: Gefahr. • 18 **le case de' morti:** Gräber. • 21 **il senno:** Verstand.

rosa donna usato a torsi da dosso due, che contro al suo piacere l'amavan, cognoscerete.

Dico adunque che nella città di Pistoia fu già una bellissima donna vedova, la qual due nostri fiorentini, che per aver bando di Firenze dimoravano, chiamati l'uno Rinuccio Palermini e l'altro Alessandro Chiarmontesi, senza sapere l'uno dell'altro, per caso di costei presi, sommamente amavano, operando cautamente ciascuno ciò che per lui si poteva a dovere l'amor di costei acquistare. E essendo questa gentil donna, il cui nome fu madonna Francesca de' Lazzari, assai sovente stimolata da 'mbasciate e da prieghi di ciascun di costoro, e avendo ella a esse men saviamente più volte gli orecchi porti e volendosi saviamente ritrarre e non potendo, le venne, acciò che la loro seccaggine si levasse da dosso, un pensiero: e quel fu di volergli richiedere d'un servigio il quale ella pensò niuno dovergliele fare, quantunque egli fosse possibile, acciò che, non faccendolo essi, ella avesse onesta o colorata ragione di più non volere le loro ambasciate udire; e 'l pensiero fu questo.

Era, il giorno che questo pensiero le venne, morto

3 **già:** hier: einst. • 5 **aver bando:** verbannt sein. • **dimorare:** hier: leben. • 6f. **Palermini / Chiarmontesi:** angesehene florentinische Familien des ghibellinischen (kaisertreuen) Lagers (daher aus der Stadt verbannt; die Chiarimontesi wechselten später die Seiten und wurden guelfisch). • 7f. **di costei presi:** verzaubert, gefesselt von den weiblichen Reizen (der Witwe). • 11 **de' Lazzari:** angesehene guelfische Familie in Pistoia. • 12 **stimolato/a:** hier: belästigt. • **l'mbasciata (l'ambasciata):** hier: Liebesbotschaft. • 13f. **men saviamente:** ›weniger weise‹, unbedachterweise. • 15 **acciò che:** *affinché.* • 15f. **la seccaggine:** Last, Verdruss. • 20 **la colorata ragione:** ein anständiger Vorwand.

in Pistoia uno il quale, quantunque stati fossero i suoi passati gentili uomini, era riputato il piggiore uomo che, non che in Pistoia, ma in tutto il mondo fosse; e oltre a questo vivendo era sì contrafatto e di sì divisato viso, che chi conosciuto non l'avesse, vedendol da prima, n'avrebbe avuta paura. E era stato sotterrato in uno avello fuori della chiesa de' frati minori; il quale ella avvisò dovere in parte essere grande acconcio del suo proponimento.

Per la qual cosa ella disse a una sua fante: «Tu sai la noia e l'angoscia la quale io tutto il dì ricevo dell'ambasciate di questi due fiorentini, da Rinuccio e da Alessandro. Ora io non son disposta a dover loro del mio amor compiacere e per torglimi da dosso m'ho posto in cuore, per le grandi proferte che fanno, di volergli in cosa provare la quale io son certa che non faranno, e così questa seccaggine torrò via: e odi come. Tu sai che istamane fu sotterato al lugo de' frati minori lo Scannadio» così era chiamato quel reo uomo di cui di sopra dicemmo «del quale, non che morto ma vivo, i più sicuri uomini di questa terra, vedendolo, avevan paura; e però tu te n'andrai segretamente in prima a Alessandro e sì gli dirai: ‹Madonna Francesca

1 f. **i suọi passati:** seine Vorfahren. • 4 **vivendo:** hier: bei Lebzeiten. • **contrafatto/a:** missgestaltet. • 4 f. **divisato/a:** abschreckend. • 5 **il viso:** hier: Aussehen. • 7 **l'avello:** Sarkophag. • **la chiesa de' frati minori:** Kirche der Minoriten (die Franziskanerkirche Pistoias). • 8 **acconcio/a:** geeignet. • 9 **il proponimento:** Vorsatz. • 10 **la/il fante:** Knecht, Magd. • 15 **la proferta:** hier: Versprechung. • 16 **provare:** auf die Probe stellen. • 17 **la seccạggine:** Last. • 18 **istamane:** *stamattina*. • **il lugo:** *il luogo*. • 19 **reo/a:** schuldig. • 21 **i più sicuri uọmini:** hier: die mutigsten Männer.

ti manda dicendo che ora è venuto il tempo che tu puoi avere il suo amore, il quale tu hai cotanto disiderato, e esser con lei, dove tu vogli, in questa forma. A lei dee, per alcuna cagione che tu poi saprai, questa notte esser da un suo parente recato a casa il corpo di Scannadio che stamane fu sepellito: e ella, sì come quella che ha di lui, così morto come egli è, paura, nol vi vorrebbe. Per che ella ti priega, in luogo di gran servigio, che ti debba piacere d'andare stasera in sul primo sonno e entrare in quella sepoltura dove Scannadio è sepellito, e metterti i suo' panni indosso e stare come se tu desso fossi infino a tanto che per te sia venuto, e senza alcuna cosa dire o motto fare di quella trarre ti lasci e recare a casa sua, dove ella ti riceverà, e con lei poi ti starai e a tua posta ti potrai partire, lasciando del rimanente il pensiero a lei.› E se egli dice di volerlo fare, bene sta; dove dicesse di non volerlo fare, sì gli dì da mia parte che più dove io sia non apparisca e, come egli ha cara la vita, si guardi che più né messo né ambasciata mi mandi. E appresso questo, te n'andrai a Rinuccio Palermini e sì gli dirai: ‹Madonna Francesca dice che è presta di volere ogni tuo piacer fare, dove tu a lei facci un gran servigio, cioè che tu stanotte in su la mezzanotte te ne vadi all'avello dove fu stamane sotterrato Scannadio, e lui, senza dire al-

5 **recare a casa:** nach Hause bringen. • 8 f. **in luogo di gran servigio:** als großen Dienst. • 9 f. **in sul primo sonno:** zur ersten Schlafenszeit. • 11 **i panni:** Kleider. • 12 **desso/a:** er, sie selbst. • 12 f. **a tanto che per te sia venuto:** bis jemand dich holen kommt. • 13 **il motto:** hier: Laut. • **di quella:** *di quella sepoltura.* • 15 **a tua posta:** nach deinem Belieben. • 20 **il messo:** Bote. • **appresso:** später, darauffolgend.

cuna parola di cosa che tu oda o senta, tragghi di quello soavemente e rechigliele a casa. Quivi perché ella el voglia vedrai e di lei avrai il piacer tuo; e dove questo non ti piaccia di fare, ella infino a ora t'impone che tu mai più non le mandi né messo né ambasciata.›»

La fante n'andò a amenduni e ordinatamente a ciascuno, secondo che imposto le fu, disse: alla quale risposto fu da ognuno che non che in una sepoltura ma in Inferno andrebber, quando le piacesse. La fante fé

1 **che tu oda o senta:** *udire:* hier: hören; *sentire:* wahrnehmen. • 2 **soavemente:** behutsam. • **quivi:** *qui.* • 2f. **perché ella el voglia:** warum sie dies wünscht. • 4 **infino a ora:** ab jetzt. • 7 **impostare:** auftragen, befehlen.

la risposta alla donna, la quale aspettò di vedere se sì fossero pazzi che essi il facessero.

Venuta adunque la notte e essendo già primo sonno, Alessandro Chiarmontesi spogliatosi in farsetto, uscì di casa sua per andare a stare in luogo di Scannadio nell'avello; e andando gli venne un pensier molto pauroso nell'animo, e cominciò a dir seco: «Deh, che bestia sono io? dove vo io? o che so io se i parenti di costei, forse avvedutisi che io l'amo, credendo essi quel che non è, le fanno far questo per uccidermi in quello avello? Il che se avvenisse, io m'avrei il danno, né mai cosa del mondo se ne saprebbe che lor nocesse. O che so io se forse alcun mio nemico questo m'ha procacciato, il quale ella forse amando, di questo il vuol servire?» E poi dicea: «Ma pogniam che niuna di queste cose sia, e che pure i suoi parenti a casa di lei portar mi debbano; io debbo credere che essi il corpo di Scannadio non vogliono per doverlosi tenere in braccio o metterlo in braccio a lei, anzi si dee credere che essi ne voglian far qualche strazio, sì come di colui che forse già d'alcuna cosa gli diservì. Costei dice che di cosa che io senta io non faccia motto: o se essi mi cacciasser gli occhi o mi traessero i denti o mozzassermi le mani o facessermi alcuno altro così fatto giuoco, a che sare' io? come potre' io star cheto? E se io favello, e' mi conosceranno e per avventura mi faranno

4 **il farsetto:** Wams, Weste. • 12 f. **che lor nocesse:** das ihnen schaden würde. • 14 **procacciare:** besorgen; hier: anzetteln. • 20 **lo strazio:** Schändung. • 21 **diservire:** hier: beleidigen, verletzen. • 23 **cacciare gli occhi:** die Augen ausstechen. • 23 f. **mozzare le mani:** die Hände abhacken. • 25 **cheto/a:** stumm, still. • 25 f. **favellare:** reden.

male; ma come che essi non me ne facciano, io non avrò fatto nulla, ché essi non mi lasceranno con la donna; e la donna dirà poi che io abbia rotto il suo comandamento e non farà mai cosa che mi piaccia.»

E così dicendo fu tutto che tornato a casa: ma pure il grande amore il sospinse innanzi con argomenti contrarii a questi e di tanta forza, che all'avello il condussero; il quale egli aperse, e entratovi dentro e spogliato Scannadio e sé rivestito e l'avello sopra sé richiuso e nel lugo di Scannadio postosi, gl'incominciò a tornare a mente chi costui era stato e le cose che già aveva udite dire che di notte erano intervenute non che nelle sepolture de' morti ma ancora altrove. Tutti i peli gli s'incominciarono a arricciare addosso, e parevagli tratto tratto che Scannadio si dovesse levar ritto e quivi scannar lui. Ma da fervente amore aiutato, questi e gli altri paurosi pensier vincendo, stando come se egli il morto fosse, cominciò a aspettare che di lui dovesse intervenire.

Rinuccio, appressandosi la mezzanotte, uscì di casa sua per far quello che dalla sua donna gli era stato mandato a dire; e andando, in molti e varii pensieri entrò delle cose possibili a intervenirgli, sì come di poter col corpo, sopra le spalle, di Scannadio venire alle mani della signoria e esser come malioso condennato al fuoco, o di dovere, se egli si risapesse, venire in

5 **fu tutto che tornato a casa:** er war nahe daran, nach Hause zurückzugehen. • 14 **arricciare addosso:** (Haare) zu Berge stehen. • 15 **tratto tratto:** jeden Augenblick. • 16 **scannar(e):** niedermetzeln. • 19 **intervenire:** hier: geschehen. • 20 **appressarsi:** näherrücken. • 25 **la signoria:** Polizei, Obrigkeit. • **il malioso:** Hexenmeister. • 26 **egli:** hier: es.

odio de' suoi parenti, e d'altri simili, da' quali tutto che rattenuto fu. Ma poi rivolto disse: «Deh, dirò io di no della prima cosa che questa gentil donna, la quale io ho cotanto amata e amo, m'ha richesto, e spezialmente dovendone la sua grazia acquistare? Non ne dovess'io di certo morire, che io non me ne metta a far ciò che promesso l'ho»; e andato avanti giunse alla sepoltura e quella leggiermente aperse.

Alessandro sentendola aprire, ancora che gran paura avesse, stette pur cheto. Rinuccio entrato dentro, credendosi il corpo di Scannadio prendere, prese Alessandro pe' piedi e lui fuor ne tirò e in su le spalle levatoselo verso la casa della gentil donna cominciò a andare; e così andando e non riguardandolo altramenti, spesse volte il percoteva ora in un canto e ora in uno altro d'alcune panche che allato alla via erano; e la notte era sì buia e sì oscura che egli non poteva discernere ove s'andava. E essendo già Rinuccio a piè dell'uscio della gentil donna, la quale alle finestre con la sua fante stava per sentire se Rinuccio Alessandro recasse, già da sé armata in modo da mandargli ammendun via, avvenne che la famiglia della signoria, in quella contrada ripostasi e chetamente standosi aspet-

1 **de' suoi parenti:** hier: die Verwandten des toten Scannadio. • **sịmili:** *simili casi.* • 1f. **tutto che rattenuto:** *quasi trattenuto:* fast zurückgehalten. • 2 **rivolto/a:** anderen Sinnes. • 8 **leggiermente:** *facilmente.* • 14f. **non riguardạndolo altramenti:** ohne weitere Rücksicht auf ihn zu nehmen. • 15 **percuọtere:** anstoßen. • **ora … ora:** hier: bald hier, bald dort. • **il canto:** Ecke. • 17f. **discẹrnere:** erkennen, unterscheiden. • 19 **l'uscio:** Ausgang, Tür. • 21 **armata in modo da:** zu etwas gewappnet, gerüstet. • 22 **la famiglia della signorịa:** Stadt-, Schildwache. • 23 **ripostarsi:** hier: im Hinterhalt lauern.

tando di dover pigliare uno sbandito, sentendo lo scalpiccio che Rinuccio co' piè faceva, subitamente tratto fuori un lume per veder che si fare e dove andarsi e mossi i pavesi e le lance gridò: «Chi è là?» La quale Rinuccio conoscendo, non avendo tempo da troppo lunga diliberazione, lasciatosi cadere Alessandro, quanto le gambe nel poteron portare andò via. Alessandro levatosi prestamente, con tutto che i panni del morto avesse indosso, li quali erano molto lunghi, pure andò via altressì.

La donna, per lo lume tratto fuori dalla famiglia, ottimamente veduto aveva Rinuccio con Alessandro dietro alle spalle e similmente aveva scorto Alessandro esser vestito de' panni di Scannadio; e maravigliossi molto del grande ardir di ciascuno, ma con tutta la maraviglia rise assai del veder gittar giuso Alessandro e del vedergli poscia fuggire. E essendo di tale accidente molto lieta e lodando Idio che dallo 'mpaccio di costoro tolta l'avea, se ne tornò dentro e andossene in camera, affermando con la fante senza alcun dubbio ciascun di costoro amarla molto, poscia quello avevan fatto, sì come appariva, che ella loro aveva imposto.

Rinuccio, dolente e bestemmiando la sua sventura, non se ne tornò a casa per tutto questo ma, partita di quella contrada la famiglia, colà tornò dove Alessan-

1 **lo sbandito:** Verbannter. • 1f. **lo scalpiccio:** schwerer Gang, fester Tritt. • 4 **il pavese:** großer, rechteckiger Holzschild. • **la lancia:** Lanze. • 6 **la diliberazione:** Entscheidung, Überlegung. • 15f. **con tutta la maraviglia:** trotz allen Erstaunens. • 16 **giuso:** *giù*. • 17 **poscia:** *poi*. • 18f. **'mpaccio (l'impaccio):** Klemme, Verlegenheit. • 26 **colà:** dahin, dorthin.

dro aveva gittato e cominciò brancolone a cercare se egli il ritrovasse per fornire il suo servigio; ma non trovandolo e avvisando la famiglia quindi averlo tolto, dolente a casa se ne tornò. Alessandro non sappiendo altro che farsi, senza aver conosciuto chi portato se l'avesse, dolente di tale sciagura similmente a casa sua se n'andò.

La mattina, trovata aperta la sepoltura di Scannadio né dentro vedendovisi, per ciò che nel fondo l'aveva Alessandro voltato, tutta Pistoia ne fu in varii ragionamenti, estimando gli sciocchi lui da' diavoli essere stato portato via. Nondimeno ciascun de' due amanti, significato alla donna ciò che fatto avea e quello che era intervenuto e con questo scusandosi se fornito non avean pienamente il suo comandamento, la sua grazia e il suo amore adimandava. La qual mostrando a niun ciò voler credere, con recisa risposta di mai per loro niente voler fare, poi che essi ciò che essa adomandato avea non avean fatto, se gli tolse da dosso. –

1 **brancolone** (avv. invar.): herumtastend. • 2 **fornire il suo servigio:** die Sache zu Ende bringen. • 6 **la sciagura:** Unglück. • 10 **voltare:** hier: wegschieben. • 12 f. **significare:** hier: erzählen, benachrichtigen. • 16 **adimandare:** begehren. • 17 **reciso/a:** entschieden.

Giornata IX, Novella 9

Due giovani domandan consiglio a Salamone, l'uno come possa essere amato, l'altro come gastigare debba la moglie ritrosa: all'un risponde che ami e all'altro che vada al Ponte all'Oca.

Niuno altro che la reina, volendo il privilegio servare a Dioneo, restava a dover novellare; la qual, poi che le donne ebbero assai riso dello sventurato Biondello, lieta cominciò così a parlare:

– Amabili donne, se con sana mente sarà riguardato l'ordine delle cose, assai leggermente si conoscerà tutta la universal moltitudine delle femine dalla natura e da' costumi e dalle leggi essere agli uomini sottomessa e secondo la discrezione di quegli convenirsi reggere e governare, e però, a ciascuna che quiete, consolazione e riposo vuole con quegli uomini avere a' quali s'appartiene, dee essere umile, paziente e ubidente oltre all'essere onesta, il che è sommo e spezial tesoro di ciascuna savia. E quando a questo le leggi, le quali

2 **Salamone:** Salomo (s. Namenverzeichnis). • 3 **gastigare:** *castigare:* bestrafen, züchtigen. • 4 **ritroso/a:** widerspenstig (*la ritrosịa:* Widerspenstigkeit). • 5 **il Ponte all'Oca:** Gänsebrücke. • 6 **il privilegio:** hier: das Vorrecht der letzten Erzählung des Tages. • 7 **novellare:** erzählen. • 8 **Biondello:** Biondello spielt einem anderen einen Streich und wird dafür verprügelt (vgl. Novelle IX,8; hier nicht abgedruckt). • 10 **se con sana mente sarà riguardato:** wenn wir mit gesundem Verstand überdenken (Zitat aus Dantes *Purgatorio*). • 14 **la discrezione:** hier: Urteil. • 15 **la quiete:** Ruhe. • 16 f. **appartenersi:** angehören. • 19 **il savio / la savia:** kluge(r) Frau, Mann.

il ben comune riguardano in tutte le cose, non ci ammaestrassono, e l'usanza, o costume che vogliamo dire, le cui forze son grandissime e reverende, la natura assai apertamente cel mostra, la quale ci ha fatte ne' corpi dilicate e morbide, negli animi timide e paurose, nelle menti benigne e pietose, e hacci date le corporali forze leggieri, le voci piacevoli e i movimenti de' membri soavi: cose tutte testificanti noi avere dell'altrui governo bisogno. E chi ha bisogno d'essere aiutato e governato, ogni ragion vuol lui dovere essere obediente e subgetto e reverente al governator suo: e cui abbiam noi governatori e aiutatori se non gli uomini? Dunque agli uomini dobbiamo, sommamente onorandogli, soggiacere; e qual da questo si parte, estimo che degnissima sia non solamente di riprension grave ma d'aspro gastigamento. E a così fatta considerazione, come che altra volta avuta l'abbia, pur poco fa mi ricondusse ciò che Pampinea della ritrosa moglie di Talano raccontò, alla quale Idio quello gastigamento mandò che il marito dare non aveva saputo; e per ciò nel mio giudicio cape tutte quelle esser degne, come già dissi, di rigido e aspro gastigamento che dall'esser piacevoli, benivole e pieghevoli, come la natura, l'u-

1 **il ben comune:** Allgemeinwohl. • 1f. **ammaestrare:** unterweisen. • 3 **reverendo/a:** ehrwürdig. • 4 **cel:** *ce lo*. • 8 **il membro:** Körperglied. • **soave** (agg.): sanft. • **testificare:** bezeugen. • 9 **il governo:** hier: Leitung, Lenkung. • 11 **subgetto/a:** unterwürfig. • 12 **gli uọmini:** hier: die Männer. • 14 **soggiacere:** sich unterwerfen. • **e qual da questo si parte:** und welche (Frau) davon abweicht. • 18f. **Talano raccontò:** Talano von Moleses widerspenstige Frau wird in Novelle IX,7 von einem Wolf zerfleischt (hier nicht abgedruckt). • 21 **nel mio giudicio cape:** bin ich der Ansicht. • 23 **pieghẹvole** (agg.): fügsam.

sanza e le leggi voglion, si partono. Per che m'agrada di raccontarvi un consiglio renduto da Salomone, sì come utile medicina a guerire quelle che così son fatte da cotal male; il quale niuna che di tal medicina degna non sia reputi ciò esser detto per lei, come che gli uomini un cotal proverbio usino: «Buon cavallo e mal cavallo vuole sprone, e buona femina e mala femina vuol bastone». Le quali parole chi volesse sollazzevolemente interpretare, di leggier si concederebbe da tutte così esser vero; ma pur vogliendole moralmente intendere, dico che è da concedere. Son naturalmente le femine tutte labili e inchinevoli, e per ciò a correggere la iniquità di quelle che troppo fuori de' termini posti loro si lasciano andare si conviene il baston che le punisca; e a sostentar la vertù dell'altre, ché trascorrer non si lascino, si conviene il bastone che le sostenga e che le spaventi. Ma lasciando ora stare il predicare, a quel venendo che di dire ho nell'animo, dico

Che essendo già quasi per tutto il mondo l'altissima fama del miracoloso senno di Salamone discorsa per l'universo e il suo esser di quello liberalissimo mostratore a chiunque per esperienza ne voleva certezza, molti di diverse parti del mondo a lui per loro strettis-

1 **partire:** hier: abweichen. • **m'agrada:** es ist mir willkommen, es kommt mir recht. • 2 **sì:** hier: geeignet. • 5 **come che:** *benché.* • 7 **lo sprone:** Ansporn, (meist pl.) Sporen. • 8 f. **sollazzevolemente:** im Scherz. • 9 **di leggier(o):** leicht. • 12 **inchinẹvole** (agg.): wankelmütig. • 13 **la iniquità:** hier: Schlechtigkeit, Dreistigkeit. • 21 **il senno:** Weisheit, Verstand. • 21 f. **discorso/a per l'universo:** um die ganze Welt verbreitet. • 22 f. **il suo esser … mostratore:** er zeigte diese Weisheit großzügig. • 24 f. **stretto/a:** eng; hier (fig.): dringend.

simi e ardui bisogni concorrevano per consiglio; e tra gli altri che a ciò andavano, si partì un giovane, il cui nome fu Melisso, nobile e ricco molto, della città di Laiazzo, là onde egli era e dove egli abitava. E verso Ierusalem cavalcando, avvenne che uscendo d'Antiocia con un altro giovane chiamato Giosefo, il qual quel medesimo cammin teneva che faceva esso, cavalcò per alquanto spazio; e, come costume è de' camminanti, con lui cominciò a entrare in ragionamenti. Avendo Melisso già da Giosefo di sua condizione e donde fosse saputo, dove egli andasse e perché il domandò; al quale Giosefo disse che a Salamone andava per aver consiglio da lui che via tener dovesse con una sua moglie più che altra femina ritrosa e perversa, la quale egli né con prieghi né con lusinghe né in alcuna altra guisa dalle sue ritrosie ritrar poteva; e appresso lui similmente donde fosse e dove andasse e perché domandò.

Al quale Melisso rispose: «Io son di Laiazzo, e sì come tu hai una disgrazia, così n'ho io un'altra; io son ricco giovane e spendo il mio in metter tavola e onorare i miei cittadini, e è nuova e strana cosa a pensare che per tutto questo io non posso trovare uomo che ben mi voglia; e per ciò io vado dove tu vai, per aver consiglio come addivenir possa che io amato sia.»

1 **arduo/a** (fig.): schwierig, schwer. • **il bisogno:** hier: Problem, Sorge. • 3 **Melisso:** Melissos von Elea (auch: von Samos), vorsokratischer Philosoph (um 490 – 430 v. Chr.). • 5 f. **Antiocia:** Antiochia. • 7 f. **per alquanto spazio:** für einige Zeit. • 8 **il camminante:** Reisender, Wanderer. • 9 **il ragionamento:** Gespräch. • 10 **la condizione:** hier: Stand. • **donde:** woher. • 13 **che via tener dovesse:** welchen Weg er einschlagen solle. • 14 **perverso/a:** hier: bösartig. • 16 **appresso:** dann. • 20 **metter tavola:** ein Gastmahl geben. • 21 **nuovo/a:** hier: einzigartig.

Camminarono adunque i due compagni insieme, e in Ierusalem pervenuti, per introdotto d'un de' baroni di Salomone, davanti da lui furon messi; al quale brievemente Melisso disse la sua bisogna; a cui Salamone rispose: «Ama.»

E detto questo, prestamente Melisso fu messo fuori, e Giosefo disse quello per che v'era; al quale Salamone nulla altro rispose se non: «Va al Ponte all'Oca»; il che detto, similmente Giosefo fu senza indugio dalla presenza del re levato, e ritrovò Melisso il quale l'aspettava e dissegli ciò che per risposta aveva avuto.

2 **il barone:** hier: Hofbeamter. • 3 **davanti da:** *davanti a.* • 9 **l'indugio:** Zögern. • 10 **levare:** hier: entfernen.

Li quali, a queste parole pensando e non potendo d'esse comprendere né intendimento né frutto alcuno per la loro bisogna, quasi scornati a ritornarsi indietro entrarono in cammino. E poi che alquante giornate camminati furono, pervennero a un fiume sopra il quale era un bel ponte; e per ciò che una gran carovana di some sopra muli e sopra cavalli passavano, gli convenne sofferir di passar tanto che quelle passate fossero. E essendo già quasi che tutte passate, per ventura v'ebbe un mulo il quale adombrò, sì come sovente gli veggiam fare, né volea per alcuna maniera avanti passare: per la qual cosa un mulattiere, presa una stecca, prima assai temperatamente lo 'ncominciò a battere perché 'l passasse. Ma il mulo, ora da questa parte della via e ora da quella attraversandosi e talvolta indietro tornando, per niun partito passar volea: per la qual cosa il mulattiere oltre modo adirato gl'incominciò con la stecca a dare i maggior colpi del mondo, ora nella testa e ora ne' fianchi e ora sopra la groppa; ma tutto era nulla.

Per che Melisso e Giosefo, li quali questa cosa stavano a vedere, sovente dicevano al mulattiere: «Deh, cattivo, che farai? vuoil tu uccidere? perché non t'ingegni tu di menarlo bene e pianamente? Egli verrà più tosto che a bastonarlo come tu fai.»

2 **l'intendimento:** hier: Bedeutung. • **il frutto:** hier: Nutzen. • 3 **scornato/a:** verhöhnt, blamiert. • 6 **la carovana:** Karawane. • 7 **la soma:** Ladung, Last. • 7 f. **gli convenne sofferịr di passạr:** sie mussten warten. • 9 **v'ebbe:** *vi fu*. • 10 **adombrare:** hier: scheuen. • 12 **la stecca:** Stecken. • 15 **attraversạndosi:** hier: hin und her springend. • 15 f. **per niụn partito:** in keiner Weise. • 17 **adirato/a:** erzürnt. • 19 **ma tutto era nulla:** aber all das half nichts. • 22 **vuoil:** *lo vuoi*. • 22 f. **ingegnarsi:** sich bemühen, einsetzen. • 23 **pianamente:** sanft.

A' quali il mulattier rispose: «Voi conoscete i vostri cavalli, e io conosco il mio mulo: lasciate far me con lui»; e questo detto rincominciò a bastonarlo, e tante d'una parte e d'altra ne gli diè, che il mulo passò avanti, sì che il mulattiere vinse la pruova.

Essendo adunque i due giovani per partirsi, domandò Giosefo un buono uomo, il quale a capo del ponte sedeva, come quivi si chiamasse; al quale il buono uomo rispose: «Messer, qui si chiama il Ponte all'Oca.»

Il che come Giosefo ebbe udito, così si ricordò delle parole di Salamone e disse verso Melisso: «Or ti dico io, compagno, che il consiglio datomi da Salamone potrebbe esser buono e vero, per ciò che assai manifestamente conosco che io non sapeva battere la donna mia: ma questo mulattiere m'ha mostrato quello che io abbia a fare.»

Quindi, dopo alquanti dì divenuti a Antiocia, ritenne Giosefo Melisso seco a riposarsi alcun dì; e essendo assai ferialmente dalla donna ricevuto, le disse che così facesse far da cena come Melisso divisasse; il quale, poi vide che a Giosefo piaceva, in poche parole se ne dilivrò. La donna, sì come per lo passato era usata, non come Melisso divisato avea, ma quasi tutto il contrario fece.

Il che Giosefo vedendo, turbato disse: «Non ti fu egli detto in che maniera tu facessi questa cena fare?»

5 **il mulattiere vinse la pruova:** der Maultiertreiber erreichte sein Ziel. • 8 **quivi:** *questo luogo*. • 17 **il dì:** Tag. • **divenire:** hier: *pervenire:* gelangen. • 19 **ferialmente:** unhöflich, kalt. • 20 **divisare:** hier: vorschlagen, anordnen. • 21 **poi:** *poi che*. • 21 f. **dilivrarsi:** hier: tun, erledigen.

La donna, rivoltasi con orgoglio, disse: «Ora che vuol dir questo? deh! ché non ceni, se tu vuoi cenare? Se mi fu detto altramenti, a me parve da far così; se ti piace, sì ti piaccia; se non, sì te ne sta.»

Maravigliossi Melisso della risposta della donna e biasimolla assai: Giosefo, udendo questo, disse: «Donna, ancor se' tu quel che tu suogli, ma credimi che io ti farò mutar modo»; e a Melisso rivolto disse: «Amico, tosto vedremo chente sia stato il consiglio di Salamone; ma io ti priego non ti sia grave lo stare a vedere e di reputare per un giuco quello che io farò. E acciò che tu non m'impedischi, ricorditi della risposta che ci fece il mulattiere quando del suo mulo c'increbbe.»

Al quale Melisso disse: «Io sono in casa tua, dove dal tuo piacere io non intendo di mutarmi.»

Giosefo, trovato un baston tondo d'un querciuolo giovane, se n'andò in camera, dove la donna, per istizza da tavola levatasi, brontolando se n'era andata; e presala per le trecce, la si gittò a' piedi e cominciolla fieramente a battere con questo bastone. La donna cominciò prima a gridare e poi a minacciare; ma veggendo che per tutto ciò Giosefo non ristava, già tutta rotta cominciò a chieder mercé per Dio che egli non l'uccidesse, dicendo oltre a ciò di mai dal suo piacer

1 **con orgoglio:** hier: hochmütig. • 4 **te ne sta:** lass es sein. • 6 **biasimare qu:** jdn. rügen, tadeln. • 7 **suogli (solere):** zu tun, zu sein pflegen. • 9 **tosto:** bald. • **chente:** *come*. • 13 f. **c'increbbe:** *ci rincrebbe (rincrẹscere):* bedauern. • 16 **mutarsi:** hier: seine Meinung ändern, sich unverständig zeigen. • 17 **il querciuolo:** junge Eiche. • 18 f. **l'istizza:** Grimm. • 20 **la treccia:** Zopf. • 23 **ristare:** hier: aufhören. • 25 f. **dal suo piacer non partirsi:** seinem Wunsch nicht Genüge tun.

non partirsi. Giosefo per tutto questo non rifinava, anzi con più furia l'una volta che l'altra, or per lo costato, ora per l'anche e ora su per le spalle battendola forte, l'andava le costure ritrovando, né prima ristette che egli fu stanco: e in brieve niuno osso né alcuna parte rimase nel dosso della buona donna, che macerata non fosse. E questo fatto, ne venne a Melisso e dissegli: «Doman vedrem che pruova avrà fatto il consiglio del ‹Va al Ponte all'Oca›»; e riposatosi alquanto e poi lavatesi le mani, con Melisso cenò, e quando fu tempo s'andarono a diposare.

La donna cattivella a gran fatica si levò di terra e in su il letto si gittò, dove, come poté il meglio, riposatasi, la mattina vegnente per tempissimo levatasi fé domandar Giosefo quello che voleva si facesse da desinare. Egli, di ciò insieme ridendosi con Melisso, il divisò; e poi, quando fu ora, tornati, ottimamente ogni cosa e secondo l'ordine dato trovaron fatta: per la qual cosa il consiglio prima da lor male inteso sommamente lodarono.

E dopo alquanti dì partitosi Melisso da Giosefo e tornato a casa sua, a alcun, che savio uomo era, disse ciò che da Salamone avuto avea; il quale gli disse: «Niuno più vero consiglio né migliore ti potea dare. Tu sai che tu non ami persona, e gli onori e' servigi li quali tu fai, gli fai non per amore che tu a alcun porti

1 **rifinare:** aufhören. • 4 **ritrovare le costure:** Nähte festklopfen (ein Schneider pflegte frische Nähte mit heißen Eisen festzuklopfen; hier fig. gebraucht). • 6f. **macerare:** hier: windelweich prügeln. • 11 **diposare:** *riposare.* • 12 **cattivello/a:** hier: arm. • 14 **per tempissimo:** sehr zeitig. • 15f. **desinare:** zu Mittag essen.

ma per pompa. Ama adunque, come Salamon ti disse, e sarai amato.»

Così adunque fu gastigata la ritrosa, e il giovane amando fu amato. –

1 **la pompa:** Prunksucht.

Giornata X, Novella 3

Mitridanes, invidioso della cortesia di Natan, andando per ucciderlo, senza conoscerlo capita a lui e, da lui stesso informato del modo, il truova in un boschetto come ordinato avea; il quale riconoscendolo si vergogna e suo amico diviene.

Simil cosa a miracolo per certo pareva a tutti avere udito, cioè che un cherico alcuna cosa magnificamente avesse operata; ma riposandosene già il ragionare delle donne, comandò il re a Filostrato che procedesse; il quale prestamente incominciò:

– Nobili donne, grande fu la magnificenzia del re di Spagna e forse cosa più non udita già mai quella dell'abate di Clignì; ma forse non meno maravigliosa cosa vi parrà l'udire che uno, per liberalità usare a un altro che il suo sangue, anzi il suo spirito, disiderava, cautamente a dargliele si disponesse: e fatto l'avrebbe se colui prender l'avesse voluto, sì come io in una mia novelletta intendo di dimostrarvi.

Certissima cosa è, se fede si può dare alle parole d'alcuni genovesi e d'altri uomini che in quelle contra-

2 **la cortesịa:** hier: großzügiger Lebensstil, Freigebigkeit. • 3 **capitare a qu:** hier: auf jdn. stoßen, jdm. begegnen. • 5 **ordinare:** hier: anordnen. • 8 **il chẹrico:** Kleriker, Priester. • 9 **riposare:** hier: enden. • **il ragionare:** Gespräch (auch: *il ragionamento*). • 14 **l'abate** m.: Abt. • **Clignì:** Cluny (Kloster Cluny in Burgund, bedeutendes religiöses Zentrum des Mittelalters). • 16 **lo spịrito:** hier: Leben. • 17 **cautamente:** umsichtig, vernünftig. • 21 f. **la contrada:** (mittelalterliches) Stadtviertel.

de stati sono, che nelle parti del Cattaio fu già uno uomo di legnaggio nobile e ricco senza comparazione, per nome chiamato Natan. Il quale, avendo ricetto vicino a una strada per la qual quasi di necissità passava ciascuno che di Ponente verso Levante andar voleva o di Levante in Ponente e avendo l'animo grande e liberale e disideroso che fosse per opera conosciuto, quivi avendo molti maestri fece in piccolo spazio di tempo fare un de' più belli e de' maggiori e de' più ricchi palagi che mai fosse stato veduto, e quello di tutte quelle cose che oportune erano a dovere gentili uomini ricevere e onorare fece ottimamente fornire. E avendo grande e bella famiglia, con piacevolezza e con festa chiunque andava e veniva faceva ricevere e onorare; e in tanto perseverò in questo laudevol costume, che già non solamente il Levante ma quasi tutto il Ponente per fama il conoscea.

E essendo egli già d'anni pieno, né però del corteseggiar divenuto stanco, avvenne che la sua fama agli orecchi pervenne d'un giovane chiamato Mitridanes,

1 **il Cattaio:** Catai, Nordchina (aus den Reiseberichten Marco Polos als sagenumwobener Ort unermesslicher Reichtümer und Wunder bekannt). • 2 **di legnaggio nọbile:** aus edlem ›Holz‹ geschnitzt, (fig.) edler Abkunft. • 3 **il ricetto:** Behausung. • 5 **di Ponente verso Levante:** von West nach Ost (*il levante:* wörtl. ›Sonnenaufgang‹, steht allegorisch für alle Länder des östlichen Mittelmeeres). • 7 **per ọpera:** durch Taten (zeigen). • 8 **i maestri:** hier: Meister der Architektur. • **in pịccolo spazio:** in kurzer Zeit. • 9 f. **il palagio:** *il palazzo*. • 12 **fornire:** hier: bereitstellen, einrichten. • 13 **la famiglia:** hier: Dienerschaft (*il/la famigliare:* Diener(in), Knecht, Magd). • 14 **onorare:** hier: ehrenvoll bewirten. • 15 **perseverare in qc:** hier: an etwas festhalten. • 18 **d'anni pieno:** betagt, bejahrt (im Sinne von erfahren und weise). • 18 f. **corteseggiare:** freigebig sein, Gastfreundschaft üben.

di paese non guari al suo lontano; il quale, sentendosi non meno ricco che Natan fosse, divenuto della sua fama e della sua virtù invidioso, seco propose con maggior liberalità quella o annullare o offuscare. E fatto fare un palagio simile a quello di Natan, cominciò a fare le più smisurate cortesie che mai facesse alcuno altro a chi andava o veniva per quindi; e sanza dubbio in piccol tempo assai divenne famoso.

Ora avvenne un giorno che dimorando il giovane tutto solo nella corte del suo palagio, una feminella entrata dentro per una delle porti del palagio gli domandò limosina e ebbela; e ritornata per la seconda porta pure a lui, ancora l'ebbe e così successivamente insino alla duodecima; e la tredecima volta tornata, disse Mitridanes: «Buona femina, tu se' assai sollicita a questo tuo dimandare» e nondimeno le fece limosina.

La vecchierella, udita questa parola, disse: «O liberalità di Natan, quanto se' tu maravigliosa! ché per trentadue porti che ha il suo palagio, sì come questo, entrata e domandatagli limosina, mai da lui, che egli mostrasse, riconosciuta non fui e sempre l'ebbi: e qui non venuta ancora se non per tredici e riconosciuta e proverbiata sono stata»; e così dicendo senza più ritornarvi si dipartì.

Mitridanes, udite le parole della vecchia, come colui

1 **non guari:** nicht sehr, nicht viel. • 4 **quella:** *quella fama.* • **offuscare:** verdunkeln. • 6 **smisurato/a:** maßlos. • 7 **per quindi:** dorthin. • **sanza:** *senza.* • 10 **la feminella:** arme Frau. • 12 **la limọsina:** *l'elemọsina:* Almosen. • 14 **insino:** *fino.* • 15 f. **sollịcito/a:** hier: aufdringlich, lästig. • 18 **la parola:** hier: Satz. • 21 f. **che egli mostrasse:** soweit er erkennen ließ. • 24 **proverbiare:** *rimproverare:* tadeln.

che ciò che della fama di Natan udiva diminuimento della sua estimava, in rabbiosa ira acceso cominciò a dire: «Ahi lasso a me! quando aggiugnerò io alla liberalità delle gran cose di Natan, non che io il trapassi come io cerco, quando nelle piccolissime io non gli posso avvicinare? Veramente io mi fatico invano, se io di terra nol tolgo: la qual cosa, poscia che la vecchiezza nol porta via, convien senza alcuno indugio che io faccia con le mie mani.»

1 **il diminuimento:** Beeinträchtigung. • 3 **lasso a me!:** ich Unglücklicher! • 3 f. **la liberalità:** Freigebigkeit (*liberale* [agg.]: freigebig, großzügig). • 4 **trapassare:** hier: übertreffen. • 7 **poscia che:** nachdem. • 8 **senza indugio:** ohne Säumen.

E con questo impeto levatosi, senza comunicare il suo consiglio a alcuno, con poca compagnia montato a cavallo dopo il terzo dì dove Natan dimorava pervenne; e a' compagni imposto che sembianti facessero di non esser con lui né di conoscerlo e che di stanzia si procacciassero infino che da lui altro avessero, quivi in sul fare della sera pervenuto e solo rimaso, non guari lontano al bel palagio trovò Natan tutto solo, il quale senza alcuno abito pomposo andava a suo diporto; cui egli, non conoscendolo, domandò se insegnar gli sapesse dove Natan dimorasse.

Natan lietamente rispose: «Figliuol mio, niuno è in questa contrada che meglio di me cotesto ti sappia mostrare: e per ciò, quando ti piaccia, io vi ti menerò.» Il giovane disse che questo gli sarebbe a grado assai ma che, dove esser potesse, egli non voleva da Natan esser veduto né conosciuto: al qual Natan disse: «E cotesto ancora farò, poi che ti piace.»

Ismontato adunque Mitridanes con Natan, che in piacevolissimi ragionamenti assai tosto il mise, infino al suo bel palagio n'andò. Quivi Natan fece a un de' suoi famigliari prendere il caval del giovane, e accostatoglisi agli orecchi gl'impose che egli prestamente con tutti quegli della casa facesse che niuno al giovane dicesse lui esser Natan: e così fu fatto. Ma poi che nel palagio furono, mise Mitridanes in una bellissima ca-

3 **il dì:** Tag. • 4 **fare sembiante:** vortäuschen. • 5 **la stanzia:** Quartier, Unterkunft. • 6 **altro:** *altro ordine.* • 9f. **il diporto:** Vergnügen. • 13 **cotesto/cotesta:** diese(r). • 14 **menare:** hinführen. • 19 **ismontato:** *smontato.* • 20 **tosto:** bald. • 22f. **accostarsi agli orecchi:** sich dem Ohr nähern.

mera dove alcuno nol vedeva, se non quegli che egli al suo servigio diputati avea; e sommamente faccendolo onorare, esso stesso gli tenea compagnia.

Col quale dimorando Mitridanes, ancora che in reverenzia come padre l'avesse, pur lo domandò chi el fosse: al quale Natan rispose: «Io sono un picciol servidor di Natan, il quale dalla mia fanciullezza con lui mi sono invecchiato, né mai a altro che tu mi vegghi mi trasse; per che, come che ogn'altro uomo molto di lui si lodi, io me ne posso poco lodare io.»

Queste parole porsero alcuna speranza a Mitridanes di potere con più consiglio e con più salvezza dare effetto al suo perverso intendimento: il qual Natan assai cortesemente domandò chi egli fosse e qual bisogno per quindi il portasse, offerendo il suo consiglio e il suo aiuto in ciò che per lui si potesse. Mitridanes soprastette alquanto al rispondere, e ultimamente diliberando di fidarsi di lui, con una lunga circuizion di parole la sua fede richiese e appresso il consiglio e l'aiuto; e chi egli era e perché venuto e da che mosso interamente gli discoperse.

Natan, udendo il ragionare e il fiero proponimento di Mitridanes, in sé tutto si cambiò, ma senza troppo stare, con forte animo e con fermo viso gli rispose:

2 **diputare:** *deputare:* bestimmen. • 4 **ancora:** hier: schon bald. • 4f. **la reverenzia:** Verehrung. • 6 **picciolo/a:** gering, niedrig. • 8f. **trarre a altro:** hier: zu etwas anderem machen. • 9 **come che:** obwohl. • 12 **con più salvezza:** mit größerer Sicherheit. • 13 **perverso/a:** bösartig. • **il qual(e):** hier: Mitridanes. • 15 **per quindi:** hierher. • 16f. **soprastare:** hier: zögern. • 18 **la circuizion(e):** Weitschweifigkeit. • 19 **la fede:** Treueeid. • 22 **fiero/a:** hier: kühn. • 23 **cambiarsi:** hier: sich entsetzen. • 24 **con fermo viso:** mit unveränderter Miene.

«Mitridanes, nobile uomo fu il tuo padre, dal quale tu non vuogli degenerare, sì alta impresa avendo fatta come hai, cioè d'essere liberale a tutti; e molto la invidia che alla virtù di Natan porti commendo, per ciò che, se di così fatte fossero assai, il mondo, che è miserissimo, tosto buon diverrebbe. Il tuo proponimento mostratomi senza dubbio sarà occulto, al quale io più tosto util consiglio che grande aiuto posso donare: il quale è questo. Tu puoi di quinci vedere, forse un mezzo miglio vicin di qui, un boschetto, nel quale Natan quasi ogni mattina va tutto solo prendendo diporto per ben lungo spazio: quivi leggier cosa ti fia il trovarlo e farne il tuo piacere. Il quale se tu uccidi, acciò che tu possa senza impedimento a casa tua ritornare, non per quella via donde tu qui venisti ma per quella che tu vedi a sinistra uscir fuor del bosco n'andrai, per ciò che, ancora che un poco più salvatica sia, ella è più vicina a casa tua e per te più sicura.»

Mitridanes, ricevuta la informazione e Natan da lui essendo partito, cautamente a' suoi compagni, che similmente là entro erano, fece sentire dove aspettare il dovessero il dì seguente. Ma poi che il nuovo dì fu venuto, Natan, non avendo animo vario al consiglio dato a Mitridanes né quello in parte alcuna mutato, solo se n'andò al boschetto a dover morire.

Mitridanes, levatosi e preso il suo arco e la sua spa-

2 **degenerare:** aus der Art schlagen. • 4 **il commendo:** Lob. • 5 **se di così fatte (invidie) fọssero assai:** wenn es mehr von dieser Art Neid gäbe. • 7 **occulto/a:** geheim. • 9 **quinci:** *qui*. • 12 **fia:** *sarà*. • 14 **senza impedimento:** ungehindert. • 17 **salvạtico/a:** wild, rauh. • 23 **l'ạnimo vario:** geänderter Sinn, Entschluss.

da, ché altra arme non avea, e montato a cavallo, n'andò al boschetto e di lontano vide Natan tutto soletto andar passeggiando per quello; e diliberato avanti che l'assalisse di volerlo vedere e d'udirlo parlare, corse verso lui e presolo per la benda, la quale in capo avea, disse: «Vegliardo, tu se' morto!»

Al quale niun'altra cosa rispose Natan se non: «Dunque l'ho io meritato.»

Mitridanes, udita la voce e nel viso guardatolo, subitamente riconobbe lui esser colui che benignamente l'avea ricevuto e familiarmente accompagnato e fedelmente consigliato; per che di presente gli cadde il furore e la sua ira si convertì in vergogna; laonde egli, gittata via la spada, la qual già per ferirlo aveva tirata fuori, da caval dismontato piagnendo corse a' piè di Natan e disse: «Manifestamente conosco, carissimo padre, la vostra liberalità, riguardando con quanta cautela venuto siate per darmi il vostro spirito, del quale io, niuna ragione avendo, a voi medesimo disideroso mostra'mi: ma Idio, più al mio dover sollicito che io stesso, a quel punto che maggior bisogno è stato gli occhi m'ha aperto dello 'ntelletto, li quali misera invidia m'avea serrati. E per ciò quanto voi più pronto stato siete a compiacermi, tanto più mi cognosco debito alla penitenzia del mio errore: prendete adunque di me quella vendetta che convenevole estimate al mio peccato.»

2 f. **tutto soletto/a:** ganz allein. • 4 **assalire:** über-, anfallen. • 5 **la benda:** hier: Stirnbinde des Turbans. • 6 **il vegliardo / la vegliarda:** Alte(r). • 12 **di presente:** sofort. • 13 **laonde:** worauf. • 17 **la cautela:** Umsicht, Besonnenheit. • 20 **Idịo, più al mio dovẹr sollịcito:** Gott, der meine Pflicht dringlicher im Auge hatte als ich. • 25 **la vendetta:** hier: Strafe.

Natan fece levar Mitridanes in piede e teneramente l'abbracciò e basciò e gli disse: «Figliuol mio, alla tua impresa, chente che tu la vogli chiamare o malvagia o altrimenti, non bisogna di domandar né di dar perdono, per ciò che non per odio la seguivi ma per potere essere tenuto migliore. Vivi adunque di me sicuro, e abbi di certo che niuno altro uom vive il quale te quant'io ami, avendo riguardo all'altezza dello animo tuo, il quale non a amassar denari, come i miseri fanno, ma a ispender gli ammassati s'è dato. Né ti vergognare d'avermi voluto uccidere per divenir famoso, né credere che io me ne maravigli. I sommi imperadori e i grandissimi re non hanno quasi con altra arte che d'uccidere, non uno uomo come tu volevi fare ma infiniti, e ardere paesi e abbattere le città, li loro regni ampliati, e per conseguente la fama loro: per che, se tu per più farti famoso me solo uccider volevi, non maravigliosa cosa né nuova facevi ma molto usata.»

Mitridanes, non iscusando il suo desidero perverso ma commendando l'onesta scusa da Natan trovata a esso, ragionando pervenne a dire sé oltre modo maravigliarsi come a ciò fosse Natan potuto disporre e a ciò dargli modo e consiglio: al quale Natan disse: «Mitridanes, io non voglio che tu del mio consiglio e della mia disposizione ti maravigli, per ciò che, poi che io nel mio albitrio fui e disposto a fare quello medesimo

3 **chente che:** ob. • **malvagio/a:** böse, niederträchtig. • 9 **il mịsero:** hier: Geiziger, Kleingeistiger. • 10 **ispẹnder(e):** *spẹndere.* • **gli ammassati:** das Angesammelte (hier: Vermögen). • 16 **ampliare:** erweitern. • 18 **usato/a:** hier: gewöhnlich, normal. • 19 **iscusare:** *scusare.* • 26 **l'albitrio:** *l'arbitro:* eigener Wille.

che tu hai a fare impreso, niun fu che mai a casa mia capitasse, che io nol contentasse a mio potere di ciò che da lui mi fu domandato. Venistivi tu vago della mia vita, per che, sentendolati domandare, acciò che tu non fossi solo colui che sanza la sua dimanda di qui si partisse, prestamente diliberai di donarlati, e acciò che tu l'avessi quel consiglio ti diedi che io credetti che buon ti fossi a aver la mia e non perder la tua; e per ciò ancora ti dico e priego che, s'ella ti piace, che tu la prenda e te medesimo ne sodisfaccia: io non so come io la mi possa meglio spendere. Io l'ho adoperata già ottanta anni, e ne' miei diletti e nelle mie consolazioni usata: e so che, seguendo il corso della natura, come gli altri uomini fanno e generalmente tutte le cose, ella mi può omai piccol tempo esser lasciata: per che io iudico molto meglio esser quella donare, come io ho sempre i miei tesori donati e spesi, che tanto volerla guardare, che ella mi sia contro a mia voglia tolta dalla natura. Piccol dono è donare cento anni: quanto adunque è minor donarne sei o otto che io a starci abbia? Prendila adunque, se ella t'agrada, io te ne priego; per ciò che, mentre vivuto ci sono, niuno ho ancor trovato che disiderata l'abbia né so quando trovar me ne possa veruno, se tu non la prendi che la dimandi. E se pure avvenisse che io ne dovessi alcun trovare, conosco che quanto più la guarderò di minor pregio sa-

3 **vago/a di qc:** hier: gierig nach etwas, etwas begehrend. • 5 **sanza (senza) la sua dimanda (domanda):** ohne die Erfüllung seines Wunsches. • 8 **la mia:** *la mia vita.* • 11 f. **adoperare:** gebrauchen. • 16 **iudicare:** *giudicare.* • 18 **guardare:** hier: hüten, schützen. • 20 **starci:** *stare su questa terra.* • 21 **agradare:** willkommen, nützlich sein. • 22 **vivuto/a:** *vivo/a.* • 24 **veruno/a:** *alcuno/a.* • 26 **il pregio:** hier: Wert.

rà; e però, anzi che ella divenga più vile, prendila, io te ne priego.»

Mitridanes, vergognandosi forte, disse: «Tolga Iddio che così cara cosa come la vostra vita è, non che io, da voi dividendola, la prenda, ma pur la disideri, come poco avanti faceva; alla quale non che io diminuissi gli anni suoi ma io l'agiugnerei volentier de' miei.»

A cui prestamente Natan disse: «E se tu puoi, vuo' nele tu aggiugnere? E farai a me fare verso di te quello che mai verso alcuno altro non feci, cioè delle tue cose pigliare, che mai dell'altrui non pigliai.»

«Sì» disse subitamente Mitridanes.

«Adunque» disse Natan «farai tu come io ti dirò. Tu rimarrai, giovane come tu se', qui nella mia casa e avrai nome Natan, e io me n'andrò nella tua e farommi sempre chiamar Mitridanes.»

Allora Mitridanes rispose: «Se io sapessi così bene operare come voi sapete e avete saputo, io prenderei senza troppa diliberazione quello che m'offerete; ma per ciò che egli mi pare esser molto certo che le mie opere sarebbon diminuimento della fama di Natan, e io non intendo di guastare in altrui quello che in me io non so acconciare, nol prenderò.»

Questi e molti altri piacevoli ragionamenti stati tra Natan e Mitridanes, come a Natan piacque, insieme

1 **più vile** (agg.): hier: von geringerem Wert. • 3f. **tolga Iddịo:** verhüte Gott. • 9f. **vuọ' nele:** *gliele vuoi*. • 10 **fare verso di qu:** mit jdm. verfahren. • 12 **pigliare:** wegnehmen. • **che:** *io che*. • 20 **la diliberazione:** *la deliberazione:* Überlegung. • 24 **acconciare:** erreichen, vollbringen. • 25 **il ragionamento:** Gespräch. • **stati:** *essendo avvenuti*.

verso il palagio se ne tornarono, dove Natan più giorni sommamente onorò Mitridanes, e lui con ogni ingegno e saper confortò nel suo alto e grande proponimento. E volendosi Mitridanes con la sua compagnia ritornare a casa, avendogli Natan assai ben fatto conoscere che mai di liberalità nol potrebbe avanzare, il licenziò. –

2f. **l'ingegno:** hier: Fähigkeit, Vermögen. • 3f. **il proponimento:** Vorsatz. • 6 **avanzare:** übertreffen.

Editorische Notiz

Der italienische Text folgt der Ausgabe: Giovanni Boccaccio, *Tutte le opere*, vol. quarto: *Decameron*, a cura di Vittore Branca, Milano: Mondadori, 1976. Die Holzschnitte wurden der venezianischen Ausgabe von 1492 entnommen.

Alle Novellen sind unabhängig voneinander glossiert, so dass jede für sich gelesen werden kann. Die Kenntnis des Grund- und Aufbauwortschatzes wird vorausgesetzt. Die vorangestellte Leseanleitung gibt Hilfestellungen zur Sprache Boccaccios. Ein Namenverzeichnis erläutert historisch und literarisch bedeutsame Persönlichkeiten und Orte.

Sofern bei Wörtern die Betonung n i c h t wie üblich auf der vorletzten Silbe liegt, wird sie im Glossar durch einen Punkt unter dem entsprechenden Vokal gekennzeichnet (*Decạmeron*, *prẹncipe*, *messẹr*). Ist von zwei Endvokalen einer betont, so wird dies ebenfalls hervorgehoben (*colụi*, *disịo*, *malinconịa*). Dagegen erhalten Wörter mit zwei unbetonten Endvokalen keine besondere Kennzeichnung (*noia*, *rifrigerio*, *quantunque*). Angaben zum Genus eines Substantivs erfolgen nur, wenn weder der Artikel noch die Wortendung Klarheit schaffen.

Im Glossar verwendete italienische Abkürzungen

agg.	aggettivo
avv.	avverbio
cong.	congiuntivo
f.	femminile
fig.	figurato (übertragen)
fr.	francese
gr.	greco
invar.	invariabile
lat.	latino
m.	maschile

pegg.	peggiorativo
pl.	plurale
qc	qualcosa
qu	qualcuno
region.	regionale
tosc.	toscano

Bedeutungsvarianten durch Suffixe

diminutivo: *-ino*, *-ina*; *-etto*, *-etta*; *-ello*, *-ella*; *-otto*, *-otta*
accrescitivo: *-one*, *-ona*
peggiorativo: *-accio*, *-accia*

Namenverzeichnis

Bonifazio Bonifatius VIII. (um 1235 – 1303; eigtl. Benedetto Caetani) war Papst von 1294 bis 1303. In seinem Kampf um die päpstliche Alleinmacht geriet er in Konflikt mit den erstarkenden Stadtstaaten Italiens. Nach der Schlacht von Campaldino (1289), bei der die Florentiner *Guelfen* (Papsttreue) den in Arezzo und Pisa an die Macht gekommenen *Ghibellinen* (Kaisertreue) eine schwere Niederlage zugefügt hatten, wurden alle Ghibellinen aus Florenz verbannt, doch die Guelfen spalteten sich daraufhin ebenfalls in zwei Parteien. Die Gesandten, die in der Novelle (VI,2) erwähnt werden, wurden von Papst Bonifatius nach Florenz geschickt, um Frieden zwischen den verfeindeten Lagern der weißen und schwarzen Guelfen zu stiften. Die weißen Guelfen, deren Anführer die Familie Cerchi war, vertraten die Interessen der wohlhabenden Kaufmannschaft und stritten für eine Unabhängigkeit der Stadt Florenz vom Papst. Die schwarzen Guelfen um die Familie Donati waren für eine Rückführung aller Befugnisse in die Hände des Adels. Dante Alighieri trat für die Interessen der weißen Guelfen ein, weswegen er 1302 ins Exil gehen musste, da er in Abwesenheit zum Tode verurteilt worden war.

re **Carlo** Karl II. von Anjou (1254–1309), Sohn Karls I. von Anjou und dessen erster Ehefrau Beatrix von der Provence. Nachdem sein Vater 1266 das Königreich Sizilien übernommen hatte, erhielt Karl den Titel eines »Fürsten von Salerno«. 1283 wurde Karl von seinem Vater mit der Regentschaft des Königreiches betraut und war mit der Verteidigung des festländischen Besitzes um Kalabrien und Apulien gegen König Peter III. von Aragon beschäftigt, der die Insel Sizilien nach dem Ausbruch der sizilianischen Vesper 1282 besetzt hatte.

Carlo Senzaterra »Karl ohne Land«, Spottname für Karl I. von Valois (1270–1325), jüngerer Bruder Philipps des

Schönen. Als jüngerer Sohn ohne ererbten Besitz war es sein lebenslanges Ziel, eine eigene Krone zu erwerben, was ihm jedoch nie gelang.

Cepparrello da Prato literarische Figur. In Frankreich lebte gegen Ende des 13. Jahrhunderts allerdings ein Cepperrello oder Ciapperello Dietaiuti da Prato, der für Philipp den Schönen einige Zeit als Steuereintreiber tätig war. Es ist aber nicht belegt, dass sich Boccaccio auf diesen Cepperrello bezieht, zumal er anders als der literarische Cepparrello 1304 noch in Prato lebte. Der in der Novelle (I,1) vorkommende Name *Cepparrello* wird von den Franzosen fälschlicherweise als »chapel« (Kranz, Krone) übersetzt. Da Cepparrello von kleiner Gestalt ist, wird daraus »chapelet«. Die Rückübersetzung dieses Wortes ins Italienische ergibt dann eine sogenannte eins-zu-eins-Übersetzung, denn daraus wird »Ciappello« bzw. »Ciapelletto«. *Ciapo* wäre wiederum eine dialektale Verstümmelung von *Jacopo.*

Dioneo der »Frivole«. In Boccaccios *Comedia delle Ninfe* kommt dieser Name ebenfalls vor.

Elissa anderer Name für Dido, die der Gründungslegende Karthagos nach eine phönizische Prinzessin war, welche an ihrer unglücklichen Liebe zu dem trojanischen Heerführer Aeneas zu Grunde ging.

Emilia die »Liebenswürdige«. Auch dieser Name erscheint in anderen Werken Boccaccios sehr oft.

Esculapio Äskulap (griech. Asklepios, lat. Aesculapius), ist in der griechischen Mythologie der Gott der Heilkunst.

re **Federigo** Friedrich II. von Aragonien (um 1272 – 25. Juni 1337), von 1296 bis 1337 König von Sizilien. Obwohl er erst der zweite sizilianische König mit Namen Friedrich war, nannte er sich Friedrich III., um an Kaiser Friedrich II. anzuschließen, der ebenfalls das Königreich Sizilien innehatte. Damit wollte er gleichzeitig auf seine Abstammung von der Dynastie der Staufer hinweisen, wegen der das Haus Aragon seinen Erbanspruch auf Sizilien begründete.

Fiammetta wörtl. »Flämmchen«, Name einer sagenumwobenen Geliebten Boccaccios, der schon in zweien seiner Frühwerke erwähnt wird.

Filomena die »den Gesang liebende«, oder die »Geliebte« oder die »die Treue liebende«. Im *Decameron* sind Filomena und Filostrato in Liebe verbunden.

Filostrato *Il Filostrato* ist der Titel eines frühen Gedichts Boccaccios. Der Name bedeutet soviel wie »der von der Liebe hingestreckte«.

i **franceschi /** i **tedeschi:** in der Novelle II,8 für Franken und Sachsen gebraucht: auf Karl den Großen, König des Fränkischen Reiches, dem im Jahre 800 von Papst Leo III. der Titel des Kaisers von Rom verliehen wurde, folgte 962 der sächsische Herzog und ostfränkische König Otto I. der Große, der das spätere Heilige Römische Reich deutscher Nation begründete.

Galieno Galen oder Galenos von Pergamon (um 129 – um 216), griechischer Arzt und Anatom. Sein Hauptwerk ist das aus 16 Büchern bestehende *Methodi medendi*, dessen Leitgedanke darin besteht, dass alle Erscheinungen in der Natur und im Menschen einem bestimmten Zweck dienen. Er übernahm die antike *Vier-Elemente-Lehre* (Feuer, Erde, Luft und Wasser) sowie die *Viersäftelehre* (Blut, Schleim, gelbe Galle und schwarze Galle). Jahrhundertelang bestimmten viele seiner heute veralteten Lehren die Medizin und hatten ganz besonders auch im Mittelalter eine große Bedeutung. Unter anderem führte man den Schwarzen Tod auf ein Ungleichgewicht der im menschlichen Körper befindlichen vier Säfte zurück.

Gualtieri conte d'Anguersa Graf Walter von Antwerpen. In der Novelle II,8 wird auf die biblische Geschichte (1. Mose 39) von Joseph und der Frau des Potiphar (des ägyptischen Pharao) angespielt. Das Alte Testament der Bibel berichtet, dass die Frau Potiphars sich in Joseph verliebte und ihn aufgefordert habe, mit ihr zu schlafen. Als Joseph die sexuellen Annäherungsversuche mit der Begründung, er tue mit einem Ehebruch sowohl seinem Herrn Potiphar als

auch seinem Gott Unrecht, schroff zurückweist, beschuldigt sie aus Enttäuschung und Hass über die Ablehnung ihrerseits Joseph der versuchten Vergewaltigung. Da Potiphar den Lügen seiner Gattin Glauben schenkt, fällt Joseph bei ihm in Ungnade und landet im Gefängnis.
Auch in der griechischen Mythologie findet sich eine ähnliche Geschichte: Phaidra, die Frau des Theseus, verliebt sich in ihren Stiefsohn Hippolytos. Dieser weist ihre Liebe zurück. Phaidra begeht daraufhin Selbstmord, hinterlässt vorher jedoch auf einem Täfelchen die falsche Beschuldigung, Hippolytos habe sie vergewaltigen wollen. Als Theseus zurückkehrt und Phaidra tot vorfindet, verflucht er Hippolytos, worauf dieser mit seinem Wagen flieht. Auf Bitten Theseus' sendet der Gott Poseidon ein Meeresungeheuer, das die Pferde am Wagen des Hippolytos scheuen lässt. Hippolytos stürzt vom Wagen, verfängt sich in den Zügeln und wird zu Tode geschleift.
Boccaccio nimmt in dieser Geschichte aber auch Bezug auf Pierre della Brosse, einen Günstling des französischen Königs Philipp III., der 1278 gehängt wurde, und verweist damit wieder auf Dante, der im *Purgatorio* seiner *Göttlichen Komödie* eben jenen della Brosse erwähnt.

Ipocrate Hippokrates von Kos (um 460 v. Chr. auf der griechischen Ägäisinsel Kos – um 370 v. Chr.), gilt als der berühmteste Arzt des Altertums und wurde schon zu Lebzeiten hoch verehrt. Er ist der Begründer der Medizin als Wissenschaft.

Lauretta Anspielung auf Francesco Petrarca, der in seinen Gedichten eine rätselhafte Geliebte mit Namen Laura besungen hat.

Musciatto Franzesi (»Musicatto, Sohn des Guido Franzesi«), reicher florentinischer Kaufmann, der besonders in Frankreich große Reichtümer anhäufte und einer der zweifelhaften Berater des französischen Königs Philipp des Schönen (1268–1314) war.

Neifile In Anspielung auf die Stilrichtung des *Dolce stil* *nuovo* (»süßer neuer Stil«) bedeutet dieser Name die »neu Verliebte« bzw. die »Liebhaberin einer neuen Liebe«. Dante prägte den Begriff des *Dolce stil nuovo* für die literarische Bewegung des 13. und 14. Jahrhunderts, deren zentrales Thema die Liebesthematik, die Verehrung der Frau und die Anbetung ihrer Schönheit ist.

Pampinea die »Üppige« bzw. »Blühende«. Dieser literarische Name taucht auch in anderen Werken Boccaccios auf, beispielsweise in der *Comedia delle Ninfe*.

Panfilo der »alles Liebende«.

Saladino Als »Sultan Saladin« (um 1137–1193) wurde er zum größten Helden der muslimischen Welt und vorbildhaften islamischen Herrscher. Berühmt wurde er vor allem durch die Rückeroberung Jerusalems 1187 und als erfolgreicher Gegner der Kreuzfahrer.

Salamone König Salomo bzw. Salomon war – nach biblischer Überlieferung – im 10. Jahrhundert v. Chr. Herrscher des vereinigten Königreiches Israel. Unter seiner Herrschaft wurde der erste israelitische Tempel in Jerusalem erbaut. Der Nachwelt ist er vor allem durch seine sprichwörtliche Weisheit bekannt, die ihren lebhaftesten Ausdruck im sogenannten Salomonischen Urteil fand.

Santa Maria Novella Die im Nordwesten der Florentiner Altstadt befindliche Basilika wurde als Kirche des Dominikanerordens im 13. Jahrhundert errichtet. Sie stand im mittelalterlichen Florenz in hohem Ansehen, und es nimmt nicht wunder, dass sich die Schicksalsgemeinschaft der zehn jungen Leute ausgerechnet in dieser Kirche trifft.

ser / messer(e) (mein) Herr (vgl. fr. *monsieur*)

Literaturhinweise

1. Gesamtwerk

Die neapolitanische Phase

La caccia di Diana (1334). Kurzepos in 18 Gesängen.
Il Filostrato (1335). Epos in Stanzen.
Il Filocolo (1336–39). Roman in Prosa.
Teseida (1340–41). Epos in Stanzen (*ottava rima*).
Rime. Sammlung von Gedichten, die Boccaccio im Laufe seines Lebens verfasste. [Von ihm selbst nie zu einem Werk zusammengefasst.]

Die Jahre 1340–1350

Ninfale d'Ameto (1341–42). Hirtenroman in Versform und Prosa.
L'amorosa visione (1342–44). Epos in Terzinen, imitiert Dantes *Divina Commedia.*
Elegia di Madonna Fiammetta (1343–44). Roman in Prosa.
Ninfale fiesolano (1344–46). Epos in Stanzen (*ottava rima*).
Il Decamerone (1348–53). Novellensammlung und Hauptwerk.

Spätwerke

Il Corbaccio (1354). Satire in Prosa.
Trattatello in laude di Dante (1351–73). Biographie Dante Alighieris.
Esposizione sopra la Commedia di Dante (1373–74). Überlieferung seiner öffentlichen Vorlesungen und Kommentare zur *Divina Commedia.*

Die Werke auf Latein

Bucolicum carmen (1349–67).
Genealogia deorum gentilium (1350–67). Sammlung mythologischer Erzählungen aus der Antike in 15 Büchern.
De montibus, silvis, fontibus, lacubus, fluminibus, stagnis, seu paludibus et de nominibus maris liber (1355–75). Umfangreicher Katalog geographischer Objekte, die in der klassischen Literatur vorkommen.
De casibus virorum illustrium (1356–73). Sammlung von Episo-

den aus dem Leben berühmter Persönlichkeiten, die ein übles Schicksal ereilte.

De claris mulieribus (1361–62). Sammlung moralisierender Biographien berühmter Frauen der Antike und des Mittelalters.

2. Ausgaben

Giovanni Boccaccio: Tutte le Opere. Hrsg. von V. Branca. Mailand: Mondadori, 1964ff.

Bd. 1: V. Branca: Giovanni Boccaccio. Profilo biografico. – Caccia di Diana. Hrsg. von V. Branca. – Filocolo. Hrsg. von A. E. Quaglio. 1967. Neuausg. 1992.

Bd. 2: Filostrato. Hrsg. von V. Branca. – Teseida delle Nozze di Emilia. Hrsg. von A. Limentani. – Comedia delle Ninfe Fiorentine. Hrsg. von A. E. Quaglio. 1964.

Bd. 3: Amorosa Visione. Hrsg. von V. Branca. – Ninfale Fiesolano. Hrsg. von A. Balduino. – Trattatello in laude di Dante. Hrsg. von V. G. Ricci. 1974.

Bd. 4: Decameron. Hrsg. von V. Branca. 1976.

Bd. 5,1: Rime. Hrsg. von V. Branca. – Carmina. Hrsg. von G. Velli. – Epistole e lettere. Hrsg. von G. Auzzas. – Vite. Hrsg. von R. Fabbri. – De Canaria. Hrsg. von M. P. Stocchi. 1992.

Bd. 5,2: Elegia di Madonna Fiammetta. Hrsg. von C. Delcorno. – Corbaccio. Hrsg. von G. Padoan. – Consolatoria a Pino De' Rossi. Hrsg. von G. Chiecchi. – Buccolicum Carmen. Hrsg. von G. Bernardi Perini. – Allegoria mitologica. Hrsg. von M. Pastore Stocchi. 1994.

Bd. 6: Esposizioni sopra la Comedia di Dante. Hrsg. von G. Padoan. 1965. Neuausg. 1994.

Bd. 7/8: Genealogia deorum gentilium. De montibus, silvis, fontibus, lacubus, fluminibus, stagnis seu paludibus. De diversis nominibus maris. Hrsg. von V. Zaccaria. Lat./Ital. 1998.

Bd. 9: De casibus virorum illustrium. Hrsg. von P. G. Ricci und V. Zaccaria. Lat./Ital. 1983.

Bd. 10: De mulieribus claris. Hrsg. von V. Zaccaria. Lat./Ital. 1967. ^{2}1970.

Bd. 11: Volgarizzamenti. [Noch nicht erschienen.]

Bd. 12: Chiose, scritti e documenti vari. Scritti Attibuti. Indici e glossari. [Noch nicht erschienen.]

3. Übersetzungen

Giovanni Boccaccio: Gesammelte Werke. Übers. von K. Frhr. von Beaulieu-Marconnay, S. Brentano, W. Neumann [u.a.]. Hrsg. von M. Krell. 5 Bde. München/Berlin: Gebr. Paetel, 1924.

Das Dekameron. Aus dem Ital. von A. Wesselski und Th. Däubler. 2 Bde. Frankfurt a.M.: Insel-Verlag, 1981.

Das Dekameron. Übers. von Karl Witte und Helmut Bode. Düsseldorf [u.a.]: Artemis & Winkler, 2005.

Das Dekameron. Mit den Werkbeitr. aus Kindlers Literaturlexikon. Aus dem Ital. von Karl Witte. Frankfurt a.M.: Fischer Taschenbuch, 2008.

Die Elegie der Dame Fiammetta; Corbaccio; Das Leben Dantes; Urbano. Aus dem Ital. von Else von Hollander. Hrsg. von Chr. Wentzlaff-Eggebert. München: Heyne, 1963.

Das Labyrinth der Liebe: eine Schmähschrift gegen ein übles Weib. Leipzig: Zeitler, 1907.

4. Forschungsliteratur

Bergdolt, Klaus: Der schwarze Tod in Europa: Die Große Pest und das Ende des Mittelalters. München ^{5}2003.

Dante Alighieri: Die Göttliche Komödie. Aus dem Ital. von Philalethes (Johann von Sachsen). Frankfurt a.M. ^{3}2008.

Hesse, Hermann: Boccaccio. Der Dichter des Dekameron. Frankfurt a.M. ^{2}1995.

Leonhard, Kurt: Dante Alighieri: Mit Selbstzeugnissen und Bilddokumenten. Reinbek bei Hamburg ^{11}1970.

Naphy, William / Spicer, Andrew: Der schwarze Tod: Die Pest in Europa. Essen 2003.

Neumann, Florian: Francesco Petrarca. Reinbek bei Hamburg ^{2}1998.

Petrarca, Francesco: Canzoniere. 50 Gedichte mit Kommentar. Hrsg. von Peter Brockmeier. Stuttgart 2006.

– Dichtungen. Briefe. Schriften. Auswahl und Einl. von Hanns W. Eppelsheimer. Frankfurt a.M. ^{8}1980.

Sermonti, Vittore (Hrsg.): La divina commedia. Purgatorio. Mailand 2000.

– La divina commedia. Paradiso. Mailand 2000.

Nachwort

Als Giovanni Boccaccio 1313 in Florenz bzw. Certaldo als unehelicher Sohn Boccaccino di Chellinos, eines reichen Kaufmanns, geboren wurde, befand sich Dante Alighieri bereits seit mehreren Jahren im Exil. Der große Dichter, den Boccaccio in seinen eigenen Werken wiederholt zitiert und würdigt, war aufgrund seiner politischen Haltung aus der Stadt verbannt worden.

Mit etwa 14 Jahren wurde Boccaccio nach Neapel geschickt, um in einer Filiale der Compagnia dei Bardi den Beruf eines Kaufmanns zu erlernen. Bis etwa 1340 blieb er in Neapel, und diese Jahre waren für die persönliche und intellektuelle Entwicklung des jungen Mannes von großer Bedeutung. Nicht von ungefähr spielen einige seiner Novellen im Decameron gerade in Neapel. Gegen den Wunsch des Vaters widmete er sich jedoch weniger dem Studium des Handels und des kanonischen Rechts, sondern entdeckte seine Leidenschaft für die Literatur. Sein guter Name verschaffte ihm Zugang zum neapolitanischen Hof Roberts von Anjou; hier lernte er den eleganten höfischen Lebensstil und die höfische Sprache kennen, verkehrte mit Intellektuellen und eignete sich eine umfassende Bildung an, die auch in seinen Werken immer wieder spürbar ist. Er verliebte sich zudem in die neapolitanische Adelige Maria d'Aquino, die er wahrscheinlich als Fiammetta in seinem Frühwerk *Elegia di Madonna Fiammetta* verewigte. In diese Zeit fielen auch seine ersten Werke in Versform und Prosa, in denen sich Boccaccio in verschiedenen Genres und Stilen erprobte.

Nachdem er 1340 nach Florenz zurückgekehrt war, bekleidete er mehrere Ämter im Staatsdienst. Von 1345 bis 1346 weilte er am Hof von Ostasio da Polenta in Ravenna, bald darauf begab er sich in die Dienste Francesco Ordelaffis in Forli. Das bürgerlich-städtische Umfeld, das sich erheblich vom höfischen Leben unterschied, inspirierte den jungen

Dichter stark und fand schließlich im *Decameron*, der in den Jahren nach der Pestepidemie zwischen 1349 und 1351 entstand, seinen literarischen Ausdruck.

1350 lernte Boccaccio den aus Arezzo stammenden Humanisten, Dichter und Geschichtsschreiber Francesco Petrarca (1304–74), einen wichtiger Vertreter des *Dolce stil nuovo*, kennen. Um diese Zeit war Boccaccio auch mit einer Biographie über Dante Alighieri beschäftigt, dem er dadurch postum zu einer angemessenen Ehrung verhalf. Die Basis der tiefen Freundschaft zwischen den beiden Dichtern war nicht zuletzt die Verehrung der klassischen Autoren und die Hinwendung zur Kultur der Antike, was der Briefwechsel eindrucksvoll belegt.

In den folgenden Jahren widmete sich Boccaccio – auch durch den Einfluss seines Freundes Petrarca – verstärkt dem Studium der klassischen Texte. Um 1355 erhielt er freien Zugang zur Bibliothek von Montecassino, die viele Meisterwerke der Antike barg. Einige der kostbaren Werke schrieb Boccaccio sogar eigenhändig ab. Bald entstand um Petrarca und Boccaccio ein Kreis von Intellektuellen, denen wir die Wiederentdeckung einiger bedeutender klassischer Werke verdanken, darunter die *Annalen* des Tacitus und die *Metamorphosen* des Apuleius.

Nachdem Boccaccio um 1360 mit dem Studium des Griechischen begonnen hatte, erwirkte er in Florenz die Einrichtung des ersten Lehrstuhls für diese Sprache. Der Lehrstuhl wurde an den Gelehrten Leontius Pilatus vergeben, der auf Boccaccios Anregung darüber hinaus auch die Übersetzung der *Ilias* und der *Odyssee* des Homer ins Lateinische vornahm, wodurch diese Werke einem breiteren Publikum zugänglich gemacht wurden. Sein Interesse für die Antike hatte auch Einfluss auf die Literaturproduktion gegen Ende seines Lebens. In seinen späteren Lebensjahren schrieb er vorrangig Werke, die sich in lateinischer Sprache mit enzyklopädischen oder philologischen Themen befassten.

Es wird angenommen, dass diese Veränderung auch auf eine religiöse Krise im Leben Boccaccios zurückzuführen ist. Diese Krise soll so tiefgreifend gewesen sein, dass Boccaccio sogar einige seiner Werke, die er nun für unmoralisch hielt, zerstören wollte und nur von Petrarca zurückgehalten wurde. Dieser Theorie steht aber die Tatsache entgegen, dass er noch um 1370 eigenhändig Abschriften seines *Decameron* verfertigte. Auf jeden Fall war er bereits 1360 – wahrscheinlich aus finanziellen Nöten – in den niederen geistlichen Stand getreten.

1373 trug ihm die Stadt Florenz auf, öffentlich Dantes *Divina Commedia* zu lesen, zu erklären und zu kommentieren. Da sich aber nur ein Jahr später sein Gesundheitszustand, vermutlich auf Grund einer Bauchwassersucht, erheblich verschlechterte, musste er diese Tätigkeit bald wieder einstellen. Am 21. Dezember 1375 starb Boccaccio in Certaldo.

Zum Werk

»Nelle quali novelle piacevoli e aspri casi d'amore e altri fortunati avvenimenti si vederanno così ne' moderni tempi avvenuti come negli antichi«, so beschreibt Giovanni Boccaccio im *Proemio* seines *Decameron* (in Anlehnung an das griechische Wort für ›zehn Tage‹) die Zusammenstellung der einhundert Novellen.

Die vorliegende Auswahl ist dazu gedacht, dem Leser einen Einstieg in Boccaccios berühmtestes Werk zu geben. Deshalb wurden bestimmte Novellen wegen ihrer literarischen Bedeutung, ihres geschichtlichen Hintergrunds und ihrer moralischen Aussage gewählt. Außerdem sollte auch ein Überblick über die Vielfalt der von Boccaccio verwendeten Quellen gewährt werden.

Aus der *Introduzione* wird schnell ersichtlich, dass der Autor sich zunächst als Chronist versteht; als Chronist einer Pandemie, die als »Schwarzer Tod« von 1347 bis 1353 gut ein Drittel der damaligen europäischen Bevölkerung dahinraffte. Aufgrund der Symptomatik, die nicht zuletzt gerade von

Boccaccio so präzise beschrieben worden ist, geht man in der neueren Forschung mittlerweile davon aus, dass es sich dabei nicht um die Beulenpest, sondern eher um ein Hämorraghisches Fieber gehandelt haben muss. Wie dem auch sei, die Ausmaße der Pandemie, ihre gesellschaftlichen, kulturellen und wirtschaftlichen Auswirkungen waren verheerend und leiteten gleichzeitig aber auch einen Umbruch ein. Der österreichische Kulturhistoriker Egon Friedell (1878–1938) kam in seinem Werk *Kulturgeschichte der Neuzeit* zu der Auffassung, dass dic Scuche der Jahre 1348/49 das mittelalterliche Welt- und Menschenbild in seinen Grundfesten erschüttert und die bis dahin bestehenden Glaubensgewissheiten in Frage gestellt habe. Friedell stellt zwischen der Katastrophe des »Schwarzen Todes« und der Entwicklung der Renaissance einen Zusammenhang her. In der Tat entwickelte sich die kulturgeschichtliche Strömung der Frührenaissance just in Florenz, der Heimat Boccaccios und Dantes.

Gerade im Werk Boccaccios lässt sich eine eindeutige Tendenz zum Hier und Jetzt ausmachen; nicht mehr die ausschließliche Beschäftigung mit dem Jenseits, dem Leben nach dem Tod und dem gottgefälligen Leben im Diesseits steht im Vordergrund, sondern der Mensch als »Maß aller Dinge«, wie es der vorsokratische Philosoph Protagoras formuliert hat. Dabei geht es weniger um menschlichen Größenwahn als vielmehr um die Tatsache, dass der Mensch letztlich nichts über göttliches Wirken wissen kann und es ihm somit auch unmöglich ist, göttliche Maße oder Bewertungen anzuwenden oder das Wirken göttlichen Willens durch ein »gottgefälliges Leben« zu beeinflussen. Deshalb sind die Sterblichen, »non potendo l'acume dell'occhio mortale del segreto della divina mente trapassare in alcun modo« (I,1), die Protagonisten des *Decameron*: die Sterblichen mit all ihren Fehlern, Lastern, Tugenden und – nicht zuletzt – ihrer Fähigkeit zur Liebe. Die Liebe in all ihren Formen ist zentraler Bestandteil des *Decameron*, sie scheint den Autor – wie im *Proemio* deutlich wird – zum Verfassen der Novellen angeregt zu haben. Etwa wie der junge Goethe, der aus einer unglücklichen Liebe heraus in einer Art Selbsttherapie seinen *Werther* verfasste, scheint Boccaccio ebenfalls aufgrund einer unerfüllten Liebe geschrieben zu haben, wenn er im *Proemio* bekennt: »Per ciò che, dalla mia prima giovanezza infino a questo tempo oltre modo essendo acceso stato d'altissimo e nobile amore [...] nondimeno mi fu egli di grandissima fatica a sofferire, certo non per crudeltà della donna amata, ma per soverchio fuoco nella mente concetto da poco regolato appetito [...]« (S. 11 f.).

Gleich einem Giotto di Bondone, der die Gesichter der Protagonisten in seinen Fresken lebendig und natürlich, eben menschlich darstellt und auf die geometrische Strenge der eigentlichen mittelalterlichen Malerei verzichtet, beschreibt Boccaccio die Protagonisten seiner Novellen. Seine besondere Aufmerksamkeit gilt dabei den zehn Novellisten der Brigata, die sehr unterschiedlich charakterisiert werden.

Die Bedeutung der Namen der einzelnen Novellisten ist vielfach diskutiert worden; manche Wissenschaftler sehen gerade die weiblichen Namen als die allegorische Darstellung der sieben Tugenden, andere betrachten sie als simple Zitate aus früheren Werken, was gerade im Bezug auf Fiammetta und Filostrato ja auch wirklich zutrifft. Einige der Charaktere seien nun im Folgenden näher erläutert.

Pampinea, die älteste der sieben weiblichen Erzähler, ist die natürliche Anführerin der Gruppe. Tatkräftig ergreift sie die Initiative und versucht als erste, einen Ausweg aus dem Dilemma des von der Seuche verursachten städtischen Elends zu finden, indem sie ihren Gefährtinnen die Sinnlosigkeit des Ausharrens vor Augen führt: »Noi dimoriamo qui, al parer mio, non altramente che se essere volessimo o dovessimo testimonie di quanti corpi morti ci sieno alla sepoltura recati o d'ascoltare se i frati di qua entro, de' quali il numero è quasi venuto al niente, alle debite ore cantino i loro ufici, o a dimostrare a qualunque ci apparisce, ne' nostri abiti, la qualità e la quantità delle nostre miserie« (I, *Introduzione*, S. 33).

Eine ihrer Geschichten ist die des schlauen Bäckers Cisti (VI,2), der trotz seines geringen Standes mittels seines Fleißes, seiner Intelligenz und seiner Tüchtigkeit zu Wohlstand kommt und den ranghöheren Messer Geri Spina durch eine kluge Antwort verblüfft.

Die Gestalt der *Fiammetta* wurde oftmals als die literarische Darstellung Maria d'Aquinos betrachtet, in die sich Boccaccio während seines Aufenthalts in Neapel leidenschaftlich verliebte. Fiammetta erscheint in ausführlicher Form in der *Elegia di Madonna Fiammetta*, und wird folgendermaßen beschrieben: »Ihr Haar ist so blond, dass es in der Welt seinesgleichen nicht findet, es umspielt eine weiße Stirn von edler Größe, unter welcher sich die Kurven zwei schwarzer und schlanker Augenbrauen abzeichnen [...] darunter zwei schalkhafte Augen [...] Wangen, die mit nichts anderem als Milch zu vergleichen sind.«[1]

Im *Decameron* ist Fiammetta eine der durchsetzungsfähigsten Gestalten. Sie ist klug, unabhängig und einfallsreich und bewundert diese Eigenschaften auch bei anderen. Ihre Geschichte von Andreuccio da Perugia (II,5) ist eine Eloge auf den Einfallsreichtum, der dem anfangs recht naiven Andreuccio, welchem vom Schicksal bzw. seiner eigenen Leichtgläubigkeit übel mitgespielt wird, letztlich nicht nur zur Rettung seines eigenen Lebens, sondern auch zu unerwartetem Reichtum verhilft.

Filomena, »la quale discretissima era« (I, *Introduzione*), ist der Gegenpart Pampineas. In der Einleitung ist sie es, die Pampinea die ihrer Meinung nach orientierungslosen Frauen ohne männliche Leitung ins Gedächtnis ruft: »Noi siamo mobili, riottose, sospettose, pusillanime e paurose: per le quali cose io dubito forte, se noi alcuna altra guida non prendiamo che la nostra, che questa compagnia non si dissolva troppo più tosto e con meno onor di noi che non ci bisognerebbe«

1 Zit. nach: http://www.brown.edu/Departments/Italian_Studies/dweb/brigata/fiammetta.php (eig. Übers. aus dem Engl.).

(ebd., S. 37 f.). Filomena mahnt zur Überlegung, zur Vorsicht, die im Bezug auf verfängliche Fragen geboten ist: »forse più caute diverrete nelle risposte alle quistioni che fatte vi fossero (I,3, S. 70).« Sie lobt den Verstand, der den Menschen aus schwierigen Situationen erretten kann, so wie ihn die Dummheit in selbige stürzt: »Voi dovete, amorose compagne, sapere che, sì come la sciocchezza spesse volte trae altrui di felice stato e mette in grandissima miseria, così il senno di grandissimi pericoli trae il savio e ponlo in grande e in sicuro riposo« (ebd., S. 70).

Ihre erste Geschichte ist die Ringparabel, welche Gotthold Ephraim Lessing (1729–81) in seinem Drama *Nathan der Weise* aufgreift. Der Jude Melchisedech rettet sich durch die Erzählung von den drei Ringen aus einer gefährlichen Situation, als ihm Sultan Saladin die Frage stellt, welcher Religion der Vorzug zu geben sei. Ihre berühmteste Novelle ist jedoch die achte des fünften Tages, in der es um die unglückliche Liebe des Nastagio degli Onesti geht, der erfolglos um die stolze Tochter eines Traversari wirbt. Nastagio wird hier als Opfer der Hartherzigkeit seiner Angebeteten verstanden: »[…] parve a certi suoi amici e parenti che egli […] fosse per consumare« (V,8, S. 164). Seine Liebe verzehrt ihn, er ist nahe daran, seinem Leben ein Ende zu setzen oder verrückt zu werden. In einer Vision wird ihm dann die sogenannte »Höllenjagd« gezeigt, jene barbarisch anmutende Bestrafung der stolzen Geliebten, ein Motiv, das schon bei Dante Erwähnung fand und Sandro Botticelli 1483 zu einem prächtigen Bilderzyklus inspirierte.

Da das Recht, zu lieben und geliebt zu werden, als Grundrecht verstanden wird, ist die so grausam anmutende Strafe für die Hartherzigkeit die ewige Verdammnis in Form einer infernalischen Hetzjagd, wie sie Nastagio miterlebt. Hinzu kommt, dass ein Selbstmörder im mittelalterlichen Glaubensverständnis keine Aussicht auf Errettung aus der ewigen Verdammnis mehr hat, und der Ritter, der sich in Nastagios Vision aus unerfüllter Liebe umbrachte, wird nun genauso bestraft wie die Frau, deren Stolz ihn dazu bewogen hat. Als wenig später genau dieses düstere Geisterbild auch der Familie Traversari einschließlich ihrer Tochter vorgeführt wird, erkennt diese ihre Schuld und willigt ein, Nastagios Frau zu werden. Natürlich geschieht dies zunächst aus Angst, nach ihrem Tod ein ähnliches Schicksal zu erleiden, aber für die Verwerfung ihres stolzen Sinns wird sie mit der Liebe belohnt (»avendo l'odio in amor tramutato«, S. 171), die sie nun für Nastagio empfindet. Es ist in dieser Novelle eindeutig der Mann, der die uneinsichtige Frau auf den rechten Weg zurückbringt.

Ganz anders, und in vielem doch so ähnlich, ist die nachfolgende Novelle Fiammettas , die als *Falkennovelle* (V,9) berühmt wurde. Auch hier ist der junge Adelige Federigo degli Alberighi unglücklich verliebt, ohne jemals erhört zu werden. Auch er gibt rauschende Feste und verbraucht sein ganzes Vermögen, bis ihm nichts als ein armseliges Landgut, ein »poderetto« , geblieben ist, auf dem er mit dem einzig Wertvollen seines früheren Besitzes, einem edlen Jagdfalken, zur Jagd gehen muss, um seinen Lebensunterhalt zu verdienen. Seine Angebetete Giovanna macht sich auf, um genau diesen wertvollen Falken von Federigo zu erbitten, da sich ihr einziger Sohn nach dem Tier sehnt. Beide müssen letztendlich auf ihr Liebstes verzichten, um mit der gemeinsamen Liebe belohnt zu werden. Federigo schlachtet seinen Falken, um Giovanna bewirten zu können, die ihren Besuch angekündigt hat, um gerade diesen Falken für ihren Sohn zu erlangen; Giovannas Sohn erholt sich nicht wieder von seiner Krankheit und stirbt schließlich. Nicht aus Angst vor einer eventuellen Strafe im Jenseits willigt die verwitwete Giovanna schließlich aus freien Stücken in die Heirat mit Federigo ein, sondern weil sie seine bedingungslose und aufopfernde Liebe erkannt hat und gebührend zu würdigen weiß.

Am Beispiel der Falkennovelle konzipierte Paul von Heyse (1830–1914) eine Novellentheorie, um der Auflösung der literarischen Form entgegenzuwirken. Sie ging als »Falkentheorie« in die Literaturgeschichte ein und besagt, dass jede gute Novelle einen »Falken«, also ein dingliches Leitmotiv bzw. ein Symbol haben müsse, welches die Form zusammenhält und als wesentliches dramaturgisches Element fungiert.

Der erste Eindruck, den wir von *Elissa* gewinnen, ist der einer besonnenen Skeptikerin. Als Filomena aufgrund von Pampineas Vorschlag, die Stadt zu verlassen, Zweifel anmeldet, weil sie als Gruppe von Frauen ohne »männliche Leitung« zum Scheitern verurteilt seien, wirft Elissa die Frage auf, woher man denn passende männliche Begleiter nehmen solle. Zudem solle man sich überlegen, ob es schicklich und dem guten Ruf zuträglich sei, sich mit einer Gruppe junger Männer auf die Reise zu machen: » […] e il prender gli strani non saria convenevole; per che, se alla nostra salute vogliamo andar dietro, trovare si convien modo si dì fattamente ordinarci, che, dove per diletto e per riposo andiamo, noia e scandalo non ne segua« (I, *Introduzione*, S. 38).

Eine ihrer Hauptgeschichten ist die achte Geschichte des zweiten Tages, in der es um das tragische Schicksal des Grafen von Antwerpen geht. Boccaccio greift hier unter anderem die biblische Geschichte von Joseph und der Frau des Potiphar (1. Mose 39) auf. Unschuldig verleumdet, muss der Graf mit seinen beiden kleinen Kindern nach England fliehen, wo er sie in die Obhut adeliger Familien gibt, bei denen sich sowohl seine Tochter als auch sein Sohn zu angesehenen Persönlichkeiten entwickeln. Er selbst muss als Bettler sein Dasein fristen, bis er eines Tages, von seinem mitleidigen Schwiegersohn unerkannt, in dessen Haus geführt wird, um Almosen zu erhalten. Die Kinder seiner Tochter Giannetta, die sich zu dem alten Mann seltsam hingezogen fühlen (»da occulta virtù mossi«, II,8, S. 131), werden vom Schwiegervater Giannettas als Bettlerkinder verachtet, da auch Giannetta als Bettelkind einst Aufnahme in der Familie gefunden hatte. Solche harten Worte treffen den Grafen von Antwerpen (»dolfergli forte«, S. 132), aber still erträgt er die Schande, und geduldig wartet er auf den glücklichen Ausgang seines Unglücks, der in der Tat am Ende der Geschichte auch eintrifft. Besonnen sieht er von einer Rache für die beleidigenden Worte ab und begnügt sich mit den Worten: »Prendi cotesti doni dalla magnificenza di monsignore lo re, e ricordera'ti di dire a tuo padre che i tuoi figliuoli, suoi e miei nepoti, non son per madre nati di paltoniere« (S. 136).

Laurettas vorherrschende Eigenschaften sind die Gerechtigkeitsliebe und der Realitätssinn. Sie erinnert an die männliche Dominanz in der mittelalterlichen Gesellschaft und an die oftmals brutale Realität, die – neben der Seuche – das Leben der Menschen bestimmte. So handelt eine ihrer Geschichten, nämlich die vierte des zweiten Tages, vom Geschick Landolfo Rufolos, eines reichen Kaufmanns, der, nachdem er zum Piraten geworden ist, selbst ausgeraubt und gefangen genommen wird, Schiffbruch erleidet und es nur dem Mitleid einer einfachen griechischen Dorfbewohnerin verdankt, dass er am Leben bleibt. Seiner Schuldigkeit gedenkend, schickt Landolfo der Frau schließlich »una buona quantià di denari« (II,4, S. 89 f.), um sich für die ihm erwiesene Güte zu bedanken.

Filostrato, von dessen Geschichten in der vorliegenden Ausgabe die siebte des sechsten Tages sowie die dritte des zehnten Tages ausgewählt wurde, ist ein Name, der schon aus Boccaccios Epos *Il Filostrato* bekannt ist. Es erzählt die Geschichte von der klugen Madonna Filippa aus Prato, die sich durch ihre rhetorische Begabung und ihre Überzeugungsgabe vor dem Tod auf dem Scheiterhaufen rettet. Die Kunst der Beredsamkeit wird von Filostrato besonders lobend erwähnt: »Valorose donne, bella cosa è in ogni parte saper ben parlare, ma io la reputo bellissima quivi saperlo fare dove la necessità il richiede« (VI,7, S. 190). Die Rhetorik, welche zusammen mit Grammatik, Dialektik bzw. Logik, Arithmetik, Geometrie, Musik und Astronomie den Fächerkanon der Freien Künste umfasste, wird nicht nur an dieser Stelle als wichtige Fähigkeit des gebildeten Menschen hervorgehoben.

Ein ganz anderer Schwerpunkt wird in der dritten Geschichte des zehnten Tages gesetzt. Natan beschämt durch wahre Großmut den neidischen Mithridanes, der ihn an guten Taten und Freigebigkeit überbieten wollte und sogar vor einem Mord an Natan nicht zurückgeschreckt wäre. Mithridanes geht schließlich geläutert aus der Geschichte hervor. Ehrliche Großmut wird hierbei von Ruhmsucht deutlich unterschieden, und es kommt nicht auf die Menge und den Aufwand der Wohltaten, sondern vielmehr auf die Motivation derselben an.

Panfilo hingegen, der »in die Liebe Verliebte«, erscheint zunächst als simpler Charakter, dessen andere Seite wir jedoch gerade durch die von ihm erzählten Novellen kennenlernen. Wiederholt betont er, dass es wichtig sei, hinter die Fassaden von Dingen und Personen zu schauen, um einen umfassenden und tiefen Einblick zu gewinnen, was man auch als generelle Botschaft des gesamten *Decameron* deuten könnte. Panfilo fungiert hier quasi als Sprachrohr des Autors, der den Leser dazu anhält, aus den Novellen eine persönliche Botschaft abzuleiten. So hat denn Panfilo auch die wichtige Funktion der Eröffnung des *Decameron* inne. Er erzählt von Cepparrello da Prato, einem verbrecherischen Wucherer, der durch die Leichtgläubigkeit seines Beichtvaters mit einer Beichte, die nur aus Lügen besteht, nach seinem Tode sogar als Heiliger verehrt wird. Ein weitsichtigerer Seelsorger hätte die Dreistigkeit der Lügen Cepparrellos vielleicht enttarnt, doch der »frate antico di santa e di buona vita e gran maestro in Iscrittura« (I,1, S. 56) glaubt den Märchen des Sünders und erteilt ihm guten Gewissens die letzte Ölung. In der Nachbetrachtung der Geschichte betont Panfilo, dass es nur Gott sei, der letztlich hinter die Fassade schaut und sehr wohl unterscheidet, wie es um die Reinheit des Betenden bestellt ist. Auch wenn die Wahrnehmungsfähigkeit des menschlichen Auges begrenzt ist, entbindet uns dies dennoch nicht von einer gründlichen und zuweilen hinterfragenden Erforschung.

Dioneo, der »Frivole«, bewertet hingegen das komödiantische Potential einer Geschichte am höchsten. Ihm wird als einzigem erlaubt, sich nicht an das jeweilige Thema des Tages zu halten, sondern anstelle dessen die Geschichte zu erzählen, die ihm am besten gefällt, egal ob sie mit den vorangegangenen Geschichten harmoniert oder nicht. Im Gegenzug ist er jeweils der letzte Novellist des Tages. Von ihm hören wir die zehnte Geschichte des siebten Tages, welche nicht nur die im damaligen Florenz als einfältig und tölpelhaft geltenden Sienesen karikiert, sondern auch die Ängste des mittelalterlichen Menschen vor dem Fegefeuer kritisch betrachtet. Unterschwellig wird hier aber auch der Konflikt zwischen Florenz und Siena deutlich. Siena, die alte Rivalin und ghibellinisch gesinnte Erzfeindin, konnte Florenz sogar in der Schlacht von Montaperti (1260) besiegen und die Position der Ghibellinen in der Toskana kurzfristig stärken. Es erscheint somit nachvollziehbar, dass von Siena nicht eben wohlwollend gesprochen wird.

Die Art, in der die Kirche und ihre Würdenträger im *Decameron* geschildert werden, nämlich als leichtgläubig, heuchlerisch, dumm und zuweilen ausschweifend, trug wesentlich zur Diffamierung des Werkes seitens der Geistlichkeit bei; weit weniger waren es die oftmals recht eindeutigen sexuellen Anspielungen mancher Novellen. So ist es auch nicht besonders verwunderlich, dass das *Decameron* eines jener Werke war, die der fanatische Bußprediger Girolamo Savonarola 1497 und 1498 auf der Piazza della Signoria in Florenz verbrennen ließ.

Uns liegt heute mit Boccaccios Novellen ein bedeutendes Wissenskompendium vor, welches Zeitgeist, Sitten und Ansichten der italienischen Frührenaissance lebendig wiedergibt. Die Novellen haben die unterschiedlichsten Ursprünge und basieren u. a. auf antiken Quellen, mittelalterlichen Legenden und biblischen Geschichten. Sie sind ein beredtes Zeugnis für Boccaccios umfassende Bildung. Dennoch erzählt er die Geschichten nicht einfach nur nach; vielfach wandelt er sie in dichterischer Freiheit ab, fügt Protagonisten hinzu und lässt andere weg. Auch die Schauplätze umfassen nahezu die gesamte damals bekannte Welt. Adel und Klerus werden ungeachtet ihres Standes in ihren Schwächen und Fehlern ebenso menschlich-lasterhaft geschildert, wie es bei bürgerlichen Personen, Bauern und Dienstpersonal geschieht. Dies ist sicher eine der bemerkenswertesten Aussagen, die der Humanist Boccaccio uns vermittelt. Der Tod, in Form der Seuche eindringlich vor Augen geführt, macht vor Standesgrenzen keinen Halt, und ebenso wenig sind die guten und schlechten Eigenschaften der Menschen auf einen gesellschaftlichen Stand beschränkt, sondern machen sich in allen Schichten bemerkbar.

Schließlich ist das *Decameron* eine gelungene Kombination aus einem *Memento mori*, was besonders in der *Introduzione* mit der Beschreibung der Pest deutlich wird, und einem lebensbejahenden ›Dennoch‹, welches in der Unbeschwertheit, der Ironie und dem Frohsinn der Novellen anklingt.

Kerstin Marfordt

Verwendete Literatur

Bergdolt, Klaus: Der schwarze Tod in Europa. München 2003.

Cappelle, Wilhelm: Die Vorsokratiker. Stuttgart [9]2008.

Elwert, Wilhelm T.: Die italienische Literatur des Mittelalters. Dante, Petrarca, Boccaccio. München 1980.

Friedell, Egon: Kulturgeschichte der Neuzeit. Die Krisis der europäischen Seele von der schwarzen Pest bis zum Weltkrieg. 3 Bde. München 1927–31.

Wehle, Winfried: Der Tod, das Leben und die Kunst: Boccaccios Decameron oder der Triumph der Sprache. In: Arno Borst (Hrsg.): Tod im Mittelalter. Konstanz 1993.

http://www.brown.edu/Departments/Italian_Studies/dweb/index.php